CONSENSO
INC.

PAULA SCHMITT

CONSENSO INC.

O MONOPÓLIO DA VERDADE E A INDÚSTRIA DA OBEDIÊNCIA

AVIS RARA

Avis Rara é um selo de Ciências Sociais da Faro Editorial.

Diretor editorial **PEDRO ALMEIDA**
Coordenação editorial **CARLA SACRATO**
Preparação **TUCA FARIA**
Revisão **BARBARA PARENTE e DANIELA TOLEDO**
Capa **OSMANE GARCIA FILHO**
Imagens de capa **FARO EDITORIAL**
Diagramação **VANESSA S. MARINE**

Dados Internacionais de Catalogação na Publicação (CIP)
Jéssica de Oliveira Molinari CRB-8/9852

Schmitt, Paula
Consenso Inc. : o monopólio da verdade e a indústria da obediência / Paula Schmitt.
-- São Paulo : Faro Editorial, 2023.
288 p. : il.

ISBN 978-65-5957-431-5

1. Política e governo – Reportagens 2. Notícias falsas 3. Manipulação em massa 4. Corrupção 5. Poder I. Título

23-4899 CDD 320

Índices para catálogo sistemático:
1. Política e governo – Reportagens

FARO EDITORIAL

1ª edição brasileira: 2023
Direitos de edição em língua portuguesa, para o Brasil, adquiridos por FARO EDITORIAL
Avenida Andrômeda, 885 - Sala 310
Alphaville — Barueri — SP — Brasil
CEP: 06473-000
www.faroeditorial.com.br

SUMÁRIO

PREFÁCIO

VERDADE É LIBERDADE

Faço parte de uma pequena fração de uma geração de brasileiros que, na juventude, cresceu cultivando um sonho de liberdade. Quixotescos, pensando-se heroicos, alguns punhados de nós, nas universidades e alguns outros espaços, aprendemos a amar a liberdade, pela sua escassez. O clique estranho na ligação telefônica sugeria um grampo. O "ponto" marcado na rua era "coberto" de soslaio, tentando identificar algum meganha a registrar o que poderia resultar em repressão, prisão, tortura. Aquela Veraneio azul parada a cinquenta metros podia trazer nossos algozes. O medo andava ao lado da convicção de que tínhamos "a certeza na frente, a história na mão", como no hino do Vandré. Mesmo nos momentos mais sombrios, porém, jamais tive dúvidas sobre um sol lá na frente. Liberdade e verdade pareciam inevitáveis e nosso destino natural.

Os artigos a seguir, da Paula Schmitt, são fruto de uma admirável coragem. Coragem em defender verdade e liberdade. Em tempos de pusilanimidade premiada, são ainda mais admiráveis. São, também, expressão de um rigor jornalístico invejável. Cada afirmativa, por mais escabrosa, não deixa de ganhar a referência aos fatos que expressa. Cada frase, cada parágrafo, tem a construção precisa, gostosa de ler. Tem a aspereza dos tempos correntes, quando vendilhões posam elegantes nas telas. Mas tem bom humor, um atributo da inteligência elevada da autora. E tem a busca honesta por uma verdade menos subjetiva.

Deveria integrar os manuais de redação e os currículos das escolas de comunicação, mas alguém acredita que isso venha a acontecer? E o jabá?

Paula não hesita em escancarar as sórdidas ligações entre gente que até pouco achávamos ser "de bem", inclusive inocentes pilotos da comunidade acadêmica e respeitáveis jornalistas. É um alento ler seus artigos e dá um certo desespero. Como dissecadora das tramoias para forjar verdades convenientes, ela me faz ter uma saudade imensa do tempo em que temíamos o grampo no telefone, a Veraneio azul e os informantes infiltrados. Os meios de inventar e impor a "verdade", de aniquilar opiniões dissonantes, de perseguir opositores eram coisa de criança perto de hoje. A capacidade de violentar a liberdade sob aplausos de quem teve a sua liberdade cerceada no passado é, talvez, a mais devastadora condição da imensa coligação de podres poderes. “Quem teima em ter um fio de esperança sabe que não é a primeira vez que o futuro – e o presente – parece tão sombrio. Mas, afinal, ainda estamos aqui - e é melhor saber o que nos espera do que ser pego de surpresa.”

Márcio da Costa – Doutor em Sociologia – ex-Prof da UFRJ

INTRODUÇÃO

A ERA DA MANIPULAÇÃO E OS ATAQUES DE FALSA BANDEIRA

Poucas pessoas sabem, mas dois anos antes dos ataques de 11 de setembro em Nova York, a Rússia sofreu uma série de atentados que iriam mudar o seu destino – e firmar Vladimir Putin no poder. Os ataques começaram em 4 de setembro de 1999 com a explosão do primeiro entre quatro prédios residenciais. Ao todo, morreram trezentas pessoas. Até que, no dia 22 de setembro, algo estranho aconteceu. Moradores de um prédio na cidade de Ryazan notaram pessoas estranhas no subsolo do edifício, retirando sacos pesados de dentro de um carro. Ao perceberem que foram vistos, os suspeitos fugiram, deixando para trás explosivos e detonadores.

Fazia pouco mais de um mês que Vladimir Putin ocupava o cargo de primeiro-ministro. Veterano dos serviços de inteligência, Putin recentemente deixara a chefia do FSB, o serviço secreto russo que substituiu a KGB. No dia seguinte ao ataque malsucedido em Ryazan, ele anunciou que os culpados pelos atentados eram chechenos e ordenou o bombardeio de Grozny, capital da Chechênia. Foi assim que o regime de Putin conseguiu seu Inimigo Número Um – a Chechênia –, e com ele abocanhou poderes incalculáveis, exatamente como aconteceu com o governo dos Estados Unidos depois dos ataques às Torres Gêmeas.

Mas os policiais que investigavam o ocorrido em Ryazan não tinham a mesma convicção, e continuaram seus trabalhos. Até que, por meio de uma interceptação telefônica, os policiais descobriram que agentes do próprio FSB estavam envolvidos no ataque interrompido. A surpresa maior, contudo, ainda estava por vir: assim que os policiais revelaram o envolvimento do FSB, o governo de Putin mudou sua história e anunciou que o ataque, interrompido antes de acontecer, tinha sido uma simulação para testar os serviços de emergência.

Eu resolvi falar desse assunto porque a notícia de que Eduardo Fauzi Richard Cerquise escapou para a Rússia[1] parece ter deixado muito analista com nó nos miolos.

---

1 https://www.poder360.com.br/brasil/suspeito-de-atacar-sede-do-porta-dos-fundos-esta-na-russia-diz-tv/

Fauzi é, supostamente, autor confesso do ataque à produtora do Porta dos Fundos. Com vídeo de assinatura e tudo, o atentado fez renascer a ameaça de zumbis integralistas, gente de extrema direita que até há pouco nem se sabia estar viva, mas que serviu muito bem para aumentar o medo que se teve do governo de Jair Bolsonaro. Logo se descobriu que Fauzi, quem diria, foi amigo da Sininho, aquela que organizou os protestos dos *black blocks*, defensora dos pobres que, segundo Reinaldo Azevedo,[2] morava em Porto Alegre enquanto mantinha dois endereços no Rio de Janeiro.

Fauzi também teria foto feita com o cientista político expansionista russo Aleksander Dugin,[3] que defende o eurasianismo – uma teoria que, para resumir bastante, coloca a Rússia no centro de controle do mundo.

Ataques de falsa bandeira são comuns no mundo da espionagem e da política subterrânea e são usados há milênios. Um conhecido ataque de falsa bandeira foi a explosão do Hotel King David, em Jerusalém, em 1946, que matou 91 pessoas. Executado por ativistas da organização sionista de direita Irgun, o atentado tinha o objetivo de assustar funcionários do Mandato Britânico na Palestina e fazer com que eles deixassem o país (o hotel era usado como escritório pela administração britânica). Para isso, agentes do Irgun instalaram explosivos no hotel, matando 91 pessoas, mas fizeram tudo disfarçados de árabes, porque assim a culpa recairia sobre os palestinos – daí o caráter de falsa bandeira.

O histórico da Rússia no uso desse tipo de estratagema é antigo. Foi com um ataque de falsa bandeira que os russos conseguiram, por exemplo, justificar sua invasão à Finlândia. Isso aconteceu quando a União Soviética simulou um ataque a um de seus postos de guarda na cidade de Mainila, em 26 de novembro de 1939, matando quatro de seus próprios soldados. Com a culpa devidamente colocada na Finlândia, a União Soviética passou a ter a justificativa moral e o apoio popular, ambos necessários para a invasão do país vizinho.

A grande dúvida de quem tenta entender o refúgio de Fauzi é: como pode ele participar de um grupo de extrema direta e pedir asilo na Rússia? Mas talvez

---

2 https://veja.abril.com.br/coluna/reinaldo/a-fadinha-dos-black-blocs-8211-sininho-28-nao-trabalha-tem-dois-enderecos-no-rio-um-em-copacabana-dois-rgs-ja-chamou-policial-de-macaco-e-foi-presa-duas-vezes-acusada-de-formacao-de-quadrilha

3 https://www1.folha.uol.com.br/ilustrada/2020/01/suspeito-de-ataque-ao-porta-dos-fundos-e-expulso-do-psl.shtml?utm_source=twitter&utm_medium=social&utm_campaign=twfolha

a pergunta que deveria ser feita fosse: como pode alguém achar que a Rússia representa e defende a esquerda no mundo, ou os seus valores?

Esta introdução, em grande parte, está reservada para a tradução de um artigo em primeira pessoa sobre minha experiência de trabalho na agência de notícias da TV russa, RT, com escritórios em Berlim. A intenção aqui não é esclarecer nada – é apenas sugerir novas perguntas e estimular o pensamento lateral. No Brasil, todo mundo parece saber que Steve Bannon está envolvido com a Cambridge Analytica, a disseminadora de *fake news* que está por trás da eleição de Trump e que possivelmente ajudou a eleição de Bolsonaro. Mas mal se ouve falar de outro disseminador de *fake news*, o governo russo, que tem uma verdadeira fábrica de notícias falsas, descrita de forma assustadora numa matéria do *New York Times*.[4]

Eu, pessoalmente, tenho toda a razão para acreditar na veracidade da matéria porque sei, por experiência própria, que a Rússia dissemina *fake news* até a partir de agências de notícias fundadas para produzir material supostamente genuíno. Traduzo aqui alguns trechos do meu livro sobre espionagem em que cito a reportagem de Adrian Chen para o *New York Times*:

> Uma história reveladora escrita por Adrian Chen para *The New York Times Magazine* expôs no alfabeto latino o que muitas pessoas já conheciam em cirílico – que a Rússia fabrica desastres, cria caos e manipula a opinião pública de forma sistemática por meio de uma indústria de mentiras e falsas tendências. A Agência de Pesquisa da Internet, como conta Chen, é uma usina de *trolls* onde centenas de funcionários que trabalham em turnos de 12 horas recebem aproximadamente o mesmo que professores universitários para criar perfis falsos em redes sociais e alimentar as páginas de outras pessoas com opiniões falsas, ajudando a fazer esses perfis parecerem populares e legítimos. Alguns desses perfis são usados para melhorar a imagem de Putin e destruir a de seus inimigos. Mas essa agência tem um outro propósito ainda mais obscuro.
>
> Chen iniciou sua pesquisa investigando um incêndio de fábricas de produtos químicos em Louisiana, nos Estados Unidos, e o pânico que dali se alastrou. Mas o incêndio, na realidade, nunca aconteceu. O pânico foi inicialmente orquestrado, mas ele se espalhou de tal maneira pelas redes sociais que acabou assustando genuinamente

4 https://www.nytimes.com/2015/06/07/magazine/the-agency.html

> os moradores, e tomando o tempo e atenção dos serviços nacionais de emergência. A farsa foi perturbadoramente bem executada.
>
> Ela apresentou não apenas tweets e postagens do Facebook com a hashtag #ColumbianChemicals, mas incluiu relatos de testemunhas oculares e até vídeos do incêndio inexistente. A fábrica de *trolls* russa também criou pânico sobre um surto falso de ebola nos EUA com um requinte de detalhes impressionante, incluindo um vídeo que mostrava "funcionários médicos devidamente vestidos com uniforme protetor transportando uma vítima do aeroporto". Nesse vídeo, uma música contemporânea de Beyoncé podia ser ouvida ao fundo, sutilmente dando às imagens uma corroboração temporal que soava genuína e fazia o vídeo parecer legítimo.
>
> A Agência de Pesquisa da Internet, de propriedade de um aliado do presidente Vladimir Putin, também foi pega criando falsos movimentos sociais negros na América, espalhando notícias fabricadas sobre o assassinato de uma mulher negra desarmada por um policial em Atlanta, e organizando aulas de defesa pessoal para afro-americanos por meio de um grupo falso chamado Black Fist (Punho Negro). O propósito completo da agência russa não é conhecido, mas seus empregados se passam por ativistas de esquerda e de direita, antagonizando pessoas reais de ambos os lados e criando dissensões. Menos de dois anos depois da publicação dessa história, a Rússia foi suspeita de ter influenciado as eleições dos EUA de maneira inédita, acusada de ter pagado anúncios para a eleição de Donald Trump e de ter hackeado o Congresso Nacional Democrata.

Não estou sugerindo que Sininho – ou Fauzi, ou Sara Winter (que era a representante no Brasil do grupo ultrafeminista Femen e depois se tornou bolsonarista contra o aborto e a favor do sexo depois do casamento) – sejam agentes provocadores, da Rússia ou de qual país for, mas acho importante que conheçamos um pouco das manobras que acontecem nas sombras para que saibamos evitar a manipulação de nossos sentimentos, algo do qual ninguém está imune, na esquerda ou na direita.

Abaixo eu traduzo meu artigo sobre minha experiência com a Ruptly, agência de notícias da Russia Today (hoje conhecida apenas como RT). Eu tinha um NDA (*non-disclosure agreement*, um acordo em que eu prometia não revelar o que vivenciei na Ruptly), mas consultei advogados no Brasil e na Alemanha, e resolvi romper esse compromisso.

Meus editores na revista israelense *972mag* – a única que teve a coragem de publicar minha história – passaram mais de uma semana verificando cada coisa que eu falei em entrevistas anônimas com outros cinco jornalistas da agência, inclusive um ex-*Reuters* e outro que trabalhou na AFP. Os editores Noam Sheizaf e Michael Omer-Man foram categóricos em dizer que não só eu não tinha inventado nada e tudo que eu disse foi confirmado, mas que havia ainda outros detalhes mais repelentes.

Uma coisa que esqueci de colocar no original, e sobre a qual tenho testemunhas e corroboração, foi um detalhe que só me pareceu significante muito tempo depois, quando voltei ao Brasil e fiquei sabendo do fenômeno dos *black blocks*.

Um dia, durante o treinamento, tivemos todos que participar de uma palestra em que seríamos informados de como participar de manifestações públicas e protestos. Ninguém entendeu muito bem por que precisaríamos aprender aquilo, e não sei o nome da mulher, mas lembro claramente de que a palestrante era uma das organizadoras de um dos movimentos que mais admirei, e do qual fiz questão de participar: Occupy Wall Street. Há alguns anos, entrei em contato com uma ex-colega da Ruptly, e ela se lembra claramente disso, mas também não sabe o nome da mulher. Se um dia eu for pressionada a descobrir, não deverá ser difícil.

Por que eu deixei a Russia Today e por que a considero ainda assim necessária[5]

A primeira coisa que eu falei para o meu pai quando aceitei a oferta de emprego da Russia Today foi que, pelo menos nesse caso, eu saberia quem estava financiando os meus patrões. Eu já não tinha ilusão nenhuma sobre a mídia – quase todos os veículos têm senhores, e só conseguimos identificar alguns deles. No caso da RT, eu sabia quem era o maestro, e eu queria tocar a música. Eu estava prontinha para descobrir os segredos sórdidos dos Estados Unidos. Eu estava disposta a desmascarar o Ocidente, aquela província imaginária, embelezada por agências de notícias treinadas para cantar em uníssono a desgraça que é o Outro e o quão perfeitamente verde é a nossa grama.

---

5 https://www.972mag.com/why-i-quit-russia-today-and-why-its-necessary/

Mas como costuma acontecer com leis e linguiças, eu não consegui engolir a maneira como as notícias da RT eram feitas.

Quando fui contratada, contei para apenas poucas pessoas que iria trabalhar para a RT. Não atualizei meu LinkedIn nem adicionei RT à minha biografia no Twitter. Fiquei cautelosa e um pouco envergonhada. Mas eu acreditava que poderia fazer algo de bom por lá, talvez mais do que se estivesse na CNN ou na BBC. Sempre fui fã da RT. Eu pensei, e ainda penso, que ela é inovadora, informativa e até crucial. Pessoas como Abby Martin, Tom Hartman e Max Keiser estão ajudando a mudar o mundo para melhor – estou convencida disso.

A RT também ajuda o público a ter acesso a especialistas que nunca são consultados pela grande mídia tradicional, pessoas às vezes mais qualificadas para falar sobre questões específicas que são completamente ignoradas e eliminadas do debate, porque se recusam a cantarolar a melodia determinada pelos *think-tanks* e lobistas ocidentais. Eu sabia que a RT tinha uma agenda política, mas contava com a sorte de cobrir assuntos em que o meu viés estivesse inclinado na mesma direção que a Rússia. Eu tinha visto excelentes documentários feitos pela RT sobre assuntos então quase invisíveis na mídia corporativa, desde a fome e o analfabetismo nos EUA até o poder de Wall Street corrompendo as áreas mais recônditas do capitalismo norte-americano. Na prática, a Rússia e eu estávamos na mesma página a maior parte do tempo. Eu só esperava, claro, que eles não me pedissem para cobrir o governo de Putin. Sim, foi bem isso o que pensei ou queria pensar – que a Rússia e eu só discordávamos em uma coisa: a política na própria Rússia.

A verdade, no entanto, é que, assim como os EUA, a Rússia tem interesses ou uma posição política em praticamente todos os países do mundo.

Antes de a RT me mandar a passagem para ir de Nova York a Berlim, eu ouvi elogios efusivos de jornalistas norte-americanos bem-intencionados me parabenizando pelo novo emprego, cansados da putrescência que é a sua mídia corporativa tradicional, um programa de luta livre em que inimigos de mentirinha fingem que estão em lados opostos quando, na verdade, estão ombro a ombro onde realmente importa: guerra, corporatocracia, concentração de riqueza. Mas então eu percebi, pela efusividade dos elogios, que esses jornalistas também eram vítimas dessa velha falsa dicotomia, engolindo sem mastigar a ideia de que os EUA e a Rússia têm ideologias opostas quando ambos, de fato, se curvam para o mesmo deus.

A Ruptly, a agência de notícias em vídeo do grupo RT, contratou dezenas de jornalistas (inclusive eu) alguns meses antes do lançamento, agendado para março de 2013. Apesar de fazer parte da RT, a Ruptly alegava ser diferente por ter uma natureza dupla: por um lado, ela era propriedade do governo russo e promovia sua política; por outro, ela tinha que vender os vídeos produzidos para obter lucro. Como eu logo viria a aprender, a Ruptly conseguiu embrulhar em um único pacote o pior do estatismo e o capitalismo: vídeos viralizantes transmitindo propaganda do governo. Meu cérebro, sempre em busca de uma justificativa, veio correndo me socorrer, imaginando clipes inofensivos de um gatinho miando a palavra *Puuuutin*.

A realidade, contudo, se revelou bem menos fofa.

A redação da Ruptly era composta por pessoas de todo o mundo, muitas sem nenhuma experiência jornalística. Havia alguns veteranos da Associated Press e outras agências de notícias, mas como eu, poucos deles resistiram. Passamos os dois meses que antecederam o lançamento em treinamento intensivo, parte dele focada na simulação de reuniões de pauta.

Em nosso primeiro dia, sentado à cabeceira da mesa de conferência, estava nosso vice-chefe, um jornalista russo que zombava silenciosamente do marxismo e da mais-valia com um par de óculos RayBan e uma camisa polo Ralph Lauren. Uma de suas filhas estava presente como jornalista contratada, ela também usando o próprio corpo como *outdoor* gratuito para marcas que usam trabalho semiescravo. A esposa do vice-chefe, uma mulher extraordinariamente gentil, trabalhava no departamento administrativo. O chefe-sênior também tinha sua esposa, norte-americana, ocupando um dos cargos mais altos da Ruptly. Todo aquele nepotismo, infelizmente, não deu à empresa aquele ar aconchegante e familiar de uma *trattoria* italiana – ao contrário, fez com que todos suspeitassem que estavam sendo constantemente vigiados.

Não conte; mostre

A principal regra do jornalismo da Ruptly era clara: deveríamos falar sobre coisas que poderiam ser mostradas, não contadas. Nosso principal produto eram vídeos de quarenta segundos sem nenhuma narração e, de preferência, sem gente falando para a câmera. Se uma fala fosse necessária, ela deveria durar no máximo oito segundos. Eu e outros jornalistas veteranos demoramos bastante pra entender esse conceito.

Eu pessoalmente atrasei o trabalho de todo mundo ao sugerir reportagens impraticáveis, como vídeos sobre gastos com armamentos, devidamente vetados pelos chefes com perguntas do tipo: "Dá pra mostrar imagem de gastos, DÁ?". Minhas sugestões foram constantemente descartadas por não terem apelo visual: precipício fiscal, desemprego, distribuição de renda – tudo isso estava descartado. Sugeri então que usássemos gráficos ("Gráfico é visual", falei com uma cara cheia de esperança), mas os chefes disseram que isso desvirtuava o conceito da Ruptly e, portanto, não servia.

Cada jornalista deveria produzir quatro vídeos por dia, e equipamento para isso não faltava. Nossa redação tinha as máquinas e os softwares mais modernos, tudo num escritório sofisticado no centro de Berlim. Nossa prioridade era "ser o primeiro," como nos explicou uma das poucas veteranas que continuaram no emprego, uma jornalista que trabalhou com a TV iraniana Press TV. Ela foi subindo no emprego com um desempenho cada vez melhor (também conhecido como cada vez pior) e continuou sendo promovida a contento. Em uma das etapas de sua escalada ao topo, ela usou um clichê diferente para evitar repetir seu mantra de "ser o primeiro," e eu tive que perguntar:

– Você vive dizendo "o primeiro, o primeiro". Você certamente quer dizer que devemos ser os primeiros somente depois de verificar nossas notícias, né?

– Mesmo sem verificar – disse ela. – Se tivermos que escolher entre ser o primeiro ou ser exato, escolhemos ser o primeiro.

Os rostos dos aspirantes a jornalistas ficaram sombrios de repente.

– Ser o primeiro em breve não vai significar nada se formos os primeiros a estar errados – afirmei.

Os rostos agora ficaram tão desanimados que tentei uma piada:

– Talvez a gente pudesse mudar o nome da agência pra Abruptly [abruptamente].

Ninguém riu.

Para o caso de ainda restar alguma dúvida, o chefe-sênior logo sintetizou o trabalho da agência:

– Somos um esporte de contato, pura competição.

Ainda no modo *coach*, ele explicou o que significava ser um "bom jornalista":

– Quem viu ontem a foto daquele soldado francês no Mali usando uma máscara de caveira?

Muitas mãos se levantaram.

O chefe-sênior, então, elogiou a foto como o maior golpe visual da semana, e todos nós concordamos que, de fato, aquela máscara foi uma grande sorte. Mas ele nos interrompeu imediatamente:

– Não, não foi sorte. É isso que vocês têm que aprender – ele começou, solenemente, enquanto nós nos preparávamos para a lição. – Se esse fotojornalista for bom mesmo, foi ele que pediu que o soldado vestisse a máscara.

A maioria dos veteranos se entreolhou, torcendo para ter ouvido mal.

– Mas se esse jornalista for excelente – ele continuou, desfechando aqui o golpe de misericórdia –, foi ele mesmo que levou a máscara.

Em outra reunião de pauta, alguém sugeriu uma história sobre a assinatura de um acordo de paz em um país africano.

– O povo está dançando na rua? – perguntou o chefe.

– Sim, ele comemora dançando na rua – respondeu o cara.

– Mas todos estão dançando no estilo *Gangnam*? Porque devemos ter algo com que as pessoas possam se relacionar. Se não é *Gangnam style*, não estamos interessados.

Eu entendo que o jornalismo tenha mudado. Os meios de comunicação não têm mais o poder unidirecional para ditar o que consumimos – o conteúdo hoje em dia é decidido quase interativamente. E cada vez mais, é quantidade, não qualidade, o que comanda as notícias. É a maior multidão – ou o grupo mais mediano/medíocre – que vai ajudar a decidir o conteúdo de acordo com seu gosto. Na Ruptly, o conteúdo já foi decidido preventivamente pelos piores de nós, quase sempre esperando o pior nos outros. Foi o nível mais baixo que eu já presenciei em jornalismo, embora admita que o único outro grande veículo internacional em que trabalhei foi a *Radio France Internationale* – um canal de notícias bastante respeitado onde nunca tive uma palavra alterada, editada ou vetada, mesmo na minha cobertura mais crítica dos crimes de Israel no Líbano.

UFOs e Angela Merkel

Um dia, o chefe-sênior explicou com voz de locutor de trailer do *Arquivo X* que ele queria "vídeos do incomum, do estranho". Daí ele deu um exemplo do que estava querendo dizer: um vídeo viral de uma mulher que comia pedras. Eu caí na gargalhada, pensando que ele estava brincando, e então olhei em volta, e pela seriedade geral na sala, percebi que ele falava sério.

– Esse vídeo é sucesso garantido – ele disse, olhando para mim –, e se você não sabe disso, você não está entendendo nada.

O chefe-sênior continuou descrevendo o vídeo, enquanto eu continuava não entendendo. E então ele disse que o vídeo viral poderia ser "ainda melhor".

Meu interesse foi aguçado.

– Podemos realmente vê-la comendo as pedras – ele continuou –, mas o vídeo ainda não é perfeito.

Agora eu estava realmente intrigada. Eu queria muito entender que mudança poderia melhorar aquele vídeo. O chefe-sênior tentou, mas ninguém conseguiu adivinhar onde exatamente estaria a perfeição. Eu arrisquei um palpite:

– Você está, por acaso, esperando ver todo o processo digestivo e pegar a imagem das pedras na saída?

Dessa vez todos riram – bem quando eu estava falando sério.

Com o tempo, fomos todos muito bem informados do tipo de notícias que deveríamos cobrir. Entre os assuntos favoritos – alguns com som e entrevista – estavam vídeos com "testemunhas oculares" de OVNIs e com pessoas que tinham críticas a Angela Merkel. Mesmo durante nosso treinamento, tínhamos que voltar à redação com críticas suficientemente negativas à chanceler alemã. O assunto da matéria era irrelevante – todos nós fomos orientados a guiar o entrevistado e obter a resposta que desejávamos. Como o chefe-sênior explicou uma vez: você só conduz uma entrevista quando tem certeza das respostas que vai conseguir.

Além de críticas a Merkel, a única outra fala que a Ruptly queria ouvir nos vídeos era a de pessoas que alegavam ter encontrado alienígenas. Essa era uma obsessão tão grande que comecei a chamar os funcionários da Ruptly de *ruptilians*. Esses dois assuntos – OVNIs e Angela Merkel – foram martelados em nossas cabeças com tanta frequência e falta de pudor que, quando a filha do vice-chefe contou que era aniversário do seu pai, eu brinquei que deveríamos dar a ele de presente um vídeo de quarenta segundos com um alienígena descendo de um OVNI e fazendo um discurso contra a primeira-ministra alemã.

Nós nunca conseguimos o tal alienígena, mas gravamos vários vídeos no site da Ruptly antes do lançamento oficial, incluindo: uma yoga nua em Berlim; um motorista que estaciona o carro em tempo recorde no menor espaço possível; elefantes comendo árvores de natal; um sanduíche do Subway que tinha centímetros a menos do que o tamanho prometido (ideia minha, admito). E eu seguia odiando cada segundo de tudo aquilo. Para alguém que amava assistir à RT, eu me sentia traída com os centímetros a menos da Ruptly. E a cada novo sinal de indignação ou desacordo de minha parte, o chefe-sênior dizia: "É só você ler *Scoop*", o romance de Evelyn Waugh sobre jornalismo. Eu queria dizer a ele que *Scoop* era uma sátira, mas não acho que isso fosse fazer diferença – algumas pessoas veem insulto como elogio, guerra como paz, escravidão como liberdade, ignorância como força.

E para completar a metáfora orwelliana, eu ao final, cometi crime de pensamento.

Regras não ditas: a palavra que começa com 'S'

Em uma de nossas reuniões, fui conduzida à cabeceira da mesa – como jornalista que cobriu guerra e trabalhou em vários países – para dar algumas dicas aos meus colegas que iam começar a viajar. O chefe-sênior abriu meu discurso improvisado dizendo que a melhor coisa para um correspondente internacional era, "sem dúvida nenhuma, acompanhar outros jornalistas". Eu imediatamente discordei. Sou alguém que raramente frequenta clubes ou jantares de jornalistas estrangeiros, e acho que amizades baseadas na profissão são um *granfaloon* cansativo. Até por puro instinto jornalístico, é difícil reportar notícias verdadeiras e originais se você estiver acompanhando eventos programados e cobrindo o que os outros estão cobrindo.

– As notícias geralmente se escondem onde ninguém está olhando – eu disse, esperando que um clichê funcionasse com a eficiência de um vídeo de quarenta segundos.

Mas o chefe-sênior não gostou das minhas reflexões jornalísticas e mudou o tópico para conselhos práticos, perguntando-me sobre a logística para obter permissões de imprensa. E lá fui eu decepcionar de novo:

– Acho que eu nunca pedi permissão para filmar ou reportar de algum país, nem em Israel, nem nos EUA, nem no Líbano, apesar de ter trabalhado lá por anos. Eu, aliás, desencorajo fortemente qualquer jornalista a pedir permissão para um governo antidemocrático, especialmente ditaduras, como Síria ou Egito.

Nessa hora, o vice-chefe ficou vermelho. Eu senti que algo estava mais errado que o normal, mas não conseguia entender o quê. Em dois minutos, contudo, eu saberia o que aconteceu, porque o vice-chefe interrompeu a reunião e me chamou para o escritório dele, onde eu recebi minha primeira "reprimenda oficial".

Nos cinco a dez minutos que se seguiram, fui submetida a um gulag em que eu teria que me arrepender de ter chamado a Síria de ditadura (meu insulto ao Egito foi totalmente ignorado). Eu até então nunca tinha testemunhado tamanha raiva em um chefe, mas continuei tentando argumentar. Fiquei até surpresa ao ver que ele tinha alguns bons argumentos sobre "o outro", sobre rótulos, padrões e percepções, coisas que pareciam incrivelmente lúcidas, se sua lucidez não fosse tão parcial. Tentei mostrar que a sua sabedoria política usava dois pesos e duas medidas, enquanto ele continuava gritando, implacável, fazendo reverberar pelas paredes um som que claramente tinha o duplo objetivo de me intimidar e dissuadir futuros dissidentes.

Ele ficava repetindo que eu "quebrei as regras". Então, falei:

– Eu preciso que você seja mais específico para evitar outras ocorrências do mesmo erro.

Ele me pediu que prometesse não repetir o erro, sem especificá-lo, e eu finalmente disse:

– Prometo fazer o possível para não repetir que a Síria é uma ditadura – uma repetição que enfureceu o vice-chefe.

– Eu quero que você prometa não dizer isso de novo! – ele gritou, evitando a palavra Síria.

– Não posso prometer o que vai sair da minha boca, mas posso prometer o que eu não quero que saia. Acho que não corro o risco de querer que essa frase saia de novo – eu falei.

Minha primeira reprimenda acabou sendo muito bem-vinda, porque ela finalmente levou meus chefes a aceitar meu "pedido de rebaixamento". Eu havia inicialmente me candidatado a um cargo de repórter, mas descobri alguns dias já no trabalho que fui contratada para uma posição administrativa com o que era trombeteado como "o segundo maior salário da redação".

Continuei recusando e dizendo que ficaria feliz ganhando menos, que eu não sirvo para cargo administrativo, que não consigo preencher formulários, não sei usar Excel e não confio em mim com um peso de papel. No dia de minha visita ao gulag, eles finalmente perceberam que eu não tinha a lealdade ideológica necessária para um cargo na administração, mas mesmo como repórter, eu já sabia que não ia durar muito.

Um dia fomos todos avisados de que teríamos que manter nossos telefones ligados a noite toda, depois do horário de expediente. Sem nenhuma propensão à semiescravidão, recusei na hora. Isso foi interpretado – alto e claro – como uma prova de que eu não estaria sendo "uma jornalista de verdade".

Em outro momento, quando meu chefe explicava que quase ninguém "assiste a vídeos com mais de vinte segundos", eu disse que, para mim, era exatamente o oposto: qualquer coisa com menos de dois minutos carece de contexto. Em uma outra situação, nosso chefe disse que, se estivéssemos gravando uma história sobre um tanque de guerra, por exemplo, e não tivéssemos uma imagem para isso, deveríamos mostrar qualquer tanque. Fiquei chocada. Eu avisei que não faria isso, e ia jogando a palavra "verdade" na cara dele, enquanto ele jogava de volta a frase "percepções da verdade".

Incapazes de me fazer ter orgulho de meu trabalho ou gostar de fazê-lo, meus chefes usaram várias técnicas para me convencer a cumprir suas ordens, inclusive tentando me fazer "sentir especial" com frases do tipo "você foi a única contratada para quem pagamos uma viagem de avião transoceânica", ou "temos muita fé em você", uma expressão que me dava mais gastura do que o normal. Nada funcionou, e eu logo consegui o feito inédito de me tornar o oposto do "funcionário do mês," só que diariamente.

E eu tive outras reprimendas, uma por chegar atrasada e uma por – prepare-se – não criticar um colega. Essa foi, sem dúvida, uma das experiências mais surreais e perturbadoras que já tive, uma tortura psicológica de 12 minutos que tentou astuciosamente contorcer muitos dos meus valores morais em uma doutrina fétida enquanto transformava a lealdade ao chefe em uma das virtudes mais elevadas. Também fui vilipendiada por ter tentado resolver meu problema com uma colega lidando diretamente com ela, e não por meio da intervenção de um superior – eu deveria tê-la denunciado. Enquanto eu ouvia os gritos do vice-chefe, me vinham lampejos do *Encouraçado Potemkin* e da inteligência cruel que fazia as pessoas trabalharem coletivamente enquanto se sentiam tristemente solitárias, desconfiando de todos ao seu redor.

Mas a esperança da Ruptly era maior que a minha, e eles acabaram me enviando para cobrir manifestações na Espanha, onde acabei fazendo minha primeira aparição na RT.[6] Como essa foi a primeira reportagem completa da Ruptly a aparecer na RT antes mesmo da inauguração da agência, fui recebida de volta a Berlim como jogador que marcou um gol para o time. Mas aquela tinha sido uma viagem fácil, uma coincidência em que a Rússia e eu provavelmente víamos as coisas do mesmo ângulo.

Eu tinha sido enviada para cobrir assuntos que considerava importantes, muitos deles invisíveis à cobertura internacional, tópicos como os yayoflautas, um grupo de homens e mulheres idosos que saíam às ruas para protestar contra o poder ilimitado do dinheiro e das corporações em Madri. Eu consegui até fazer minha própria pauta, e contei a história de uma pequena cidade onde dezenas de pessoas decidiram ocupar e morar dentro de um banco, que desapropriou a casa de um homem de família, mesmo ele não devendo mais nada ao banco. Depois da Espanha, fui enviada a Sophia para cobrir manifestações sobre energia nuclear na Bulgária. Voltei com várias entrevistas, a maioria contra o governo russo. Esse foi meu último vídeo feito para a Ruptly, e ele nunca foi ao ar.

E agora que eu disse tudo isso, também devo dizer que acho que a RT é necessária. Não acredito que uma pessoa ou organização possa ser totalmente ruim ou totalmente boa. A CNN tem Ben Wedeman. A BBC tinha Jeremy Paxman. E aposto que esses homens também não são perfeitos. Eu não acho que alguém consiga ser perfeito. E acho que não podemos concordar plenamente com ninguém, nem mesmo com fatos. Mostre-me um homem que concorda 100% com outro e eu lhe mostrarei um idiota. Mas nas notícias imediatas de 140 caracteres e vídeos de quarenta segundos, as nuances são cada vez mais indesejáveis – elas literalmente não cabem.

Em um mundo ideal, a RT não precisaria existir como contraponto à CNN, cada vez mais terrível, ou à BBC World, progressivamente pior. Se a única maneira de escaparmos do monopólio de ideias é tentando enxergar o outro lado da mesma moeda, quero, sim, que o outro lado tenha sua voz. Mas é aqui que enfrentamos um problema que talvez seja ainda maior do que ter uma moeda com apenas um lado: o fato de termos escolhido essa maldita moeda, essa falácia achatada e bilateral como representante do mundo que desejamos, quando os problemas e soluções não têm apenas dois lados e não precisam ser tão igualmente horrendos. Essa dissidência fabricada entre EUA e Rússia é extremamente

6 https://twitter.com/schmittpaula/status/1462809572943478786

prejudicial, pois ajuda a consolidar a crença de que a Rússia e os EUA são antitéticos, quando, na verdade, são muito mais parecidos entre si do que a Suécia é com os EUA, ou a Finlândia com a Inglaterra.

Um dos principais objetivos do jornalismo deve ser informar alguém do que ele não sabe. Se você continuar repetindo o que ela já sabe, essa pessoa não será mais informada, mas formada, modelada, esculpida como uma rocha atingida repetidamente pela mesma onda. É por isso que a *Fox News* consegue ser tão prejudicial. É por isso que qualquer viés permanente é tão prejudicial, incluindo o viés da RT. Os jornalistas e analistas que involuntariamente nomeiam a Rússia ou os EUA como bastiões de qualquer coisa nobre ou exemplar, além do que realmente são – oligarquias com a capacidade bélica de destruir o mundo –, estão jogando o jogo insidioso desses dois líderes ao fazer o mundo acreditar que você só tem Rússia ou EUA, e nenhum outro sistema intermediário.

Mesmo se ainda existissem países comunistas, eles não deveriam ser considerados como "o oposto" do capitalismo norte-americano. Uma tirania do capitalismo de compadrio não é o oposto de uma tirania do Estado – ambas são tiranias. Por que ninguém fala sobre a Suécia quando se discute capitalismo? Por que tão poucas pessoas discutem a regra extremamente iluminada e simples, aplicada na Finlândia, que determina que uma multa de trânsito seja estabelecida de acordo com o salário do infrator? Essa lei deu a um diretor da Nokia uma multa de US$ 103.600. Pense na inteligência dessa ideia, nesse método brilhante pelo qual as pessoas são, de fato, punidas igualmente ao terem que pagar quantias *diferentes*.

Não que os EUA deem qualquer importância para a minha opinião, mas informo aos EUA que sou daquelas pessoas fascinadas pela Declaração da Independência, assim como pela Declaração de Direitos, que sacraliza a busca da felicidade como direito inalienável. Mas o governo norte-americano não defende mais isso. Em muitas cidades, os EUA se tornaram uma distopia sombria, um verdadeiro pesadelo de injustiça social que protege a busca da riqueza acima de qualquer valor. Mas a Rússia tampouco luta pela igualdade e pela distribuição de renda. Lá a lei só vale para alguns, e o mercado é livre só para associados.

Um dos vídeos que vetamos na Ruptly vinha da Rússia e era emblemático: dezenas de clipes filmados a partir do para-brisa dos carros, mostrando homens que se jogam em frente ao veículo para serem atropelados e indenizados. A China, por sua vez, consegue ser um pesadelo onde o comunismo é capitalista, e

Cuba é aquele animal nietzschiano que se considera bonzinho simplesmente porque não tem garras. Passou da hora de começar a procurar paradigmas diferentes para as nossas discussões, outras moedas com outros lados, novos objetivos políticos aos quais deveríamos realmente aspirar.

“CAPITAL”

A FIOCRUZ E O SIGILO DE QUINZE ANOS

Uma das coisas mais imorais que ocorreu durante a pandemia é também uma das menos conhecidas: a Fiocruz, fundação secular outrora respeitada por cientistas honestos, determinou que trechos de seus contratos com a AstraZeneca sejam mantidos em sigilo por quinze anos. É isso mesmo: o conteúdo completo do acordo entre a Fundação Oswaldo Cruz e a megafarmacêutica AstraZeneca vai ficar escondido do público até 2036, segundo reportagem da CNN Brasil.[1]

Mas existe um detalhe ainda mais funesto e preocupante: a fundação quer que todos esses documentos sejam armazenados numa única área, construída especificamente para isso ao custo de R$ 750 mil, assim garantindo que todos esses documentos fiquem sob o risco – ou a bênção – de um incêndio que poderia transformar o sigilo de quinze anos em segredo eterno.

Eu já venho alertando faz um tempo para um iminente apagão da história recente. Uso uma frase no Twitter que virou bordão: "Salvem tudo". Isso está cada vez mais claro, porque a verdade da pandemia vai vir à tona de forma tangível, sentida na pele – literalmente. Portanto, na impossibilidade de apagar o futuro que vai se materializando perante todos nós, o único jeito de atenuar culpas é apagando o passado. E isso já começou. Não é só a Fiocruz que está escondendo a verdade do público.

Na União Europeia, a presidente Ursula von Der Leyen afirma que os textos que trocou com o presidente da Pfizer por um mês – e que absurdamente serviram de base para o contrato entre a Pfizer e a UE para a compra de mais de 1 bilhão de vacinas – não puderam ser encontrados, como conta a reportagem da *Reuters*.[2] Em Israel, o ministro da Saúde disse em depoimento a uma corte, em

1 https://www.cnnbrasil.com.br/nacional/fiocruz-quer-construir-local-para-guardar-documentos-sigilosos-sobre-vacina/

2 https://www.reuters.com/world/europe/eus-von-der-leyen-cant-find-texts-with-pfizer-chief-vaccine-deal-letter-2022-06-29/

dezembro de 2022[3], que "não encontrou" os contratos do governo com a Pfizer. E assim vai ser daqui para a frente: um monte de cachorro comendo o dever de casa, argumentos cada vez mais estúpidos, proporcionais à inteligência do público a ser enganado.

Voltando à Fiocruz, é obsceno que uma fundação financiada com dinheiro público se dê o direito de esconder do público detalhes sobre o que ele próprio financiou. E é de uma imoralidade ainda mais inimaginável que tal sigilo seja imposto sobre um produto que foi usado nessa mesma população, e que tal produto seja uma vacina que não garante a imunidade. Mas essa escadaria da vergonha em direção ao fosso da indecência não termina aqui.

A vacina da AstraZeneca – esta mesma cujo contrato com a Fiocruz está sob sigilo – foi suspensa em pelo menos dezoito países.[4] Um artigo da CNN[5] de março de 2021 diz que a AstraZeneca foi suspensa na Dinamarca, Islândia e Noruega, enquanto a União Europeia "investiga casos de coágulos sanguíneos" pós-vacina. A BBC conta que nesse mesmo mês, a Alemanha e a França também suspenderam a mesma vacina.[6] Segundo o jornal inglês *The Guardian,* em abril de 2021,[7] a agência reguladora da União Europeia acabou confirmando que "encontrou um possível link entre a vacina AstraZeneca e relatos de casos raros de coágulos sanguíneos em pessoas que receberam a injeção".

O *Guardian* reportou no mesmo mês que Espanha, Bélgica e Itália restringiram o uso da AstraZeneca a pessoas acima de 60 anos.[8] Em maio de 2021, o próprio Reino Unido, país da Oxford University – parceira da AstraZeneca na fabricação da vacina que usa um adenovírus de chimpanzé – recomendou que a vacina não fosse administrada em pessoas com menos de 30 anos, e que essas

---

3 https://www.i24news.tv/fr/actu/coronavirus/1671136463-israel-le-ministere-de-la-sante-incapable-de-retrouver-l-accord-signe-avec-pfizer

4 https://www.businessinsider.com/astrazeneca-covid-vaccine-countries-suspend-denmark-thailand-batch-blood-clots-2021-3?op=1

5 https://edition.cnn.com/2021/03/11/europe/astrazeneca-vaccine-denmark-suspension-intl/index.html

6 https://www.bbc.com/news/live/uk-56398877

7 https://www.theguardian.com/society/video/2021/apr/07/possible-link-astrazeneca-vaccine-blood-clots-says-eu-regulator-video

8 https://www.theguardian.com/society/2021/apr/08/spain-belgium-and-italy-restrict-astrazeneca-covid-vaccine-to-older-people

pessoas buscassem uma alternativa, como mostra o documento oficial do governo inglês.[9]

Foi essa vacina que, segundo boletim da Diretoria de Vigilância Epidemiológica de Santa Catarina,[10] teria causado a morte de Bruno Graf aos 28 anos de idade. Eu entrevistei Arlene, sua mãe, e publiquei parte da entrevista.[11] Arlene conta que, apesar de ser "extremamente bem informada", ela nunca tinha ouvido falar sobre as suspensões da vacina.

Não obstante os coágulos sanguíneos, a AstraZeneca vai muito bem, obrigada. Segundo o *Yahoo Finance*,[12] em 2021 a empresa superou as expectativas do mercado, e sua receita aumentou 41%[13] em relação ao ano anterior. O sigilo determinado pela Fiocruz não deve ter diminuído sua receita – talvez o contrário: investidores sentem mais confiança quando sabem que seu dinheiro vai para uma empresa protegida por parceiros governamentais. A recíproca é verdadeira.

Na página oficial da Fiocruz existe um link que leva o leitor aos "valores da fundação".[14] O terceiro item da lista é "ética e transparência". Mas a presidente da Fiocruz, responsável por desrespeitar esses que são supostamente um dos maiores valores da fundação que presidiu, nunca foi punida – ao contrário, Nísia foi premiada com o cargo de ministra da Saúde.[15]

Até petistas de carteirinha reclamaram do sigilo imposto pela Fiocruz. Em artigo original de *O Globo* republicado no site *Olhar Digital*, o ex-ministro da Saúde Alexandre Padilha (PT-SP), hoje ministro das Relações Institucionais,[16] criticou a decisão: "Um acordo de transferência de tecnologia dura anos. Qual o

---

9 https://www.gov.uk/government/publications/use-of-the-astrazeneca-covid-19-vaccine-jcvi-statement-7-may-2021/use-of-the-astrazeneca-covid-19-azd1222-vaccine-updated-jcvi-statement-7-may-2021

10 https://revistaoeste.com/brasil/bruno-graf-morreu-devido-a-reacao-da-vacina-da-astrazeneca-informa-boletim/

11 https://www.poder360.com.br/opiniao/o-dia-das-maes-e-o-amor-que-nao-morre/

12 https://finance.yahoo.com/news/astrazeneca-azn-q1-earnings-revenues-191207242.html

13 https://www.pharmaceutical-technology.com/news/astrazeneca-fy-2021-revenue/

14 https://portal.fiocruz.br/perfil-institucional

15 https://www.poder360.com.br/saude/nisia-toma-posse-na-saude-e-diz-que-se-pautara-pela-ciencia/

16 https://www.poder360.com.br/governo/governo-prega-dialogo-e-nao-metralhar-oposicao-diz-padilha/

preço por dose ao longo desse período? A empresa tem um preço inicial, pois vivemos hoje a pandemia, mas quer revê-lo depois. A sociedade deve ter acesso a esses valores." Outra pessoa citada no artigo, o professor do Centro de Direito da Universidade de Georgetown, nos EUA, Matthew Kavanagh, criticou a exclusividade entre Fiocruz e AstraZeneca: "Licenças exclusivas são antiéticas para a boa saúde pública."

Parece chocante que, diante de tudo isso, Nísia tenha sido nomeada ministra. Mas isso só surpreende quem não está prestando atenção. Eu acredito que Nísia não foi nomeada *apesar* de esconder a verdade do público, mas exatamente por tê-lo feito.

Se qualificação acadêmica fosse necessária para o posto de ministro, Nísia talvez não tivesse sido escolhida. Socióloga, ela não tem nenhum bacharelado, mestrado ou PhD em medicina, infectologia, imunologia ou mesmo saúde pública, apesar de ter milhares de citações robustas nessa área.[17] Ainda assim, seu diploma em Ciências Políticas parece ter sido o suficiente para que ela fosse chamada de "cientista" nas páginas da fundação.[18] Pelo mesmo critério, eu também sou cientista, já que tenho mestrado em Ciências Políticas pela Universidade Americana de Beirute.

Mas mesmo sem a devida qualificação acadêmica, Nísia foi rapidamente subindo a ladeira da corporatocracia e do capitalismo de Estado. E fazendo bom uso dele. O jornal *Metrópoles* conta em dezembro de 2022 que a "Fiocruz superfaturou em R$ 12,9 milhões compras de ventiladores e aventais na pandemia".[19]

Menos de um mês depois de anunciar a compra de um espaço exclusivo para esconder os documentos da Fiocruz, Nísia foi premiada como um dos dois representantes da Cepi na América Latina. E o que é a Cepi? Segundo o site da Fiocruz, a Cepi (Coalition for Epidemic Preparedness Innovations, ou Coalisão para Inovações em Preparação Epidêmica)[20] "tem o objetivo de financiar projetos de pesquisa para acelerar vacinas contra epidemias", e já "garantiu fundos de

---

17 https://scholar.google.com/citations?user=1enTP5EAAAAJ&hl=en

18 https://portal.fiocruz.br/en/news/fiocruz-president-joins-cepis-board

19 https://www.metropoles.com/brasil/fiocruz-superfaturou-em-r-129-milhoes-compras-de-ventiladores-e-aventais-na-pandemia

20 https://portal.fiocruz.br/en/news/fiocruz-president-joins-cepis-board

mais de trinta governos, instituições filantrópicas e investidores do setor privado até agora, com outras 25 parcerias para o desenvolvimento de vacinas".

A parte mais relevante sobre a Cepi é esta aqui: ela foi criada em 2017, em Davos, com a participação do Wellcome Trust, o Fórum Econômico Mundial e o grande árbitro da saúde "pública" mundial: Bill & Melinda Gates Foundation. Nísia conhece bem o trabalho da Gates Foundation, porque ela assinou uma parceria da Fiocruz com um dos projetos mais arriscados de que se tem notícia em saúde pública: o lançamento de milhões de mosquitos contaminados com a bactéria Wolbachia em Belo Horizonte,[21] supostamente com o intuito de reduzir "o risco de surtos de dengue, zika, chikungunya e febre amarela". Eu escrevi um artigo sobre esse projeto de Bill Gates,[22] e nele eu conto que a Wolbachia está envolvida com uma das doenças caninas mais lucrativas, o verme do coração.

Para finalizar, admito que a tal Cepi sabia o que estava fazendo quando contratou Nísia, já que a empresa (coalisão, *sorry*!), mesmo ainda tão jovem, já foi objeto de artigo na revista *Lancet*.[23] O título do artigo é "Cepi é criticada por falta de transparência". Um dos parceiros da Cepi é a VBI Vaccines Inc., que está na Nasdaq. Recomendo o investimento.

Em resposta ao artigo, a Fiocruz compôs a seguinte nota:

Esclarecimento sobre contrato de transferência de tecnologia vacina Covid-19.

A Fiocruz informa que o contrato de transferência de tecnologia firmado entre o Instituto de Tecnologia em Imunobiológicos (Bio-Manguinhos) e a farmacêutica AstraZeneca foi objeto de análise criteriosa para que somente as informações consideradas sensíveis fossem classificadas, em observância à Lei de Propriedade Industrial (Lei 9.279/96), que versa sobre o sigilo de informações técnicas, estratégicas, negociais e comerciais de ambas

21 https://g1.globo.com/mg/minas-gerais/noticia/2021/06/01/liberacao-de-mosquitos-aedes-com-bacteria-wolbachia-chega-a-todas-as-regioes-de-bh.ghtml

22 https://www.poder360.com.br/opiniao/a-receita-de-bolo-e-o-mosquito-humano/

23 https://www.thelancet.com/journals/lancet/article/PIIS0140-6736(21)00143-4/fulltext

as partes, incluindo *know-how* e segredos de indústria. As demais informações foram amplamente divulgadas por meio dos mecanismos institucionais e legais de transparência, observando a Lei de Acesso à Informação. Lembramos ainda que a Fiocruz é uma instituição comprometida com a saúde da população brasileira e que trabalha em consonância com os princípios que regem a Administração Pública. Além da celeridade no atendimento a esta emergência de saúde coletiva durante a pandemia, por meio da incorporação tecnológica, produção e o fornecimento de cerca de 215 milhões de doses da vacina Covid-19 (recombinante), foi gerada uma economia de aproximadamente 1,3 bilhão de dólares aos cofres públicos.

A IVERMECTINA, O CAVALO E A INTELIGÊNCIA SUBANIMAL

No dia 2 de setembro de 2021, o Twitter oficial do outrora respeitado jornal *Estadão* fez um alerta importante a seus leitores: "Você não é um cavalo".[24]

O aviso era uma repetição de uma publicidade da FDA,[25] a agência reguladora norte-americana capturada pela indústria farmacêutica, e tinha a intenção de convencer quem lê o jornal a não usar a ivermectina no tratamento da covid.

É compreensível que o *Estadão* tenha optado por esse nível de argumento, pois tudo indica que o leitor do jornal consegue de fato entender que não é um cavalo. Mas esse leitor médio tem outra característica que o faz receptáculo perfeito para o conteúdo do *Estadão*: enquanto sua inteligência é suficiente para entender que ele e o cavalo são diferentes, ela é insuficiente para entender em quais aspectos fisiológicos ele e o cavalo se assemelham.

Antes de continuar, preciso revelar meu conflito de interesse: fui salva de algumas suspeitas de covid depois que tomei ivermectina. A ivermectina não

24 https://twitter.com/Estadao/status/1433449637218816003?s=20

25 https://www.npr.org/sections/health-shots/2016/09/28/495694559/a-look-at-how-the-revolving-door-spins-from-fda-to-industry

precisa carregar a culpa, claro, e faço questão de aliviar seu peso dividindo essa responsabilidade com outras coisas que tomei depois de suspeitas de covid: cachaça, mel, sopa de tomate com alho, caldo de mocotó, carne crua com cebola roxa, iogurte com zinco, *pancetta* com mel, e o velho favorito arroz com feijão no pé-sujo – algo que todo cientista que se preze sabe que já vem com anticorpos. Eu não usei tudo isso só porque amo a ciência – usei principalmente porque prezo a relação risco-benefício.

Não sou especialista formal nessa equação nem em custo-benefício, mas faço esses cálculos instintivamente desde pequena, todos os dias. Uma vez me ensinaram que era mais seguro quebrar ovo em uma vasilha separada antes de juntá-lo à mistura da panqueca. Com essa precaução, um ovo eventualmente podre não estragaria o resto da comida. Nunca segui o conselho, e, portanto, destruí algumas misturas, mas o trabalho extra do qual fui poupada centenas de vezes compensou as duas vezes que tive que jogar a mistura fora e começar tudo de novo.

Quando jornais e revistas no mundo inteiro começaram a falar que deveríamos comer cinco porções de frutas todos os dias para evitar o câncer, eu fiz uma escolha – e não foi pelas frutas. Na minha cabeça, parar para comer frutas cinco vezes ao dia era um absurdo, um custo alto demais para um benefício incerto. Foi também com essa lógica que escolhi não tomar a vacina da covid, e optei por tomar a ivermectina várias vezes – sem me transformar em cavalo.

E eis que, depois de três anos banida como ideia perigosa, a ivermectina acabou na lista de assuntos mais comentados no Twitter. Agora que a censura deixou de dominar a plataforma, a lógica começou a voltar, e traficantes de drogas caras, pagos para demonizar remédios baratos nas suas páginas, tiveram que usar argumentos melhores do que "você não é um cavalo (ainda que pense como tal)".

A coisa mais importante sobre a ivermectina é o seguinte: usada nas doses corretas, ela não mata, não causa miocardite, não provoca AVC, paralisia de Bell, doença priônica e nenhum dos efeitos colaterais reconhecidos pela própria FDA com relação às vacinas da covid, como mostra documento da agência reguladora, na página 17.[26]

O título do documento da FDA é "Vacinas e produtos biológicos relacionados – Comitê Consultivo – 22 de outubro de 2020 – Encontro de Apresentação",

26 https://www.fda.gov/media/143557/download

e tem 26 páginas. Mas seu vídeo de apresentação tem oito horas. Está disponível no YouTube desde 2020, mas você provavelmente não viu uma única menção na pequena grande imprensa brasileira. O link que publiquei[27] há mais de dois anos no Twitter leva o leitor ao ponto do vídeo em que Steven Anderson, diretor do Escritório de Bioestatística e Epidemiologia da FDA, menciona a lista provisória de possíveis eventos adversos. Como o próprio documento afirma, a lista ainda está sendo investigada, e, portanto, está "sujeita a mudanças". Fiz a gentileza de traduzir. Aproveite:

> Síndrome de Guillain Barré; encefalomielite aguda disseminada; mielite transversa; meningoencefalite/meningite/encefalopatia; convulsões; AVC; narcolepsia e cataplexia; anafilases; infarto agudo do miocárdio; miocardite/pericardite; doença autoimune; mortes; efeitos na gravidez e no nascimento; outras doenças de desmielinização aguda; reações alérgicas não anafiláticas; trombocitopenia; coagulação intravascular disseminada; tromboembolismo venoso; artrite e artralgia/dor nas juntas; doença de Kawasaki; síndrome inflamatória multissistêmica em crianças; doença reforçada por vacina (*vaccine-enhanced disease*).

Compare isso com a lista de efeitos adversos da ivermectina, disponível no site drugs.com.[28]

Segundo o jornal escrito para pessoas-que-não-são-cavalos, o "kit-covid" levou pacientes para a fila de transplantes de fígado.[29] Interessante. Eu não duvido – sei de gente que morreu por excesso de água. Mas veja só isso. O governo norte-americano tem um ranking para toxicidade hepática[30] – coisas que fazem mal para o fígado. Faça o teste você mesmo e digite ivermectina no campo de busca. Você ficará sabendo que a ivermectina é menos tóxica para o fígado do que um dos analgésicos mais consumidos no mundo, e com maior frequência: o Tylenol.

---

27 https://www.youtube.com/watch?v=1XTiL9rUpkg&t=8402s

28 https://www.drugs.com/pro/ivermectin-tablets.html#s-34084-4

29 https://www.poder360.com.br/www.estadao.com.br/saude/apos-uso-de-kit-covid-pacientes-vao-para-fila-de-transplante-ao-menos-3-morrem

30 https://www.fda.gov/science-research/liver-toxicity-knowledge-base-ltkb/drug-induced-liver-injury-rank-dilirank-dataset

Eu já falei da ivermectina e outras drogas que, por serem baratas, seguras e terem efeito contra a covid, ameaçaram a supremacia e o fanatismo da Igreja Adventista da Sétima Dose e Testemunhas de Jeovaxx. Também falei de assuntos relacionados.[31]

Remédios testados pelo tempo são ignorados como solução em favor de remédios novos e não testados, que contam com o ingrediente mais valorizado por cientistas e jornaleiros: uma patente comercial. Por isso a cloroquina foi demonizada – não porque seja perigosa ao usuário, mas porque não dá lucro para os grandes monopólios. Isso fica claro quando temos acesso ao passado recente. Como a TV Globo, em jornal apresentado por Sandra Annenberg, ao anunciar a boa notícia de que a cloroquina podia ser consumida por mulheres grávidas:[32] "Uma boa notícia para as futuras mamães. Um medicamento já usado em doenças como a malária pode ser eficaz para proteger o cérebro de fetos contra infecção pelo vírus da zika". A reportagem continua: "O medicamento já é usado contra a malária e doenças autoimunes, como o lúpus, e não tem contraindicação para grávidas".

Remédio não é celular, e os modelos mais recentes não são necessariamente os melhores – mas são sempre os que dão mais lucro, e, portanto, têm mais dinheiro para comprar jornal, digo, publicidade em jornal. Remédios recém-patenteados também têm outra característica: eles são os remédios cujos efeitos colaterais são mais desconhecidos, porque não se beneficiaram do tempo necessário para que esses efeitos apareçam. Lembrei agora de um dos argumentos mais usados a favor das vacinas da covid: "Tomei e não aconteceu nada". Também lembrei do cara da piada que vi num filme francês, em que ele está caindo de um prédio e, quando passa pelo sexto andar, ele fala: "*Jusqu'ici tout va bien*" (Até aqui, tudo vai bem).

E para quem tomou ivermectina, de fato, vai tudo bem mesmo. Deixarei nas referências uma lista de artigos científicos que associam o uso da ivermectina à

---

31 https://www.poder360.com.br/opiniao/a-2a-maior-tragedia-por-paula-schmitt/; https://www.poder360.com.br/opiniao/a-2a-maior-tragedia-por-paula-schmitt/; https://www.poder360.com.br/opiniao/a-ivermectina-a-realidade-nao-mediada-e-os-estudos-bem-projetados-escreve-paula-schmitt-2/; https://www.poder360.com.br/opiniao/o-genocida-o-vingador-e-a-inversao-dos-papeis/;https://www.poder360.com.br/opiniao/a-cpi-da-pandemia-a-adulteracao-da-verdade-e-o-anao-moral-escreve-paula-schmitt/; https://www.poder360.com.br/opiniao/as-maos-sujas-de-quem-lava-as-maos-por-paula-schmitt/

32 https://twitter.com/schmittpaula/status/1511717930005897222?s=20

redução de certos tipos de câncer. Alguns desses artigos[33] foram publicados antes da pandemia, ou seja, livre da contaminação anticientífica que tomou conta da imprensa e da política.

Já para aqueles que foram amedrontados a não tomar, as notícias não são tão alvissareiras. Em novembro de 2022, um advogado da FDA[34] declarou em uma corte no Texas que a agência reguladora nunca disse que o povo norte-americano não deveria tomar ivermectina. Aquelas declarações "não eram obrigatórias, eram recomendações". Segundo Isaac Belfer, "eles não disseram para você não fazer isso, ou que você não deve fazer isso. Eles não disseram que era proibido, ou ilegal. Eles não disseram que médicos não deveriam prescrever a ivermectina".

A equação custo-benefício permite a pessoas inteligentes tomar decisões baseadas em lógica quando o conhecimento não é o suficiente. O fato de um remédio ser também usado para cavalo não é argumento lógico, é só falácia para pessoas semicerebradas. Imagine quando essas pessoas-que-não-são-cavalos descobrirem que o CEO da Pfizer, Albert Bourla, não é médico, mas veterinário…

AS REVELAÇÕES DO TWITTER E A IMPRENSA SEM BRAÇO

A imprensa oficial vem ignorando de perto as revelações do Twitter Files – uma série de e-mails e documentos internos que mostram o que pessoas atentas já suspeitavam: o Twitter, uma das maiores redes sociais do mundo, passou os últimos anos implementando censura sob medida, por encomenda. E o pior: a empresa fez isso não apenas por conta própria, seguindo seu Conselho de Niceia interior, mas também a mando do FBI – tarefa pela qual recebeu mais de 3 milhões de dólares de dinheiro público.[35]

33 https://search.nih.gov/search?utf8=%E2%9C%93&affiliate=nih&query=invermectin+and+cancer

34 https://www.theepochtimes.com/fda-says-telling-people-not-to-take-ivermectin-for-covid-19-was-just-a-recommendation_4873897.html

35 https://reason.com/2022/12/19/the-fbi-paid-twitter-3-4-million-for-processing-requests/

De acordo com informações publicadas no Twitter pelo próprio Elon Musk, novo proprietário do Twitter, e por jornalistas como Matt Taibbi, Bari Weiss, Michael Shellenberger[36] e Lee Fang[37], a censura beneficiou ao menos dois grupos que politicamente se entrelaçam e formam uma massa uniforme de ideologia inexplicável: esquerdistas que defendem a ideologia identitária financiada pelos maiores monopólios e bancos de investimento; e o consenso pseudocientífico financiado pela indústria farmacêutica que negou o tratamento da covid-19 com medicamentos baratos, seguros e sem patente, enquanto promovia uma vacina que não impede o contágio.

Uma frase que foi repetida durante a pandemia sintetiza o que a investigação do Twitter vem confirmando: "Noventa e sete por cento dos cientistas concordam com quem financia os seus estudos; os outros 3% foram censurados." Assim foi criado o "consenso" em torno do *lockdown* e da vacina-que-não-impede-o-contágio: com censura aplicada por um consórcio entre o grande capital e o governo. No caso do Twitter, revelações mostram influência direta e documentada do FBI e até do Pentágono na censura e na criação de *psy-ops*,[38] ou operações psicológicas.

Esse amálgama entre poder público e privado está se tornando indissociável, e cada vez mais se assemelha a uma distopia tecnofascista. No Brasil, por exemplo, o TSE (Tribunal Superior Eleitoral) contratou uma empresa privada[39] para "monitoramento on-line e em tempo real da presença digital do TSE e de temas de interesse da Justiça Eleitoral em redes sociais". A empresa também entrega "alertas em tempo real, por app, e-mail, SMS ou WhatsApp, e relatórios analíticos sobre a ação estratégica para a atuação nas redes sociais".

Essa contratação foi realizada pouco antes de o mesmo TSE publicar uma lista de "expressões racistas", uma ode à estupidez que me envergonha reproduzir aqui, mas que, temo, poderá ser usada para perseguir inimigos da casa e do poder-*du-jour*. A lista de palavras a serem evitadas, que podem virar crime num futuro de trevas cada vez mais plausível, inclui coisas como "meia-tigela, cabelo ruim, chuta que é macumba, denegrir, esclarecer, feito nas coxas" e outras

---

36 https://twitter.com/ShellenbergerMD/status/1604908670063906817

37 https://twitter.com/lhfang/status/1605292454261182464

38 https://twitter.com/lhfang/status/1605292454261182464

39 https://revistaoeste.com/politica/tse-contrata-empresa-para-monitorar-redes-sociais/

aberrações intelectuais que revelam mais sobre a mente de quem fez a lista do que de quem diz as palavras.

Me envergonha, é claro, morar num país com uma corte de meia-tigela que denigre a tradição dos grandes juristas do país, ainda que nossas cortes tenham sido a casa judicial de um "negro de primeira linha", como disse o ministro Roberto Barroso[40] ao se referir ao nosso juiz Joaquim Barbosa.

A saber: não vejo nada criminoso na fala do ministro Barroso, tampouco maldade. Acredito que ele teve boa intenção, e não sei se aquilo escapou por preconceito, falta de tato, consumo de álcool ou qualquer outra possibilidade que não me cabe analisar ou especular porque tenho mais o que fazer. Essa é uma das vergonhas da nossa era: até recentemente, psicólogos tinham que passar anos analisando uma pessoa, examinando os escaninhos mais recônditos da sua mente para poder dar uma opinião sobre sua personalidade. Hoje, basta uma palavra para abrir o alçapão da condenação peremptória, desonesta e incivilizada.

Barroso pediu desculpas, ainda que num mundo com a devida sanidade e racionalismo ninguém lhe pudesse ter exigido isso além do próprio ofendido, se de fato se sentisse como tal. Mas junte as duas coisas – uma lista de palavras proibidas e uma empresa paga para achar postagens na internet – e temos um cenário preparado para o tecnofascismo que mencionei acima. Em breve viveremos todos num circo gigante de surrealismo inominável, onde só quem se faz de palhaço e jura que 2 + 2 não é igual a 4 vai conseguir escapar da bota da lei.

Voltando ao Twitter Files, segundo as revelações iniciais, o Twitter deliberadamente baniu da plataforma notícias que diziam respeito ao conteúdo encontrado no laptop de Hunter Biden, filho do então candidato à presidência dos EUA, a três semanas das eleições presidenciais. Diante das revelações, a desculpa oficial foi de que o Twitter tem restrições – possivelmente corretas, a meu ver – sobre a divulgação de material hackeado. Mas o laptop de Hunter Biden não foi hackeado. Ele foi deixado, ou esquecido, em uma loja de manutenção de computadores, e depois de meses sem ter sido coletado, foi entregue pelo dono da loja ao FBI – o mesmo FBI que insistiu que as reportagens sobre o assunto eram propaganda russa.

---

40 https://oglobo.globo.com/politica/barroso-chama-joaquim-barbosa-de-negro-de-primeira-linha-em-discurso-21449394

Quem acha que o laptop tinha apenas imagens salaciosas do primeiro-filho fumando craque e tendo relações sexuais está enganado. De fato, essas imagens existem, mas a parte mais interessante é sobre as relações do seu pai, Joe, com a Ucrânia. Segundo reportagem do *USA Today*[41] (e várias outras), Biden teria condicionado a entrega de 1 bilhão de dólares à demissão de um procurador no país.

Mark Zuckerberg revelou em agosto de 2022 – quase dois anos depois das eleições norte-americanas – que o Facebook foi instado pelo FBI a diminuir o alcance de todas as notícias referentes ao laptop de Hunter Biden antes das eleições que deram a vitória a seu pai. Em entrevista a Joe Rogan, que tem uma das maiores audiências do mundo, Zuckerberg revelou que "o FBI veio até a gente – até algumas pessoas da nossa equipe – e disse tipo 'oi, só pra vocês saberem, fiquem alertas. A gente acha que teve muita propaganda russa nas eleições de 2016, e a gente tem informação de que basicamente vai haver outra liberação de material tipo aquele [de 2016]'".[42]

A Rússia de fato trabalha com *psy-ops*, manipulação de massas e desinformação, e meu artigo na introdução deste livro fala sobre como resolvi descumprir meu acordo contratual de não revelação (NDA, ou *non-disclosure agreement*), para poder contar minha experiência de trabalho para a produtora da TV russa RT, em Berlim.

O fato de a Rússia ser frequentemente culpada de manipulação não deveria permitir sua condenação no atacado. Cada caso é um caso, e a falsa atribuição de culpa a um inocente se transforma na absolvição injusta de um culpado. A Rússia vem negando participação no caso do laptop, e é possível, que esteja dizendo a verdade (quem quiser saber mais, vale ler sobre o Dossier Steele, um relatório que associa a eleição de Trump a uma suposta ajuda da Rússia, escrito por um ex-agente secreto[43] do serviço de inteligência do Reino Unido MI-6).

A censura de reportagens sobre o laptop de Hunter Biden, mesmo imoral, consegue ao menos exalar um cheiro de seriedade. Mas grande parte das postagens censuradas mostram que o dinheiro público em mãos privadas está sendo usado para a perseguição descabida, idiotizada e arbitrária de famosos e até

41 https://www.usatoday.com/story/news/factcheck/2020/10/21/fact-check-joe-biden-leveraged-ukraine-aid-oust-corrupt-prosecutor/5991434002/

42 https://www.bbc.com/news/world-us-canada-62688532

43 https://edition.cnn.com/2021/11/18/politics/steele-dossier-reckoning/index.html

desconhecidos, gente com 12 seguidores no Twitter. Tudo isso num país que tem um dos índices de criminalidade mais altos do mundo. Outro detalhe aparentemente menor, mas bastante emblemático, comprova que somos personagens involuntários num roteiro mal escrito, em que os personagens principais são os mais patéticos. Elvis Chan, um agente do FBI em contato direto com executivos do Twitter, fez questão de deixar claro nas suas comunicações oficiais[44] uma informação que ele considerou imprescindível: seus pronomes eram "ele, dele".

Enquanto tudo isso é revelado, a mídia oficializada vem fazendo o que já se tornou sua especialidade: dando uma de joão sem braço. Quando não consegue evitar o assunto e sucumbe à pressão da realidade, outras artimanhas se tornam necessárias. Uma delas é o desmerecimento dos jornalistas investigando os documentos do Twitter. Assim como eu virei "jornalista bolsonarista" por trapos jornalísticos financiados por banqueiros, Matt Taibbi foi agora frequentemente descrito como "blogueiro de direita" por alguns jornais, e "escritor de *newsletter*" por outros,[45] ainda que seu jornalismo tenha feito mais para combater o poder descomunal e criminoso de bancos de investimento e Wall Street do que a maioria dos jornalistas autoproclamados "de esquerda".

Taibbi é autor de uma reportagem icônica[46] que causou mais danos à imagem do mercado financeiro norte-americano do que quase todo panfleto socialista. No artigo sobre a grande bolha financeira[47] que explodiu e provocou uma das maiores recessões nos EUA, Taibbi se refere ao banco Goldman Sachs como "uma lula-vampira-do-inferno agarrada ao rosto da humanidade, incansavelmente enfiando seu funil de sangue em tudo que cheire a dinheiro".

Outro que teve sua reputação manchada é Lee Fang[48], jornalista investigativo daqueles que já quase não existem mais, autor de reportagens excruciantemente bem investigadas, que tratam da interseção entre o poder do grande capital e sua

44 https://twitter.com/mtaibbi/status/1603857609118859264?s=20&t=i_9PftJq58Asmuywfu0ogA

45 https://www.businessinsider.com/elon-musk-matt-taibbi-twitter-files-systems-access-2022-12?op=1

46 https://www.theatlantic.com/culture/archive/2011/12/matt-taibbi-coiner-vampire-squid-tired-its-ubiquity/334349/

47 https://www.rollingstone.com/politics/politics-news/the-great-american-bubble-machine-195229/

48 https://twitter.com/lhfang/status/1605292454261182464

influência em guerras, políticas públicas e na decimação da vida natural, como a extinção de abelhas e borboletas com o uso de um herbicida da Monsanto[49] (agora Bayer). Hoje, esses jornalistas são desmerecidos com rasteiras semânticas tipo "blogueiro" e "de direita" – palavras que funcionam como choque elétrico em homens-ratos adestrados, treinados o suficiente para acreditar que 2 + 2 = 5.

O SOCIOCAPITALISMO E A GALINHA DOS OVOS DE AIDS

Quem observa a realidade com alguma perspicácia já notou que estamos vivendo o pior de dois mundos, uma espécie de capitalismo de Estado, ou socialismo capitalista. Um exemplo emblemático desse sistema é o projeto dos absorventes higiênicos: o governo agindo como atravessador, coletando impostos de todos os cidadãos, e direcionando a fortuna amealhada para a compra de um único produto, adquirido de uma meia dúzia de comparsas.[50] Isso é a essência do sociocapitalismo – aquele que finge estar beneficiando a população para o lucro de uma minoria cada vez menor. A pegadinha aqui tem várias frentes: de um lado, quanto maior o número de "beneficiados", maior o aspecto socialista da coisa, mas maior também é o lucro; do outro lado, quanto mais específico for o benefício, menor o número de fornecedores, e assim, novamente, maior o lucro dos vendedores do suposto benefício.

Essa monstruosidade híbrida nascida da relação incestuosa entre Estado e capital é uma verdadeira catástrofe para a sociedade e para o pagador de impostos. Mas para quem se apropria desses bilhões, ter o governo como comprador é o ápice da esperteza, da sacanagem em grande escala. Esse sistema que tira de muitos para dar a uns poucos é um assalto à mão desarmada sancionado pelo Estado, e apoiado pela mídia que se sustenta desse governo-atravessador. Aqui, por exemplo, é possível ver quanto dinheiro arrecadado sob coerção (os nossos

49 https://theintercept.com/2020/01/18/bees-insecticides-pesticides-neonicotinoids-bayer-monsanto-syngenta/

50 https://www.poder360.com.br/opiniao/o-sangramento-coletivo-e-a-pobreza-mental-escreve-paula-schmitt/

impostos) foi repassado pelo atravessador (o governo) para seu parceiro na mídia (o grupo Globo): R$ 10 bilhões só em publicidade do governo federal, de 2000 a 2016.[51]

Eu sempre fui a favor de impostos, e acho uma utopia impraticável uma sociedade vivendo de outro jeito. Mas em grande parte prefiro que meu imposto chegue diretamente às mãos do beneficiário. Quanto mais direta a distribuição dos meus impostos, melhor. Isso deixa a aplicação dessa fortuna algo mais orgânico, espalhando melhor o dinheiro e evitando concentração e favorecimento injusto. Além disso, quanto menos intermediários entre o que eu pago e o que o beneficiário recebe, menos desperdício pelo caminho, e menos "comissões" pra pagar. No meu artigo sobre limites do libertarianismo,[52] teoria que em grande parte defendo, eu exorto o leitor a se perguntar se gostaria de viver em um prédio onde não é cobrado condomínio. E na segunda parte da minha conversa com o matemático Nassim Taleb,[53] eu falo um pouco do localismo, uma possível solução para a distopia que se avizinha, em que o planeta será controlado por um número cada vez menor de bilionários concentrando o poder e homogeneizando o mundo. Para aquela esquerda que passou anos fingindo que queria preservar a cultura das minorias, seu silêncio contra essa padronização da vida é ensurdecedor.

A pandemia, aliás, foi crucial para essa concentração de renda, porque o *lockdown* – defendido quase unanimemente pelos costumeiros idiotas úteis – foi o instrumento mais eficiente na destruição de milhares de pequenos negócios. O *New York Times* conta histórias arrasadoras de famílias cujo sonho da pequena empresa foi destruído quando precisaram fechar sob o peso da lei – enquanto a mesma lei permitia a empresas gigantes que continuassem operando, e crescendo ainda mais.[54] Esse foi o caso das lojas de departamentos, autorizadas a funcionar em vários estados brasileiros, enquanto a vendinha do seu Zé teve que fechar.

---

51 https://www.poder360.com.br/eleicoes/grupo-globo-recebeu-r-102-bilhoes-em-publicidade-federal-de-2000-a-2016/

52 https://www.poder360.com.br/opiniao/consideracoes-sobre-os-limites-do-libertarianismo-parte-2-por-paula-schmitt/

53 https://www.poder360.com.br/opiniao/um-passeio-pela-logica-politica-de-nassim-taleb-parte-2-por-paula-schmitt/

54 https://www.nytimes.com/2021/02/19/business/newsom-coronavirus-california.html

Algumas dessas grandes lojas, para a surpresa de ninguém, acabaram abocanhando concorrentes menores.[55] Um artigo do *Washington Post* falava que em maio de 2020, ainda no começo da pandemia, ao menos 100 mil pequenos negócios fecharam permanentemente nos EUA.[56] Não é à toa que, em meio a tanta falência e queda vertiginosa na qualidade de vida, os grandes bilionários ficaram ainda mais ricos. Duas reportagens publicadas em janeiro de 2021 no site de notícias *Business Insider*, mostram a trajetória oposta desses dois grupos: "Trabalhadores perdem 3,7 trilhões em renda na pandemia"[57] e "Bilionários fazem 3,9 trilhões durante a pandemia".[58]

Para quem preferir outras fontes:

- *Forbes*: "Cerca de 500 pessoas ficaram bilionárias durante a pandemia"[59]
- *CBS News*: "Bilionários ficaram 54% mais ricos durante a pandemia"[60]
- *The Guardian*: "Bilionários adicionam um trilhão à sua fortuna durante a pandemia"[61]

Nesse contexto de concentração de renda em que o Estado serve como atravessador para o grande capital, até itens de baixo valor podem resultar em ganhos enormes, mesmo com uma corrupção mais discreta. Por exemplo, o jornal *Folha de S.Paulo* conta que a Controladoria Geral da União apontou em relatório "que a gestão de João Doria comprou aventais descartáveis superfaturados

---

55 https://g1.globo.com/economia/noticia/2021/08/11/americanas-anuncia-compra-do-hortifruti-natural-da-terra-por-r-21-bilhoes.ghtml

56 https://www.washingtonpost.com/business/2020/05/12/small-business-used-define-americas-economy-pandemic-could-end-that-forever/

57 https://www.businessinsider.com/workers-lost-37-trillion-in-earnings-during-the-pandemic-2021-1?op=1

58 https://www.businessinsider.com/billionaires-made-39-trillion-during-the-pandemic-coronavirus-vaccines-2021-1?op=1

59 https://www.forbes.com/sites/chasewithorn/2021/04/06/nearly-500-people-have-become-billionaires-during-the-pandemic-year/?sh=2c7f873525c0

60 https://www.cbsnews.com/news/billionaire-wealth-covid-pandemic-12-trillion-jeff-bezos-wealth-tax/

61 https://www.theguardian.com/world/2021/jan/15/billionaires-net-worth-coronavirus-pandemic-jeff-bezos-elon-musk

durante a pandemia", pagando um sobrepreço de R$ 24 milhões.[62] O material também teria problemas de qualidade. A resposta do Governo de São Paulo reforça o ponto principal deste artigo. Segundo a *Folha*, o governo teria argumentado que "não se pode falar em sobrepreço no contexto da pandemia, quando havia escassez desse tipo de material no país e que as compras ajudaram a salvar vidas".

Isso já virou um clichê na história da humanidade: quanto maior a safadeza, mais altruísta será a sua justificativa. É por essas e outras que tragédias – pandemias, doenças infecciosas, desastres naturais e guerras – são um prato cheio para os canalhas. É por isso também que muitas dessas tragédias parecem naturais, mas são, na verdade, feitas pelo homem – porque o infortúnio coletivo permite a esses canalhas o "pague 1 leve 2" da patifaria: de um lado eles vestem sua corrupção com um manto automático de bondade; do outro, destroem qualquer oposição e questionamento com a acusação implícita de impiedade e frieza.

Por isso que doenças são um ótimo negócio. E quanto mais infecciosa, melhor. Existe um exemplo do que estou chamando de sociocapitalismo que supera até a insensatez do caso dos absorventes, e que prenunciou de forma sinistra a economia de escala das vacinas que não imunizam. Parece mentira o que vou contar, mas nos Estados Unidos da América – o país onde não existe almoço grátis – o governo paga cerca de 2 mil dólares por mês para que qualquer adulto possa se proteger da aids. É isso mesmo: nos Estados Unidos, aquele país onde as pessoas morrem na porta do hospital se não tiverem seguro de saúde ou um cartão de crédito com limite bem alto, o governo-atravessador repassa dinheiro do pagador de impostos para a Gilead fornecer um produto que permite ao usuário transar com mais liberdade. Detalhe interessante: o usuário tem que continuar usando camisinha, segundo a própria Gilead.

Em seu material promocional, a Gilead explica o que o Truvada[63] faz – e já adianto que não vale a pena comemorar muito. Nas palavras da empresa, o Truvada "pode ajudar a diminuir as chances de se infectar pelo HIV". É frase para advogado nenhum botar defeito. Vou até repetir: Pode. Ajudar. A diminuir. As chances. O Truvada precisa ser tomado todos os dias, sem falha. Mas

---

62 https://www1.folha.uol.com.br/poder/2022/04/gestao-doria-superfaturou-aventais-em-r-24-milhoes-na-pandemia-afirma-cgu.shtml

63 https://www.youtube.com/watch?v=6GEOB9aplh0&feature=youtu.be

se ele for tomado depois que o paciente tiver contraído o HIV, o paciente corre riscos de não conseguir controlar a aids. Para evitar esse risco, todos que tomam o Truvada têm que fazer testes para HIV a cada três meses. O que não é para se jogar fora – melhor que economia de escala é a economia de escala com venda casada.

Testes de hepatite também precisam ser feitos para quem toma o Truvada, porque o remédio pode agravar a doença. Mas isso também não cai nada mal, já que a mesma Gilead vende um remédio pra hepatite – tratamento pelo qual ela cobrava em 2013 a bagatela de 84 mil dólares.[64] Nosso SUS também fornece esse remédio da mesma forma "gratuita" – pago com o meu/o seu/o nosso imposto. Aqui no Brasil, segundo reportagem de 2016 da revista *Época*, o remédio da Gilead para hepatite custava R$ 30 mil aos cofres públicos por pessoa.[65] A Gilead já tinha permitido a alguns países usar a versão genérica do produto, mas não o Brasil. Como explica a reportagem, "O Brasil e outros países de renda média – segundo padrões do Banco Mundial – não podem comprar os genéricos. A Gilead afirma que a decisão de vetar o acesso a eles é em razão das normas de seu programa de acesso. 'É para ter coerência com a nossa política, em que o preço é adequado à renda', diz Norton Oliveira, vice-presidente da Gilead para a América Latina".

O Truvada foi originalmente estudado para tratar a aids – ou seja, para tratar só aqueles já contaminados. Comercialmente falando, isso tinha uma desvantagem, porque o grupo de pessoas com HIV vai ser sempre menor do que o grupo de pessoas que podem vir a contrair o HIV. Quis a sorte, contudo, que durante os experimentos fosse descoberto que o Truvada servia para prevenir a aids, aumentando de um golpe o mercado de possibilidades. Agora, veja um detalhe que, mais uma vez, serve para ilustrar o sociocapitalismo que estou condenando: quem financiou os estudos do Truvada foi, na sua quase totalidade, o pagador de imposto norte-americano. Tanto é verdade isso que a patente do Truvada é do CDC (Centers for Disease Control and Prevention) – era, porque ela expirou em 2021 sem que o governo ou o pagador de imposto recebesse um centavo por ter financiado os experimentos

64 https://www.washingtonpost.com/business/economy/pharma-giant-profits-from-hiv-treatment-funded-by-taxpayers-and-patented-by-the-government/2019/03/26/cee5afb4-40fc-11e9-9361-301ffb5bd5e6_story.html.

65 https://epoca.oglobo.globo.com/ideias/noticia/2016/07/quanto-custa-cura-da-hepatite-c.html

com macacos, ou por ser detentor da patente. Agora, olhe que peculiar: mesmo custando 2 mil dólares por mês para cada pessoa, e tendo que ser ingerido todos os dias, sem falha; e mesmo tendo criado uma indústria secundária para a realização de exames com o intuito de medir vários indicadores de saúde (porque o Truvada tem efeitos colaterais sérios,[66] que incluem "falência renal" e "problemas hepáticos severos"), segundo reportagem do *Washington Post* de 2019, dados oficiais mostram que o uso do Truvada não teve efeito no total de novos contaminados com HIV, e o número está "travado em 40 mil contaminados por ano".[67]

Poucos sabem, e eu confesso que até recentemente também não sabia, mas existem mulheres que transaram com centenas de homens contaminados e nunca tiveram aids. Interessante, né? Há um artigo do jornal inglês *The Guardian* falando sobre isso,[68] cujas primeiras frases eu traduzo aqui: "Nos últimos trinta anos, Agnes teve relações sexuais sem proteção com até dois mil homens infectados. Ainda assim, ela e um número pequeno de colegas da indústria do sexo continuam livres da aids."

Por isso e tudo mais, sou obrigada a admitir que o Truvada é uma galinha dos ovos de ouro. Mas essa solução diária e eterna para "possivelmente quem sabe poder ajudar na prevenção" pode ser superada por uma outra cornucópia farmacêutica: a vacina da covid. Superando todas as expectativas, a vacina se saiu muito melhor do que o previsto, e seu resultado é péssimo, não imuniza nem pelo tempo que foi falsamente anunciado. Para quem esperava que só uma dose fosse ser suficiente, as novas projeções de ineficácia são excelentes. Em 27 de fevereiro de 2022, durante um encontro na sede da Organização das Nações Unidas em Nova York, o ministro a quem eu carinhosamente me refiro como Marcelo Quidroga anunciou que o governo "vai obter mais de 700 milhões de doses até final de 2022", segundo informa o site da Agência Brasil.[69] Entusiasmado, o ministro da doença deu mais esperança a investidores, dizendo que "em

---

66 https://wwwam.truvada.com/

67 https://www.washingtonpost.com/business/economy/pharma-giant-profits-from-hiv-treatment-funded-by-taxpayers-and-patented-by-the-government/2019/03/26/cee5afb4-40fc-11e9-9361-301ffb5bd5e6_story.html

68 https://www.theguardian.com/world/2007/may/27/aids.features

69 https://agenciabrasil.ebc.com.br/saude/noticia/2022-02/ministro-da-saude-diz-na-onu-que-vacinacao-e-obrigacao-do-estado

2022 poderemos aumentar os números". Que maravilha, gente! Agora é só torcer pra não matarem a galinha.

O CAPITALISMO DE ESTADO E A URINA DE MIDAS

Aviso aos naufragantes:

Antes de começar, eu queria pedir desculpas ao leitor pelo teor pesado dos meus artigos. Eu preferia estar falando sobre o amor incondicional por cachorros, ou ensinando minha receita exclusiva de couve-flor com molho de manteiga de amendoim e mostarda, ou então elucubrando sobre a eternidade como possibilidade metafísica a partir do fim da consciência e sua adquirida incapacidade de entender a ausência de si própria. Infelizmente, contudo, vivemos o que eu classifico como o maior golpe já aplicado no maior número de pessoas. E se a censura e o acobertamento dos fatos me impedem de tratar do assunto com a clareza necessária, faço questão de usar exemplos vastamente documentados de situações muito próximas ao que vivemos.

O que estamos testemunhando é a continuação natural de uma distopia que já vem se instalando há décadas. É imperativo que conheçamos o preâmbulo dessa história para entender aonde ela pode nos levar. Quanto mais gente estiver desperta para o que ocorre, menor o nosso risco de pisoteamento no estouro de uma boiada de humanos mal-informados.

No artigo anterior, eu mostrei que o capitalismo estatal transformou o medo da aids em indústria, financiada com bilhões de dólares do pagador de impostos. Neste, vou falar de uma *commodity* ainda mais estranha do que o medo de doença: a urina. No Mercado de Aberrações fomentado pelo mercantilismo estatal, o xixi virou ouro líquido. Segundo a rede de TV NBC, tudo começou quando o governo norte-americano passou a exigir que seguros de saúde – públicos e privados – cobrissem gastos para o tratamento de dependentes de drogas.[70]

70 https://www.youtube.com/watch?v=PsqvliyTQwY

A história de como a urina passou a valer uma fortuna poderia ser meramente bizarra, um caso em que um velho conhecido passou a ter novas utilidades: fertilizante, hidratante facial, drinque energético. Mas não foi isso que ocorreu. A urina passou a ter valor estratosférico simplesmente porque o Estado começou a pagar por exames de urina de dependentes químicos. Sem nenhum valor intrínseco, a urina começou a ter valor por decreto, como uma moeda fiat, um pedaço de papel transformado em riqueza porque o governo assim decidiu. Essa história fica ainda mais sórdida quando se entende que enquanto esse rejeito fisiológico começava a adquirir valor, o humano que o fabricava começava a perdê-lo.

"Eu tinha só 19 anos, mas não era mais um ser humano. Eu era propriedade de alguém." É assim que a entrevistada "Simone" descreve à NBC como ela passou a ser "comprada e vendida por casas de apoio e centros de reabilitação de drogados". O esquema é contado em detalhes no filme *Body Brokers*, ou *Traficantes de Corpos*, disponível no canal HBO. O esquema ocorre da seguinte maneira: clínicas de recuperação de viciados são criadas para receber dinheiro federal e estadual, ou dinheiro de empresas privadas de seguro de saúde, agora obrigadas por lei a cobrir os gastos com tratamento para dependentes. Com a clínica montada e os leitos já disponíveis, a empresa então contrata "traficantes de corpos" (ou o que a NBC chama de "caçadores de drogados"), que vão atrás de viciados para transformá-los em clientes.

A partir da sua entrada na clínica, cada paciente participa de uma pletora diária de testes desnecessários que funcionam como uma máquina de fazer dinheiro. Segundo a NBC, uma simples análise de urina, cujo teste de farmácia custa cerca de 30 dólares, terá o valor de até 1.500 dólares cobrado pela clínica. Assim, um teste por dia de um único cliente traria à clínica 7.500 dólares por semana. "Seis viciados, 45 mil dólares por semana, o equivalente a 2,3 milhões de dólares por ano." Quando o esquema foi descoberto, os testes começaram a ficar mais variados e incluir exames de doenças venéreas, gravidez e até DNA, uma operação de potencial "multimilionário, toda baseada em quantos dependentes você tem e quantas vezes eles urinam".

Simone, a entrevistada, conta que foi "descoberta" quando participava de um encontro gratuito dos Narcóticos Anônimos em Nova Jersey. Lá, ela foi abordada por uma mulher, que perguntou se ela tinha seguro de saúde. Em 48 horas, Simone estava num voo pago pela clínica a caminho de tratamento na Flórida. O policial entrevistado no programa descreve como essas pessoas são tratadas: "*As livestock*" (Como gado, ou animal de abate). Talvez a parte mais nefasta da história seja a seguinte: muitos dos viciados ganham uma comissão para permanecer na clínica ou voltar para ela depois de terem alta, e essa comissão é muitas vezes paga em drogas. Um documento do Departamento de Justiça conta o caso de fraude cometida por uma mulher dona de uma clínica de recuperação de dependentes. O total da fraude foi estimado em 58 milhões de dólares.[71]

No caso da indústria da aids, só para o gasto com remédios que supostamente "ajudam a diminuir as chances de contágio" (mas que ainda assim requerem o uso da camisinha), o governo norte-americano alocou 237 milhões de dólares para 2023, segundo dados oficiais.[72] Mas os gastos com remédios para suposta prevenção são uma gota no oceano de gastos federais alocados para "acabar com a epidemia de HIV" em 2023: 7,7 bilhões de dólares. Esses gastos vêm subindo gradualmente desde 2020:

- 7,02 bilhões, em 2020
- 7,18 bilhões, em 2021
- 7,4 bilhões, em 2022.

Existem incontáveis exemplos de remédios comprados e aplicados em massa que estão distorcendo a sociedade, cada vez mais moldada pela lógica econômica. Um desses exemplos é o uso de medicamentos neurológicos para o controle do déficit de atenção (ADHD). Dados oficiais do CDC mostram que de "2008 a 2014, cerca de três em cada quatro crianças de 2 a 5 anos de idade sob cuidados clínicos para o déficit de atenção receberam medicação para o ADHD".[73] Nesse documento, o CDC questiona o fato de que as crianças estão sendo tratadas mais com remédios do que terapia: "Só uma criança em cada duas recebeu tratamento psicológico". De 2011 a 2012, um total de 3,5 milhões de crianças de quatro a 17 anos foram tratadas com remédios para o ADHD. A cereja do bolo fica por conta do próprio CDC: "Os efeitos de longo prazo dos medicamentos para ADHD em crianças jovens não são conhecidos".

Para se ter ideia desse gasto (ou arrecadação, dependendo de onde você olha), só o estado da Geórgia gasta anualmente cerca de 33 milhões de dólares com esse

71 https://www.justice.gov/opa/pr/addiction-treatment-facility-owner-convicted-58-million-health-care-fraud-scheme

72 https://www.hiv.gov/federal-response/funding/budget/

73 https://www.cdc.gov/ncbddd/adhd/documents/fact-sheet-adhd-medicaid-policies.pdf

único medicamento. Segundo relatório do Pew Charitable Trusts publicado na ABC Arizona, "os médicos têm a liberdade de decidir qual o melhor tratamento para uma criança com ADHD, não importa quem esteja pagando a conta. Mas as crianças cobertas pelo Medicaid, o programa federal-estadual de saúde para os pobres, têm ao menos 50% mais chances de serem diagnosticadas com a desordem".[74]

Em 2018, um jornalista que faz jornalismo resolveu ler um documento de 47 páginas escrito pelo Goldman Sachs para investidores na indústria farmacêutica.[75] Uma passagem interessante foi publicada na CNBC,[76] e faço questão de traduzi-la em nome dos leitores mais inocentes. O documento, cujo subtítulo é "Agarrando a oportunidade da medicina do genoma", questiona a inteligência de um modelo de negócios que promove a cura, em vez de promover o tratamento. Como diz o autor da reportagem, Tae Kim, "a cura faz mal para os negócios". Traduzo alguns trechos do documento aqui:

> O potencial para oferecer "cura com uma injeção" é um dos aspectos mais atraentes da terapia genética [...]. Contudo, [...] enquanto essa proposição contém um valor tremendo para pacientes e para a sociedade, ela pode representar um desafio para desenvolvedores de medicina genômica em busca de um fluxo constante de dinheiro.

O analista do Goldman Sachs menciona a Gilead, mas não o seu remédio para aids, do qual já falamos. O Truvada para aids é perfeito como modelo de negócios, porque ele precisa ser tomado todos os dias, a vida toda, até o fim da atividade sexual. O problema da Gilead é seu remédio para hepatite, que tem o enorme defeito comercial de ser extremamente eficaz e curar o paciente. Mas seus defeitos não param por aí. Para piorar de vez o prognóstico financeiro, o analista do Goldman lembra que: "No caso de doenças infecciosas como a hepatite C, curar pacientes também diminui o número de pessoas capazes de transmitir o vírus para novos pacientes".

74 https://www.abc15.com/news/national/medicaid-adhd-treatment-under-scrutiny

75 https://www.gspublishing.com/content/research/en/reports/2019/09/04/048b0db6-996b-4b76-86f5-0871641076fb.pdf

76 https://www.cnbc.com/2018/04/11/goldman-asks-is-curing-patients-a-sustainable-business-model.html

REDES SOCIAIS

DE VOLTA, POR ENQUANTO

Estou de volta ao Twitter.

Depois de mais de três meses exilada numa Elba digital, e praticamente banida do espaço público – hoje mais virtual do que físico –, eu tenho novamente o direito de falar. E você, como sempre, tem o direito de não ler. Essa é uma faculdade da visão: a autonomia. Ninguém é obrigado a ver o que não quer. Interessante, né? Muitos não sabem, mas com a ajuda de meio neurônio, é possível desviar o olhar do que nos causa desprazer.

Pessoas com a inteligência de um abridor de lata e a maturidade de um queijo prato não entendem isso. Infantilizadas, e sofrendo na eterna prisão que Nietzsche classificou como "moralidade de escravo", esses adultos pequenos preferem ser tratados como cachorro guiado por um cego que vê ainda menos que eles. Eles querem que o Estado proíba palavras e ideias, e os mais burrinhos vão mais longe, desejando que Mark Zuckerberg tenha esse poder. Já os completamente tapados querem um amálgama dos dois, Estado e monopólio como os antolhos que limitam a visão do homem-cavalo – aquele insulto ao centauro que, em vez de juntar o melhor de um com o melhor de outro, preferiu fazer o contrário: o corpo é de homem, e a parte equina é a cabeça.

A história nos mostra que a censura nunca foi implementada para coibir mentiras, ao contrário – o alvo da censura foi sempre a verdade. Em 2022, Zuckerberg deixou escapar em uma entrevista com Joe Rogan que o Facebook seguiu orientações do FBI para censurar notícias sobre o laptop de Hunter Biden, filho do presidente norte-americano.[1] O FBI teria informado Zuckerberg que as notícias eram "propaganda". Por quase dois anos, a história do laptop foi banida do Facebook, a maior praça pública do mundo virtual. Mas a história era verídica. Ainda assim, a mentira de que essa notícia era falsa foi repetida pelos maiores veículos de comunicação do mundo sem que nenhum deles precisasse temer que sua *fake news* oficial fosse coibida, censurada ou punida.

---

1 https://www.bbc.com/news/world-us-canada-62688532

Meus leitores já devem saber disso, mas, para quem está chegando agora: verdade e mentira são conceitos completamente irrelevantes para os Donos do Mundo. A única coisa que lhes interessa é *quem* fala, e sobre *quem* é falado. Toda mentira a favor do rei é bem-vinda; toda verdade contra ele deve ser banida. E uma das melhores maneiras de regular isso – de produzir mentiras favoráveis e verdades prejudiciais – é controlando o espaço público. Foi por isso que o rei George II, em sua disputa com o Parlamento inglês em 1675, e sentindo-se ameaçado na sua soberania, entendeu que era melhor proibir cafés do que jornais.[2] Era no espaço público, e não nas redações, que a verdade corria solta.

Para os controladores do mundo, o grande problema da internet não é que ela permite a difusão de mentiras, mas o fato de que ela retirou da imprensa oficial o monopólio da mediação da realidade. Era muito mais simples quando as coisas eram resolvidas com dinheiro: compravam-se os editores de uns poucos jornais e assim se controlavam as notícias a partir do topo. Hoje, dinheiro só não basta, e a censura, a perseguição e o cancelamento digital são cruciais para controlar milhões de cabeças cujos pensamentos vão em direções diversas. O poder quer o mundo como um formigueiro, pessoas animalizadas andando na linha, sem desvio.

Existe algo ainda mais repulsivo que os tiranos que querem censurar: são os subalternos que querem ser censurados. Não me entenda mal – eu compreendo quando isso acontece entre jornalistas. Faz sentido que jornalistas corruptos e covardes defendam a censura, porque quando todos são censurados, a verdade é impedida de vir à tona e desmenti-los. Jornalistas que disseram que a história do laptop de Hunter Biden era mentira só foram desmascarados porque agora a verdade teve *permissão* para se revelar. Foram necessários dois anos – e a derrubada da censura no Facebook e em outras mídias sociais – para se entender a obscenidade jornalística deste tweet da NPR norte-americana desmerecendo as revelações sobre o laptop.[3]

---

2 https://jrmccarthy-law.com/2018/12/29/a-proclamation-for-the-suppression-of-coffee-houses-december-29-1675/

3 https://twitter.com/NPRpubliceditor/status/1319281101223940096

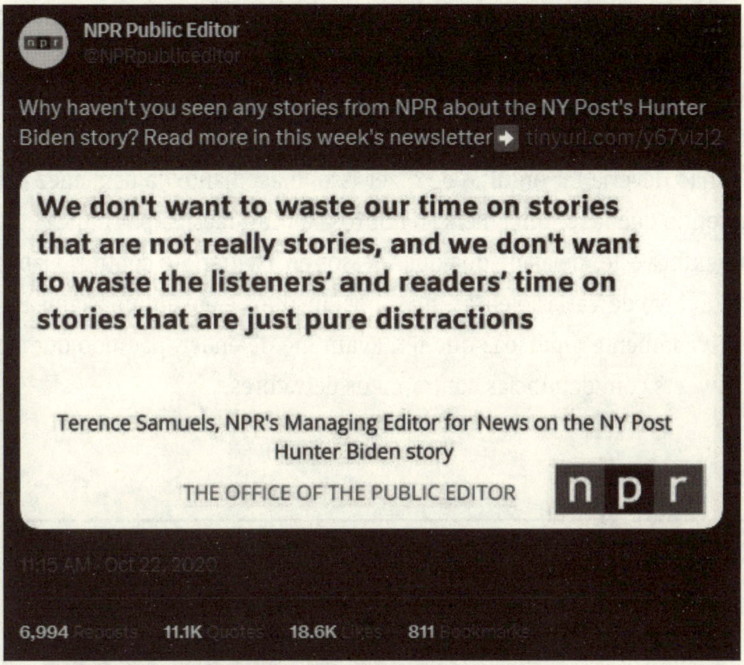

Nós não queremos perder nosso tempo com histórias que não são de fato histórias, e nós não queremos desperdiçar o tempo dos ouvintes e leitores com histórias que são pura distração.

Se não fossem as redes sociais, a maioria das pessoas iria acreditar (ou iria *ter* que acreditar) no que disse o jornal *O Globo*: que a manifestação do 7 de setembro na Avenida Paulista contou com a presença de 32.691 pessoas.[4] Um momento de silêncio para contemplar a exatidão dessa palhaçada: 32.691 pessoas. O próprio grupo Globo levou décadas para se desculpar de um erro que justificou a divulgação de muita mentira: o apoio que deu à ditadura militar. Que outras mentiras serão objeto de pedido de perdão daqui a dez anos?

É fascinante, e aterrador, ver como a censura vem sendo normalizada pelas mentes mais simplórias. Em 2015, o Twitter tinha uma política sobre "comportamento abusivo" que praticamente se limitava a coibir "ameaças diretas" de

4 https://oglobo.globo.com/blogs/pulso/post/2022/09/manifestacao-a-favor-de-bolsonaro-na-avenida-paulista-reuniu-32-mil-pessoas-informa-grupo-de-pesquisa-da-usp.ghtml

violência contra usuários da plataforma, como mostra um tweet do jornalista Michael Tracey.[5] O que aconteceu para que tanta gente preferisse que o Twitter se transformasse numa "creche gigante"? Que tipo de vácuo mental acomete uma pessoa que defende a ausência de debate?

Eu não deveria ter orgulho de dizer isso, mas, diante da pequenez que nos rodeia, tenho que fazer uma menção honrosa a mim mesma por nunca – absolutamente nunca – ter delatado qualquer pessoa ao Twitter. Ao contrário: apesar de eu ter sido alvo de várias ofensas, mentiras, insultos e até algumas ameaças, me dirigi privadamente a pessoas que tentavam me defender, pedindo que apagassem os tweets com denúncias contra meus detratores.

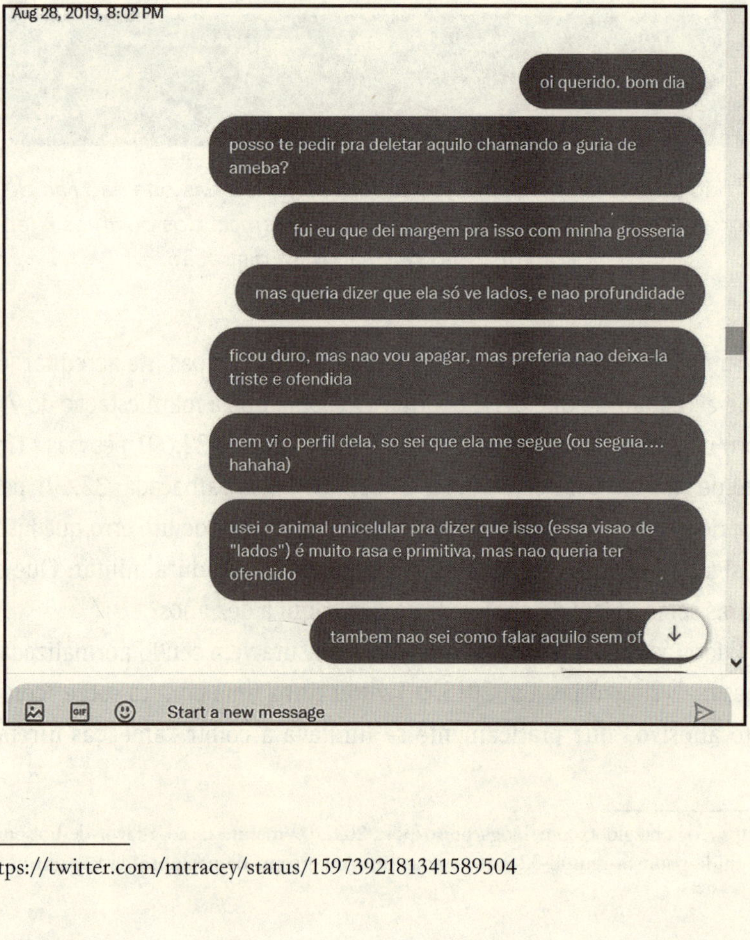

5 https://twitter.com/mtracey/status/1597392181341589504

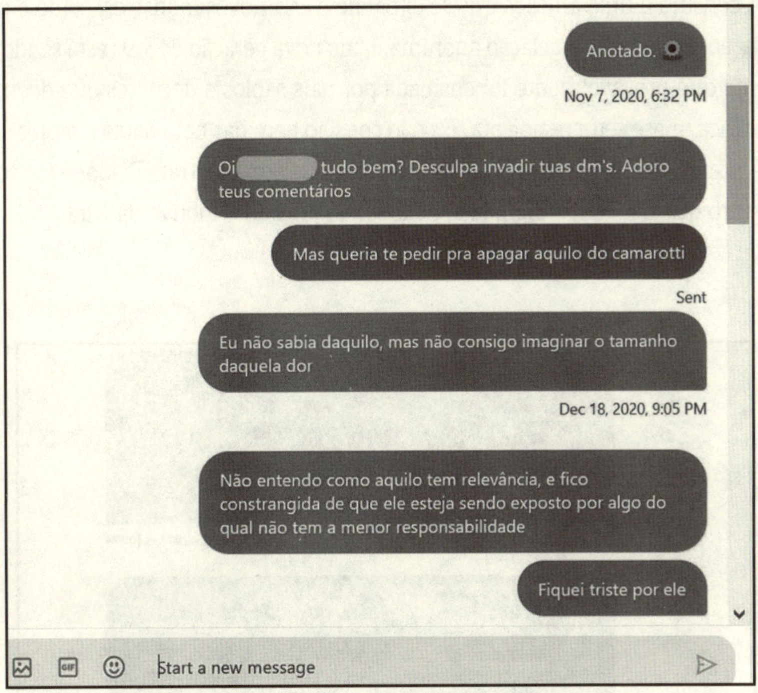
Anotado.
Nov 7, 2020, 6:32 PM
Oi [redacted] tudo bem? Desculpa invadir tuas dm's. Adoro teus comentários
Mas queria te pedir pra apagar aquilo do camarotti
Sent
Eu não sabia daquilo, mas não consigo imaginar o tamanho daquela dor
Dec 18, 2020, 9:05 PM
Não entendo como aquilo tem relevância, e fico constrangida de que ele esteja sendo exposto por algo do qual não tem a menor responsabilidade
Fiquei triste por ele
Start a new message

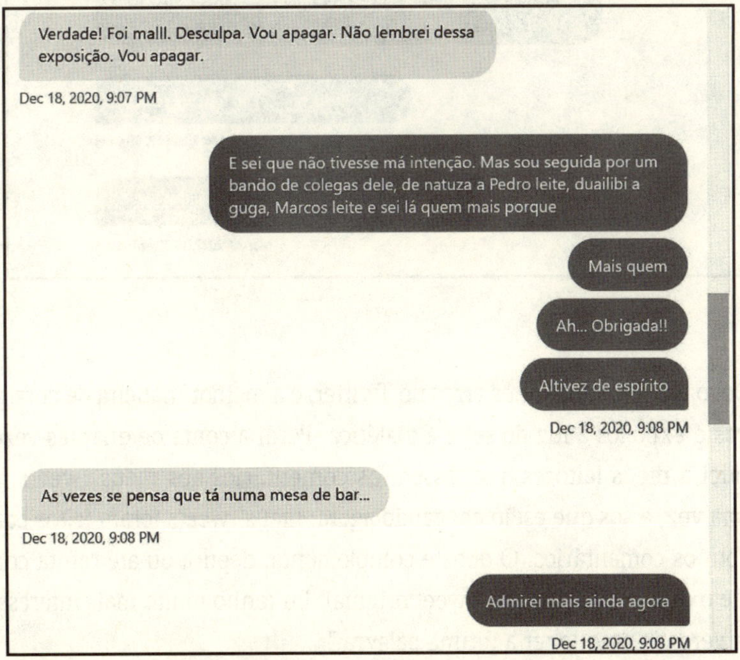
Verdade! Foi malll. Desculpa. Vou apagar. Não lembrei dessa exposição. Vou apagar.
Dec 18, 2020, 9:07 PM
E sei que não tivesse má intenção. Mas sou seguida por um bando de colegas dele, de natuza a Pedro leite, duailibi a guga, Marcos leite e sei lá quem mais porque
Mais quem
Ah... Obrigada!!
Altivez de espírito
Dec 18, 2020, 9:08 PM
As vezes se pensa que tá numa mesa de bar...
Dec 18, 2020, 9:08 PM
Admirei mais ainda agora
Dec 18, 2020, 9:08 PM

A censura é uma ameaça que se expande e cria novos monstros, como o medo e a delação. Pior ainda, a delação anônima. Uma nova geração de x-9s está sendo criada, gente que provavelmente foi ensinada por pais sábios e decentes que dedurar é uma prática quase sempre nojenta. Eu não consigo nem dar nota baixa a motorista de Uber – prefiro me dirigir diretamente a eles a ser delatora de trabalhador e me tornar um árbitro que não tem a dignidade de dizer ao julgado o motivo da falta.

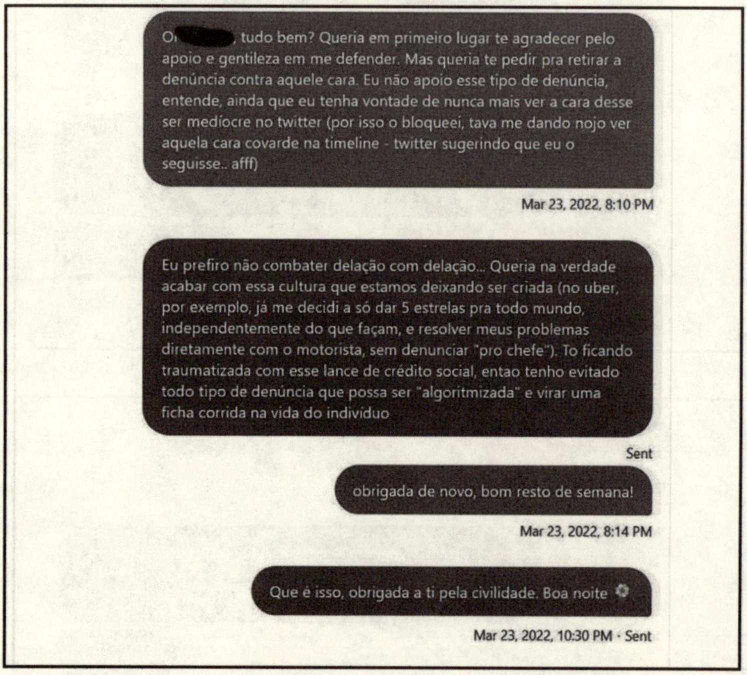

Devo ter cometido meus erros no Twitter, e a melhor maneira de corrigir esses erros é expô-los à luz do sol e à dialética. Perdi a conta de quantas vezes recomendei a meus leitores que lessem os comentários aos meus tweets. "Pela milésima vez, e aos que estão chegando agora: meus tweets foram feitos para ser lidos com os comentários. O debate complementa, depura ou até refuta completamente o que foi dito no meu tweet original. Eu tenho muito mais interesse em saber a verdade do que ter a última palavra."

Paula Schmitt @schmittpaula · Jun 7, 2021

Gente, a melhor coisa no meu Twitter não são **meus tweets**, mas a galera colaborando c informações sérias, bem pesquisadas , fazendo trabalho q muito jornas não faz, e provando q o debate - ponto e contraponto - é imprescindível p filtrar as notícias e purificar o conhecimento

17 · 36 · 458

Paula Schmitt @schmittpaula · Apr 8

Aqui a thread que fez o Marcelo Frouxo me bloquear no twitter (mas eu sem querer peguei ele desbloqueando pra ficar lendo **meus tweets** escondidinho, que fofura 😍)

> **Paula Schmitt** @schmittpaula · Jun 6, 2017
>
> Replying to @schmittpaula
>
> Exemplo bom dessa distancia infinita entre teoria e pratica. Freixo ameacou acabar com a "revista intima" de mulher de presidiario.

8 · 19 · 133

Paula Schmitt @schmittpaula · May 25, 2021

Queridos, lembrem-se da Torá, e se não me engano do código de hamurabi tbm: são necessárias várias testemunhas p verificar um fato. Não acreditem nos **meus tweets** - verifiquem com outros que prezam pela verdade e teriam vergonha e dificuldade pra dormir se errassem no julgamento

1 · 2 · 42

Paula Schmitt @schmittpaula · Apr 17, 2019

Gente, uma dica: evitem ler só **tweets** - principalmente os **meus** - sem ler os rebates e contrapontos. Eles são cruciais no entendimento das questões e no engrandecimento do debate. E até na negação do tweet ao qual responde. Ninguém aqui é oráculo

2 · 27

Paula Schmitt @schmittpaula · Jun 7, 2021

Recomendo efusivamente q leiam os comentários aos **meus tweets** - eles aprimoram, corrigem ou refutam o que eu falei, e são uma forma excelente de aprender. Tem muita gente criteriosa com generosidade p compartilhar e dissecar informação. Sou super grata a todos. Aprendo muito aqui

> **Paula Schmitt** @schmittpaula · Jun 7, 2021
>
> Gente, a melhor coisa no meu Twitter não são meus tweets, mas a galera colaborando c informações sérias, bem pesquisadas , fazendo trabalho q muito jornas não faz, e provando q o debate - ponto e contraponto - é imprescindível p filtrar as notícias e purificar o conhecimento

1 · 1 · 36

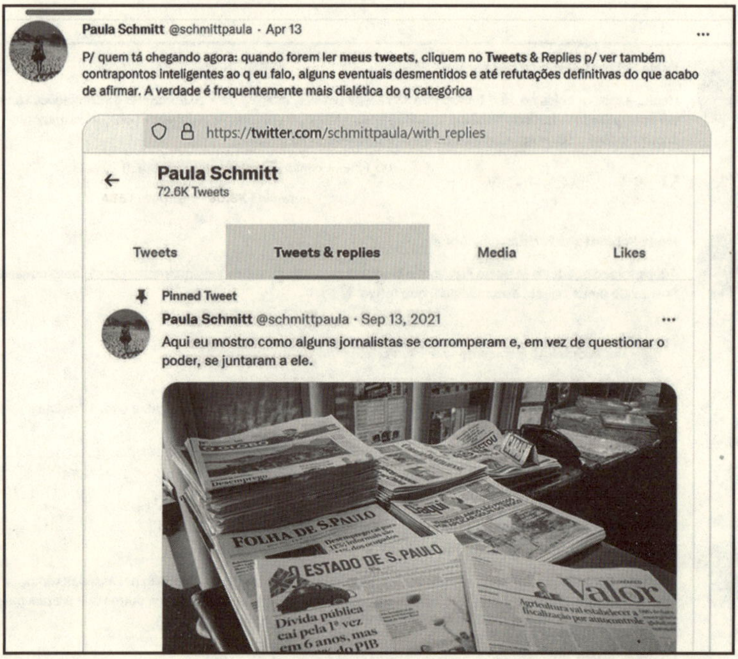

Isso reflete minha convicção de que o debate, o ponto e o contraponto, são os instrumentos que mais nos facilitam aproximar da verdade. Como a água – que fica límpida depois de passar por muita terra, pedras, sujeira e musgo –, os fatos também precisam dessa depuração, da objeção de posições contrárias, difusas, de vieses incalculáveis, e não predeterminados.

Claro que a verdade ofende, e a mentira também. Já fui vítima das duas. Mas vou sempre preferir estar sujeita a ambas do que arriscar o fim da prática socrática de argumento e rebate. Infelizmente, nem todos pensam assim. Não é só a elite no topo da pirâmide que quer ser protegida da verdade, da fofoca, da maledicência. Quem quer isso ainda mais do que ela é a subelite de sicofantas que lhe lambe o Laboutin. Para essa subelite, toda demonstração de coragem e independência serve como a comparação que lhes ressalta a covardia. Os desobedientes são o grupo-controle, que mostra que é possível viver com coragem e altivez. Sim, posso ser privada de liberdade por dizer a verdade, e posso até vir a morrer por ela, mas morrerei apenas uma vez. Quem vive com medo morre um pouco todo dia.

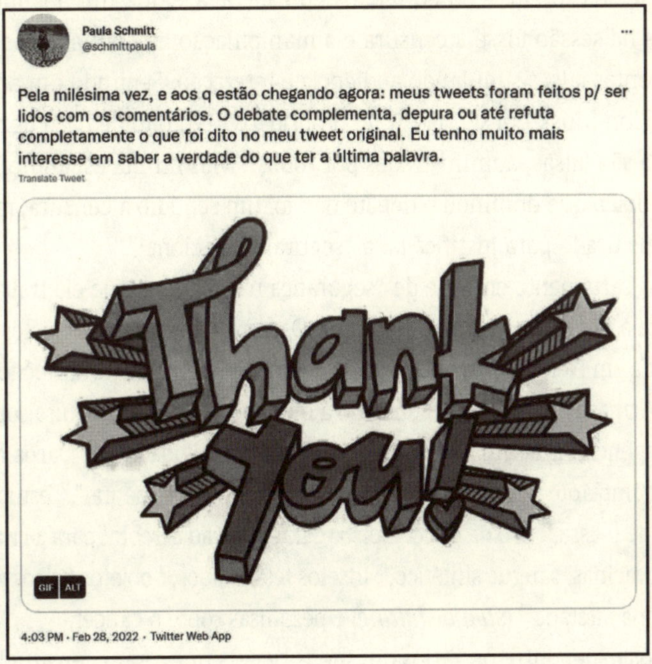

PEITER ZATKO, O TWITTER E A SEGURANÇA NACIONAL

Parte do mundo parou na terça-feira dia 13 de setembro de 2022 para ouvir o depoimento de Peiter Zatko, *whistleblower* do Twitter. O termo *whistleblower* (literalmente "soprador de apito") é usado para designar a pessoa que faz uma acusação contra empresa ou governo de dentro da instituição, com conhecimento de causa e testemunho pessoal. Zatko foi chefe de segurança do Twitter de novembro de 2020 a janeiro de 2022. É pouco tempo. Mesmo assim, foi com curiosidade que assisti às mais de duas horas do depoimento[6] que ele deu ao comitê jurídico do Senado norte-americano.

6 https://www.youtube.com/watch?v=JY88Yx21D7U

Era de se esperar – ou ao menos eu esperava – que um dos tópicos mais abordados na sessão fosse a censura e a manipulação da opinião das massas por meio de contas falsas simulando audiência e interação. Segundo um artigo divulgado por Elon Musk em seu perfil no próprio Twitter, oito de cada dez contas na plataforma são falsas, administradas por robôs.[7] Mas minha esperança não se satisfez. O tópico que dominou o debate não foi um repúdio à censura, mas o argumento mais usado para justificá-la: a "segurança nacional".

Zatko certamente entende de "segurança nacional", já que ele trabalhou mais tempo para a Darpa do que para o Twitter. Darpa é a Agência de Projetos de Pesquisa Avançada em Defesa,[8] responsável pelo desenvolvimento de novas tecnologias para as Forças Armadas dos EUA. Recomendo a meus leitores uma pesquisa sobre as atividades da agência. É fascinante sua ampla gama de atividades. A Darpa desenvolve projetos de implante neuronal[9] e a criação de um "modem mental",[10] estudos em manipulação de massa,[11] uso de psicotrópicos e intervenção cerebral para a criação de autômatos,[12] vacinas, sangue sintético,[13] insetos teleguiados,[14] objetos físicos que podem ter sua forma alterada[15] (*shape-shifting*) e pesquisas sobre o câncer.

Curiosidade: entre os vários dos meus tweets que foram censurados, deletados ou causaram minha suspensão nos treze anos em que uso o Twitter, um deles falava de um vídeo da *Vice* que mostrava insetos guiados por controle remoto.[16] A Darpa trabalha com isso.[17] Elon Musk também está investindo maciçamente na área com sua empresa Neurolink. Segundo a CNN, a Neurolink "tem

7 https://twitter.com/elonmusk/status/1565189065158311937?s=20

8 https://pubmed.ncbi.nlm.nih.gov/15986543/

9 https://www.darpa.mil/program/our-research/darpa-and-the-brain-initiative

10 https://www.forbes.com/sites/zarastone/2017/07/10/darpa-announces-investment-in-a-brain-implant-startup-that-wants-to-be-a-modem-for-the-mind/?sh=5249c50179d9

11 https://www.darpa.mil/news-events/2021-03-02

12 https://www.livescience.com/65546-darpa-mind-controlled-weapons.html

13 https://www.popsci.com/technology/article/2010-07/darpas-synthetic-blood-flows-lab-fda-could-be-battlefields-soon/

14 https://www.spacewar.com/reports/US_Military_Plans_To_Make_Insect_Cyborgs.html

15 https://www.wired.com/2007/03/darpa-wants-a-s/

16 https://www.youtube.com/watch?v=awG09liCMD4&t=4s

17 https://sociable.co/technology/darpa-neurotech-research-resonates-tesla-acoustic-mind-control/

o objetivo de capacitar o cérebro a se conectar e comunicar com computadores". Em artigo da CNN, Elon Musk diz que alguns macacos morreram nos testes, mas "nega que houve crueldade com animais".[18] Parece coisa de ficção científica – mas só para quem só conhece a ficção. Quem se interessa pela realidade já sabe há muito tempo que as histórias reais são infinitamente mais assustadoras.

Uma reportagem do *Intercept* fala de outra possível área de atuação da Darpa, a biogenética.[19] Trata-se do fato de que a Darpa foi procurada pela EcoHealth Alliance, empresa financiada com dinheiro público, para desenvolver um projeto para aumentar a "transmissão e o estrago" do coronavírus da SARS (síndrome respiratória aguda grave). Eu já falava sobre esse assunto em meu perfil no próprio Twitter mais de um ano antes da "revelação" do jornal. Eu sugeriria que você, leitor, buscasse meus tweets que mencionam o "*furin cleaveage*", ou "sítio de clivagem", ou o documento oficial da Darpa postado por mim, mas para não interromper meu sambinha de uma nota só: você não vai encontrar meus tweets, porque fui banida da plataforma – não por mentir, mas precisamente por falar verdades antes de terem sido oficialmente autorizadas.

Por falar em censura, quem lê só jornais da velha mídia brasileira possivelmente perdeu uma notícia importantíssima, como já é de praxe, então resumo para vocês: em entrevista a Joe Rogan em agosto de 2022 ano, o CEO do Facebook, Mark Zuckerberg, disse que sua rede social censurou postagens e notícias sobre o laptop de Hunter Biden, filho do presidente Joe Biden. "A distribuição [das notícias] foi diminuída", e assim "menos pessoas tiveram acesso a ela do que normalmente teriam", afirmou Zuckerberg.[20]

No laptop, foram encontrados vídeos e fotos do filho presidencial fumando crack, deitado na cama, inconsciente, transando com prostitutas, mostrando dentes corroídos para a câmera.[21] Zuckerberg explicou que essa censura foi feita sob "recomendação" do FBI, que teria alegado que as histórias sobre o laptop de Hunter Biden eram manipulação e mentiras provavelmente espalhadas pelo governo

18 https://edition.cnn.com/2022/02/17/business/elon-musk-neuralink-animal-cruelty-intl-scli/index.html

19 https://theintercept.com/2021/09/23/coronavirus-research-grant-darpa/

20 https://www.nbcnews.com/politics/politics-news/fbi-responds-mark-zuckerberg-claims-joe-rogan-show-rcna45082

21 https://nymag.com/intelligencer/article/hunter-biden-laptop-investigation.html

da Rússia. Agora que a eleição já passou, e papai Biden está no poder, tá liberado falar do laptop no Facebook.

Foi também o Facebook que censurou notícias sobre a possível origem artificial (feito pelo homem) do Sars-Cov-2. Enquanto os trotskistas no Brasil vão trotando ao passo determinado pelas *big techs*, e pedindo a censura, o site oficial da Quarta Internacional (uma das maiores organizações trotskistas do mundo) conta como teve seu artigo sobre a possível origem artificial do vírus banido do Facebook.[22] A partir de maio de 2021, contudo – mais de um ano depois que o assunto já estava sendo discutido com seriedade por profissionais sem medo da desaprovação das elites –, o Facebook finalmente derrubou o veto e permitiu que o assunto fosse debatido na plataforma.[23] Para quem quiser saber mais, um artigo da *Lancet* explica um pouco a teoria de que o Sars-Cov-2 foi artificialmente produzido e que o sítio de clivagem seria sua "*smoking gun*" (arma ainda soltando fumaça, ou a versão brasileira dessa metáfora, conhecida como "batom na cueca").[24]

Antes de ser contratado pela Darpa, Zatko já era famoso como hacker, e as conquistas do seu grupo de haqueadores incluem o L0phtCrack, um software para desvendar senhas, e o Back Orifice ("orifício traseiro"), uma porta de entrada para obter controle de aparelhos infectados.[25] Seu depoimento ao Senado teve momentos de revelação e choque, repetidos em manchetes pelo mundo todo. O mais chocante, no entanto, foi ver jornais de diferentes inclinações ideológicas repentinamente surpresos com o que alguns de nós já sabemos há anos.

Segundo explicou Zatko, metade dos funcionários do Twitter é formada por engenheiros, e todos eles têm o poder de acessar informações privadas dos usuários, e fazer o que bem entender com isso. Algumas dessas informações são: número de telefone, modelo de aparelho usado para acessar a plataforma, endereço de IP, localização geográfica do usuário, e-mail atual e e-mails antigos usados para acessar o Twitter, horários de acesso. Perguntado se era possível que algum

---

22 https://www.wsws.org/en/articles/2021/02/26/pers-f26.html

23 https://abcnews.go.com/Technology/facebook-lifts-ban-posts-claiming-covid-19-man/story?id=77931433

24 https://www.thelancet.com/journals/lanmic/article/PIIS2666-5247(21)00174-9/fulltext.

25 https://www.theguardian.com/technology/2020/nov/17/twitter-hires-veteran-hacker-mudge-as-head-of-security

funcionário vendesse esses dados, Zatko disse que sim, e que ele pessoalmente sabia de ofertas de vendas feitas pela internet.

Zatko causou comoção ao dizer que centenas de funcionários do Twitter, mesmo aqueles nos postos mais baixos e em empresas terceirizadas, teriam o poder de se apossar das contas dos senadores presentes e se passar por eles. Infelizmente, isso tampouco é novidade. Em 2017, quase cinco anos antes de o Senado norte-americano mostrar preocupação com a "segurança dos usuários", a interferência de funcionários em contas privadas já era suficientemente conhecida. Um artigo do *Business Insider*, republicado no *Yahoo! Finance*, explicava como um funcionário (terceirizado e de baixo escalão) conseguiu desativar por conta própria o perfil do homem mais poderoso do mundo, Donald Trump, então presidente dos EUA.[26] Trump teve sua conta suspensa tempos depois em decisão da diretoria do Twitter, de forma oficial.[27] Um artigo do *New York Times* mostrava, em 2017, como funcionários do Twitter tinham o poder de apagar tweets individuais sem o conhecimento do dono da conta. Nada mudou a partir de então. Ou melhor, alguma coisa mudou, já que repentinamente isso virou questão de segurança nacional. Por que agora? Não sei responder, mas toda vez que você escutar a frase "segurança nacional", faça um favor a si mesmo e traduza para "segurança doméstica" – aquela em que a ameaça ao Estado é vista como vinda do próprio cidadão.

O hacker explicou que o grande problema técnico do Twitter é não manter um *log*, ou um histórico eletrônico, das ações tomadas pelos engenheiros dentro da plataforma. Sem esse histórico, é impossível ter certeza do que foi feito, e por quem. O Twitter está "dez anos atrasado nos padrões de segurança", ele disse. Tentando explicar por que seus alertas eram ignorados pela diretoria da empresa, Zatko cita o escritor e ativista norte-americano Upton Sinclair com uma frase que ficou mais conhecida durante a pandemia, associada a médicos que se negavam a receitar remédios que sabidamente salvam vidas: "É difícil fazer um homem entender algo quando seu salário exige que ele não entenda". (O original é "*It is difficult to get a man to understand something when his salary depends upon his not understanding it*".)

---

26 https://finance.yahoo.com/news/low-level-twitter-employee-able-193306867.html

27 https://www.poder360.com.br/midia/twitter-suspende-conta-de-donald-trump-de-forma-permanente/

Um dos trechos mais comentados do depoimento foi a afirmação de que o Twitter já teve em sua folha de pagamento um agente de inteligência do governo chinês. E uma das perguntas feitas ao depoente teve tanto impacto quanto suas respostas. Nas palavras da senadora democrata Dianne Feinstein: "No dia 10 de agosto de 2022, um júri federal considerou culpado um empregado do Twitter que agia como agente estrangeiro não registrado para a Arábia Saudita [...]." Enquanto trabalhava para o Twitter, ele "aceitou pagamentos em troca de informações privadas" de funcionários do governo saudita e de críticos do governo. Horrível a Arábia Saudita, né? Né. Mas o Ocidente "iluminado" se parece cada vez mais com ela. Eu suponho que esse depoimento não fez diminuir em nada a censura no Twitter, ao contrário – serviu para reforçá-la. Essa foi minha previsão, que me atrevi a fazer com a ressalva de que sou uma espécie de filha indesejada do sexo não consensual entre o niilista e o cínico quando ambos estavam bêbados de um copo meio vazio.

O CONTROLE DA MAIORIA, A CENSURA E O SCRIPT OBRIGATÓRIO

Anos atrás, no Egito, eu entrevistei a feminista Nawal Saadawi para uma série de artigos na *Folha de S.Paulo*.[28] Para Saadawi – que sofreu mutilação genital na infância, uma prática que não existe no Corão –, a opressão à mulher é um instrumento mais político do que religioso. Achei aquilo meio ilógico, paranoico até. Por que razão os políticos se beneficiariam mantendo as mulheres como se fossem seres inferiores? "Eles querem manter todo o povo como inferior", disse ela; "como não conseguem controlar todos, eles querem que os maridos controlem as mulheres, e aí o governo só controla o marido". De ilógico, passei a achar aquilo brilhante: ao garantir que metade da população fosse subjugada pela própria população, o governo só precisaria se dar ao trabalho de controlar a outra metade.

28 https://www1.folha.uol.com.br/fsp/mundo/ft2701200203.htm

Hoje, a coisa ficou infinitamente mais fácil, e o governo não precisa controlar metade da população – basta controlar meia dúzia de redes sociais. É por isso que a pandemia foi usada como motivação para as censuras mais espúrias – não para salvar vidas, mas porque ela ajudou na mentira de que a censura tem motivação benéfica. Uma vez que se determine que existe a "censura do bem", a pandemia acabou virando um grande justificador para a maior concentração de poder da história – e seu maior tiro no pé. Por isso um dos assuntos mais importantes das nossas vidas é a lei do marco da internet – um tópico que você dificilmente vai ver nas grandes manchetes, e se vir ficará sem saber de nuances cruciais para um debate saudável, como a "seção 230".

Para resumir, a questão é a seguinte: redes sociais não são jornais, e por isso, podem se eximir de responsabilidade sobre o conteúdo do que nelas é publicado. Jornais e revistas não têm o mesmo privilégio, e, portanto, estão mais pressionados a garantir a veracidade do seu conteúdo.[29] Mas é exatamente por não serem responsáveis pelo seu conteúdo que muitos acreditam que redes sociais não deveriam ter o poder de ditar o que pode ou não ser dito – porque a responsabilidade deveria ser individual.

Antes de eu continuar, vale aqui um alerta. O mundo continua fingindo que estamos divididos entre esquerda e direita, mas, na verdade, a linha ideológica mais divisiva que temos hoje é entre aqueles que defendem as liberdades individuais e aqueles que querem impor o coletivismo e a centralização do poder. Faço questão de esclarecer que, mesmo defendendo o individualismo, sempre fui a favor de vacinas (aquelas substâncias que imunizam, impedem o contágio e criam a imunidade de rebanho). Entendo e admito que muitas vezes escolhas coletivas precisam se impor às individuais. Abaixo está um tweet mostrando que nunca aceitei argumentos que comparavam, por exemplo, o contágio da covid com acidente de trânsito, porque se ambos podem ser fatais, só um pode se replicar exponencialmente (peço perdão desde já pela grosseria do tweet – eterno aprendizado).[30]

29 https://www.poder360.com.br/midia/big-techs-tem-de-ser-classificadas-como-midia-diz-alexandre-de-moraes/

30 https://twitter.com/schmittpaula/status/1249372187838033922

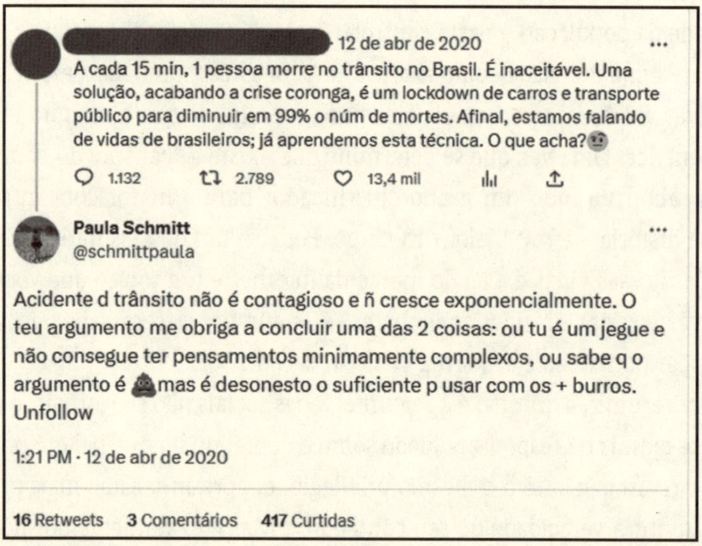

[redacted] · 12 de abr de 2020 ···

A cada 15 min, 1 pessoa morre no trânsito no Brasil. É inaceitável. Uma solução, acabando a crise coronga, é um lockdown de carros e transporte público para diminuir em 99% o núm de mortes. Afinal, estamos falando de vidas de brasileiros; já aprendemos esta técnica. O que acha?

1.132 2.789 13,4 mil

Paula Schmitt ···
@schmittpaula

Acidente d trânsito não é contagioso e ñ cresce exponencialmente. O teu argumento me obriga a concluir uma das 2 coisas: ou tu é um jegue e não consegue ter pensamentos minimamente complexos, ou sabe q o argumento é 💩 mas é desonesto o suficiente p usar com os + burros. Unfollow

1:21 PM · 12 de abr de 2020

16 Retweets **3** Comentários **417** Curtidas

Mas o que aconteceu com as pessoas que, ao contrário de mim, não mudaram de opinião com o surgimento de fatos novos?[31] O que aconteceu com os papagaios humanos que continuaram repetindo a tese da imunidade coletiva mesmo com a admissão dos próprios fabricantes das vacinas da covid de que suas injeções não conferiam imunidade completa? Por que elas continuaram pensando errado?

A história do mundo tem uma constante: a criação de ferramentas para o controle da maioria por uma minoria cada vez menor e mais poderosa. E nunca, na história da humanidade, existiu uma ferramenta tão eficiente para esse controle como a internet. O governo descrito por Saadawi não precisa mais da metade da população – ele pode se valer de alguns algoritmos para garantir que a versão oficial seja a única disponível. Nunca antes houve uma forma tão eficiente, global e imperceptivelmente coercitiva de homogeneizar o pensamento e uniformizar o comportamento.

Existe um vídeo bastante ilustrativo.[32] Ele mostra como era permitido questionar a eficácia e segurança das vacinas da covid quando o presidente era Donald

31 https://www.poder360.com.br/opiniao/a-unanimidade-obrigatoria-e-a-edicao-da-realidade-escreve-paula-schmitt/

32 https://twitter.com/______ASLAN/status/1423420228730564608

Trump. Naquela época, a agora vice-presidente Kamala Harris podia dizer em público, sem medo de censura ou repúdio, que se Trump recomendasse a vacina, ela teria razão suficiente para não se vacinar. Isso é emblemático de uma outra divisão entre intelectuais e comentaristas que não tem nada a ver com ideologia política, mas com algo muito mais sinistro e injustificável, descrito pelo matemático Eric Weinstein como sendo uma divisão entre pessoas que seguem o script e as que saem dele. (Traduzindo livremente o tweet: "O conceito de esquerda x direita está ultrapassado, ainda que a gente continue usando esses termos. A divisão que importa entre os intelectuais e comentaristas de hoje é outra: aqueles que seguem o roteiro e os que saem dele. Se você seguir o script, você estará sempre certo, ainda que esteja errado. Se você fugir do script, você jamais vai acertar, ainda que esteja certo."[33])

E enquanto o poder do governo sobre o indivíduo vai aumentando, é bom notar que nunca antes o poder do Estado esteve tão capturado pela indústria. Esse, aliás, é outro anacronismo que precisa ser corrigido urgentemente: a crença de que a esquerda combate o capital, e a direita combate o governo, quando todos sabemos que capital e governo vêm dormindo na mesma cama há décadas, e são cada vez mais inseparáveis. Vejam o que aconteceu no Brasil sem que se ouvisse um único protesto da Esquerda Oficial™: a Pfizer tentou coagir o governo brasileiro a penhorar terrenos, prédios e até bases militares (sim, bases militares) para que servissem como garantia de pagamento de indenização por processos judiciais abertos por eventuais vítimas da vacina, incluindo efeitos advindos de erros dolosos.[34] Do-lo-sos. Não há ponto de exclamação que ilustre o asco que isso me provoca, e nunca vou perdoar os colegas que deixaram isso passar sem um comentário de repúdio ou ultraje. Para mim, todos que souberam disso e se calaram, e que continuaram defendendo uma das maiores empresas farmacêuticas do mundo em detrimento de um povo que até hoje tem gente que morre de fome e difteria, merecem o meu desprezo eterno. E nunca meu desgosto será maior pela Pfizer – que esteve ao menos defendendo o que é seu – do que por uma esquerda que prefere entregar o povo brasileiro de bandeja, em vez de dar razão a quem ela considera inimigo. Sempre

33 https://twitter.com/EricRWeinstein/status/1326980403391938560

34 https://www.poder360.com.br/coronavirus/pfizer-exigiu-de-paises-pobres-garantias-que-nao-pediu-dos-eua-diz-reportagem/

tive mais nojo do cúmplice do que do culpado, e vou sempre desprezar o vigia que permite o roubo muito mais do que desprezo o ladrão. Para mim, esse caso ilustra uma das maiores tragédias morais que conheço: quando o ódio por um (Bolsonaro) foi maior do que a compaixão por milhões (o povo).

Voltando ao anacronismo, os Estados Unidos – a meca do capitalismo para todo direitista mal-informado – são um dos piores exemplos de livre mercado e competição honesta. Basta ver que o próprio governo norte-americano aprovou uma lei que proíbe – isso mesmo, proíbe – o governo de negociar preços com a indústria farmacêutica, mesmo sendo o seu maior comprador individual.[35] Uma ideia de como isso acontece é através da famosa "porta giratória",[36] termo usado para descrever a relação incestuosa entre governo e empresas nos Estados Unidos, onde chefes de agências regulatórias são contratados pela indústria que fingiam regular, e vice-versa.[37] O que acontecerá com toda essa informação no dia em que a corporatocracia tiver poder total sobre as informações? Em que jornal você vê esse tipo de notícia, inquestionavelmente pertinente durante uma pandemia, na qua ficamos sabendo que os EUA fizeram um experimento radioativo secreto[38] com milhares de americanos que não foram informados de que estavam sendo injetados com plutônio?[39]

Para terminar antes que meu leitor coloque uma vassoura atrás da porta, eu tinha prometido aos meus seguidores no Twitter que ia falar de uma das coisas mais nefastas na relação untuosa entre governo e empresas, não raro disfarçadas sob a máscara benevolente da sigla ONG. Uma dessas vem servindo para realizar um trabalho que é sujo demais para ser feito por governos ou empresas, apesar de servir como capataz para ambos: a censura e a perseguição ideológica realizadas por grupos anônimos e de motivação velada como o Sleeping Giants (que veio me perseguir pelo crime de "antivacina"). Desisti, por pura delicadeza estomacal, mas recomendo alguns artigos fenomenais da jornalista

35 https://www.poder360.com.br/opiniao/ha-risco-de-legalizar-o-lobby-e-tambem-a-corrupcao-escreve-paula-schmitt/

36 https://twitter.com/schmittpaula/status/1339294316351590402

37 https://www.poder360.com.br/opiniao/a-politica-nacional-e-o-vira-lata-caramelo-por-paula-schmitt/

38 https://twitter.com/_____ASLAN/status/1436523202335936512

39 https://www.latimes.com/archives/la-xpm-1995-10-04-mn-53213-story.html

Madeleine Laszko,[40] que usou descrições tão perfeitas que eu gostaria de tê-las escrito eu mesma, tipo: "Nem todo canalha é covarde, mas todo covarde é canalha". Termino com um exemplo de uma das características que mais aprecio num ser humano: a honestidade intelectual. Madeleine defendeu um colega da perseguição do Sleeping Giants mesmo não concordando com o colega, e mesmo ele tendo se omitido de defendê-la anteriormente, quando a vítima da perseguição foi ela.

* *O Politifact, seguindo a linha da checagem de fatos que não desmentem fatos, mas os contextualizam como qualquer bom advogado faria, preferiu usar o Tik Tok como fonte.*[41] *Porém, uma fonte mais confiável, como a* NBC, *mostra a passagem sem edição onde Kamala Harris diz: "Se Donald Trump disser que eu deveria tomar, eu não vou tomar."*[42]

40 https://www.gazetadopovo.com.br/vozes/madeleine-lacsko/o-mercado-da-comunicacao-deve-ceder-a-anonimos-nao-e-nunca/

41 https://www.politifact.com/factchecks/2021/jul/23/tiktok-posts/biden-harris-doubted-trump-covid-19-vaccines-not-v/

42 https://www.youtube.com/watch?v=-dAjCeMuXR0

POLÍTICA E JUSTIÇA

A ASCENSÃO DA INSIGNIFICÂNCIA E A PERSEGUIÇÃO DESONESTA

Em 26 de setembro de 2022, o jornal norte-americano *The New York Times* fez algo que quase nenhum coleguinha na velha imprensa brasileira teve coragem: ele disse a verdade sobre o Brasil, ou pelo menos uma verdade sobre os ataques à nossa democracia vindo exatamente de quem deveria protegê-la.[1] Em um artigo inserido na seção "Democracia Desafiada", o *NYT* pergunta no título se "a Corte Suprema do Brasil está indo longe demais".

Está sim, New, obrigada por perguntar.

To Defend Democracy, Is Brazil's Top Court Going Too Far?

Judge Alexandre de Moraes, a member of Brazil's Supreme Court, has used the court's power to counter the antidemocratic stances of President Jair Bolsonaro and his supporters. Fabio Pozzebom/Agencia Brasil

RIO DE JANEIRO — The group chat on WhatsApp was a sort of digital locker room for dozens of Brazil's biggest businessmen. There was a shopping mall tycoon, a surf wear founder and Brazil's big-box-store billionaire. They complained about inflation, sent memes and, sometimes, shared inflammatory opinions.

1 https://www.nytimes.com/2022/09/26/world/americas/bolsonaro-brazil-supreme-court.html

O título completo da reportagem é o seguinte: “Para defender a democracia, a mais Alta Corte do Brasil está indo longe demais?”. Em outras palavras, o questionamento só é feito depois que o jornal gentilmente taquigrafa, sem qualquer inquirição, a premissa mais falsa e mais usada pelos grandes canalhas da História: é para o seu bem. Ainda assim, mesmo com ingenuidade tão constrangedora, o artigo do *NYT* mostrou mais coragem do que jornais brasileiros, quase todos promovidos a banheiro de cachorro numa das metáforas mais apropriadas com que a realidade já nos presenteou.

O exemplo principal usado pelo *NYT* foi a perseguição de empresários apoiadores de Bolsonaro, que tiveram seus telefones apreendidos depois que *uma conversa privada em chat privado* foi espreitada por uma lacraia se fazendo passar por jornalista.

(Desculpe-me pela figura de linguagem, mas quem coloca sua ambição profissional acima de valores morais e da sua própria humanidade nada mais é do que um rato humano. Peço perdão aos ratos, claro, já que não existe na biologia nenhum registro de que esse habitante do esgoto se emporcalhe tanto a ponto de fazer o que ele acredita ser moralmente errado. Esse assunto me interessa tanto que foi tema de um dos meus artigos como a primeira estudante a escrever na página de opinião do então respeitável jornal *Estadão.* No artigo “Ser profisional ou ser humano”, eu falo do tipo obsequioso ou ganancioso ao extremo, geralmente carente de amor-próprio, que prefere anular suas convicções pessoais em nome do dinheiro, da aprovação profissional, ou da obediência.)

Voltando ao *NYT,* o jornal descreveu o chat privado como o equivalente digital de uma conversa em vestiário depois de um jogo. Nessa conversa, um dos empresários disse “eu prefiro um golpe do que a volta do PT”. Outro respondeu com um sinal de concordância.

(O *NYT* e outros jornais erraram ao dizer que a resposta foi com aplausos. A figura, na verdade, mostrava um homem fazendo o sinal de joinha com as duas mãos. É apenas um detalhe, claro, e me constrange ter que corrigir algo tão irrelevante – mas isso se faz necessário porque é uma ilustração perfeita da zombaria que está sendo feita da Justiça brasileira, onde vidas podem ser destruídas por causa de um emoji.)

Por falar na supremacia dos símbolos e na assustadora ascensão da insignificância, vou aproveitar este momento para fazer uma defesa de ninguém menos do

que Alexandre de Moraes. Há algum tempo, eu enderecei uma "carta aberta"[2] ao juiz com palavras nada lisonjeiras, mas acabei me vendo obrigada a defendê-lo porque nem mesmo ele merece injustiça. Em setembro de 2022, Moraes virou meme e objeto de desaprovação por ter feito um gesto que simula um pescoço sendo degolado.[3] O gesto foi realizado em sessão plenária do TSE no momento em que se discutia uma ação contra Bolsonaro por suposto desrespeito à lei eleitoral.

Em primeiro lugar, não acredito que aquele gesto tenha sido feito como ameaça a alguém, muito menos à ministra Maria Cláudia Bucchianeri. Mas um vídeo espalhado nas redes sociais foi editado de maneira que Moraes parece estar fazendo o gesto durante a fala da ministra, que defendia Bolsonaro, e que esse gesto talvez fosse uma ameaça a ela. Fica claro que esse não é o caso quando se vê o vídeo todo, mas o momento em questão está por volta da marca de 1:11:29.[4] Eu não estou defendendo Moraes porque gosto dele – defendo-o, sim, porque gosto de mim mesma. A verdade é um valor absoluto, e ela suplanta seus efeitos. Só uma pessoa muito desonesta consegue condenar alguém por um gesto com as mãos, uma palavra mal usada, um copo de leite, um sinal de joinha.

O jornal prossegue:

> O que aconteceu depois foi talvez ainda mais alarmante para a quarta maior democracia do mundo. Agentes federais invadiram a casa de oito dos empresários. Autoridades congelaram suas contas bancárias, e demandaram seus históricos financeiros, telefônicos e digitais, além de avisar as redes sociais que suspendessem algumas de suas contas. A ordem veio de um juiz da Suprema Corte, Alexandre de Moraes. A única evidência citada foram as conversas no grupo de Whatsapp. [...] Aquilo foi uma demonstração crua da força judicial que coroou uma tendência que vem se firmando há anos: a Suprema Corte do Brasil expandiu seus poderes drasticamente *para se contrapor à atitude antidemocrática do sr. Bolsonaro e seus apoiadores.*

Atitude antidemocrática do *señor* Bolsonaro?

---

2 https://www.poder360.com.br/opiniao/carta-aberta-a-alexandre-o-diminuto/

3 https://www.poder360.com.br/justica/moraes-faz-sinal-de-degola-no-tse-e-bolsonaristas-questionam/

4 https://www.youtube.com/watch?t=4289&v=9UI3ezL4FrE&feature=youtu.be

Olha a premissa falsa aeeee, gente! É a Unidos Da Mentira Repetida sacudindo o bumbum na Sapucaí.

Eu também acho que o Brasil corre sérios riscos de receber o fascismo com os braços abertos (algemados nas costas), mas essa ameaça não vem do vilão da história em quadrinhos que hoje se faz passar por jornalismo. Ela vem do mocinho. "Se você não quer tomar vacina, é um direito seu. Mas você também não vai poder participar de *nada com a gente*. Você não pode visitar parentes, você não pode receber sua mãe, você não pode receber seu filho, você não pode receber seu neto, as suas crianças não podem ir para a escola." Quem fez essa ameaça foi Lula – não Bolsonaro –, e ele a fez quando já era sabido (janeiro de 2022) que nenhuma vacina da covid assegura imunidade contra a doença.

Quem diz que essas vacinas não impedem o contágio não sou eu. Um dos que fazem essa afirmação é o próprio fabricante, o CEO da Pfizer Albert Bourla, contaminado pela segunda vez depois de mais de uma dose.[5] Ou o presidente dos Estados Unidos, Joe Biden, que pegou covid mesmo estando vacinado duas vezes e mesmo tomando Paxlovid, um remédio com eficácia financeira comprovada.[6] Ou a ex-coordenadora do combate à covid na Casa Branca, Deborah Birx, que chegou ao cúmulo de dizer que "já sabia que essas vacinas não iriam proteger contra infecção".[7] Ou Anthony Fauci,[8] carinhosamente conhecido como Fauciane.

Hoje, quando já é tarde demais, especialistas que estiveram errados por quase dois anos finalmente repetem o que médicos competentes, honestos e, acima de tudo, corajosos já falavam desde o começo dessa distopia. Mas quem se importa com esse *detalhe* da contaminação, quando uma vacina obrigatória pode servir para um controle social que só seria possível nos regimes mais fascistas? Que ditador iria abrir mão de uma arma que não usa bala? Que tirano iria se privar do poder de usar algo que, quanto mais impiedosa a ameaça, mais ele parece bondoso e preocupado com "o coletivo"? Por que alguém que canta o hino da

5 https://twitter.com/AlbertBourla/status/1573765059540647936

6 https://edition.cnn.com/2022/08/03/politics/biden-still-positive-covid-19/index.html

7 https://www.foxnews.com/media/dr-deborah-birx-knew-covid-vaccines-not-protect-against-infection

8 https://www.news.com.au/lifestyle/health/dr-antony-fauci-admits-covid-vaccines-dont-work-overly-well-at-stopping-infection/news-story/820b15c4a6382fdfa372304c27d4b4cd

Internacional Socialista no lançamento da sua campanha iria abrir mão de mecanismo tão útil, e tão facilmente empacotável, como algo "para o bem comum"?

O *NYT* classifica as ações da Suprema Corte brasileira como "repressão", mas lista exemplos vindos principalmente de um dos seus integrantes:

> O sr. Moraes já prendeu cinco pessoas sem julgamento por postagens nas redes sociais que ele alega terem atacado as instituições do Brasil. Ele também ordenou que redes sociais removessem milhares de postagens e vídeos sem nenhuma chance de recurso. E este ano, dez dos 11 juízes condenaram um congressista a quase nove anos de prisão por fazer o que eles qualificaram de ameaças a eles em uma transmissão ao vivo. A tomada de poder pela mais Alta Corte da nação, dizem operadores do direito, tem minado uma instituição democrática crucial no maior país da América Latina. [...] Em muitos casos, o sr. Moraes agiu unilateralmente, encorajado por novos poderes que a corte garantiu a si mesma em 2019 que lhe permitem, na prática, agir como um investigador, promotor e juiz tudo ao mesmo tempo em alguns casos.

Pessoas mais entendidas do que eu, e menos tomadas de paixão e raiva, vêm tentando alertar para os riscos dessa ingerência há tempos – um risco que ameaça a todos nós, independente da ideologia. Segundo o *NYT*, Alexandre de Moraes "ordenou que grandes redes sociais removessem dezenas de contas, apagando milhares de postagens, geralmente sem dar explicação". Um executivo de uma dessas empresas de tecnologia contou ao jornal que "grande parte do conteúdo removido não quebrava nenhuma de suas regras". Em um detalhe assustador, indicativo das trevas em que estamos nos deixando mergulhar, o *New York Times* explica que esse executivo "pediu para permanecer anônimo para evitar provocar o juiz". A ingerência da Suprema Corte também fica clara em termos mais inequívocos, como os números. Segundo o *NYT*, "Nos EUA, a Suprema Corte se pronuncia em 100 a 150 casos por ano. No Brasil, os 11 juízes e seus auxiliares emitiram 505.000 decisões nos últimos cinco anos".

Eu já falei sobre isso em vários artigos, mas às vezes perco a vontade de me repetir. Sinto que é perda de tempo tentar convencer certas pessoas, porque das duas, uma: ou elas são incrivelmente burras e não vão entender o que estou falando, ou são incrivelmente desonestas e não *querem* entender o que estou falando. Pendurada num tênue fio de esperança, deixo na nota de rodapé o link para um *sketch* de um minuto dos humoristas do Canal Hipócritas.[9] Quem sabe aqueles que não entenderam o *New York Times* consigam entender a piada...

O VOTO IMPRESSO, A CONFIANÇA ENTRE AS PARTES E A DEMOCRACIA VERIFICÁVEL

Existe um conceito que aprendi ainda bem pequena graças à sabedoria pragmática do meu pai. Quando nós, filhos, tínhamos algo a ser dividido entre a gente – um último pedaço de bolo ou uma barra de chocolate –, ele usava uma técnica que passou a nos parecer natural, quase óbvia. Em vez de ele, pai-de-todos, dividir e distribuir os pedaços entre os filhos, meu pai deixava que nós mesmos fizéssemos isso. Mas havia uma condição: o filho incumbido de fazer a divisão do todo não podia ser o primeiro a escolher a sua parte. Em outras palavras: quem divide, escolhe por último.

Aquela técnica embutia várias lições, e esta era a primeira: é próprio do ser humano escolher a parte maior, e quase toda criança que entenda os conceitos de "dimensão" e "chocolate" estaria inclinada a escolher o maior pedaço. A segunda lição é sobre outra tendência, menos perdoável, mas também bastante humana: quem divide, mas também escolhe a primeira parte, pode errar na mão "sem-querer-querendo", e ser menos salomônico do que seria se não fosse beneficiado pelo próprio erro. Mas a lição mais importante foi a seguinte: existem maneiras inteligentes e práticas de arquitetar um sistema que promova a confiança entre as partes, e que desencoraje discussões intermináveis sobre o tamanho exato de cada pedaço de bolo, ou sobre a justiça de certas ações.

Alguns especialistas dizem que até macacos entendem o conceito de injustiça, e se revoltam quando são vitimados por ela.[10] Faço esse alerta porque

---

9 https://www.youtube.com/watch?t=23&v=3H5l2YWfT9E&feature=youtu.be

10 https://www.nytimes.com/2017/06/03/opinion/sunday/what-monkeys-can-teach-us-about-fairness.html

duvido que uma democracia sobreviva se parte da sua população se sentir roubada do seu direito de escolha. O voto popular é tão importante – e tão respeitado – quanto a certeza de que ele foi levado em conta. Poucas coisas são mais fundamentais para a aceitação entre grupos antagônicos, e para a paz entre ideologias conflitantes e inimigos políticos, do que a convicção de que a escolha popular foi feita, e de que foi a maioria que decidiu quem vai governar a todos igualmente. Por isso, eu defendo há anos a introdução do voto auditável. O que é estranho, estranhíssimo na verdade, é ver que tanta gente que também o defendia aparentemente mudou de opinião sem que um fato novo justificasse a mudança. (Os tweets[11] abaixo foram salvos como imagem para o caso de desaparecerem, mas a autoria de cada um deles foi verificada.) O único fato novo que poderia justificar a mudança de opinião seria o de as urnas terem se tornado mais seguras, mas a verdade é exatamente o oposto – a cada dia temos mais e mais evidências de que nenhum sistema digital é inviolável.

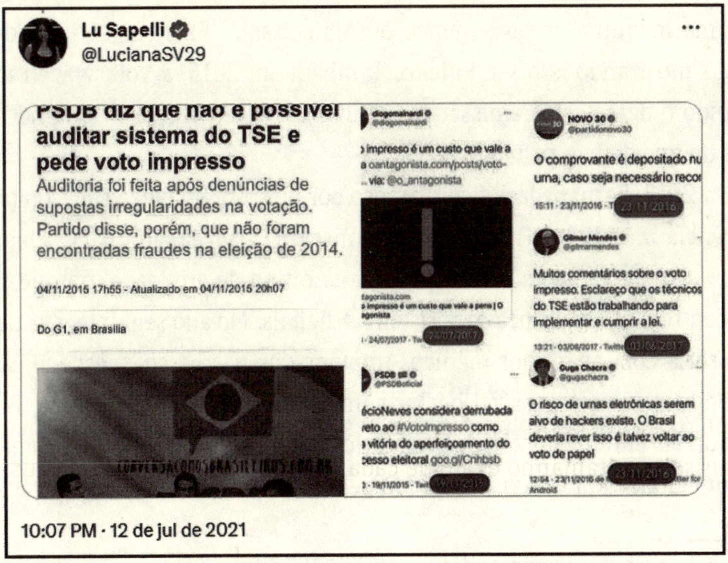

11 https://twitter.com/ALLuSapelli/status/1414753396964343816

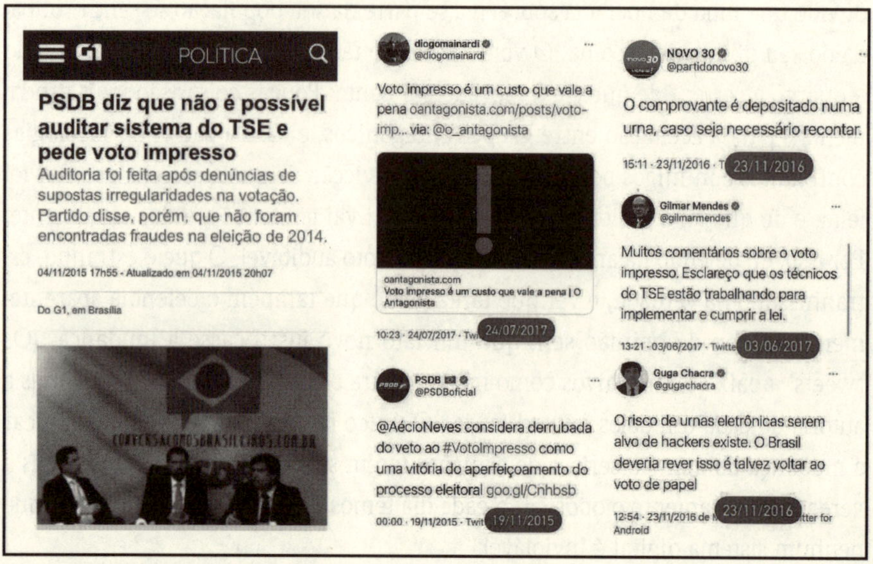

Em 2015, a revista *The Economist* falava de como era fácil hackear um carro (e uma máquina de lavar, entre outras coisas).[12] Existem vários vídeos no YouTube mostrando isso sendo feito. Também em 2015, a Volkswagen foi pega fraudando o detector de emissão de poluentes de seus carros – fingindo poluir menos do que de fato poluía.[13]

Em 2013, Barnaby Jack ficou famoso por mostrar em plena Def Con (a maior conferência mundial de hackers) que conseguia hackear um caixa eletrônico. Hackers são, na verdade, incentivados a esse tipo de atividade, porque servem como controle de segurança para sistemas digitais. No ano seguinte, sua demonstração seria com aparelhos médicos implantados nas pessoas, especificamente mostrando como era possível hackear um marca-passo. Infelizmente, Barnaby Jack morreu em circunstâncias misteriosas dias antes da sua apresentação.[14] O documentário *Kill Chain*, produzido pela HBO, mostra como é fácil hackear as

12 https://twitter.com/schmittpaula/status/623534185710505985

13 https://www.nytimes.com/2015/09/19/business/volkswagen-is-ordered-to-recall-nearly-500000-vehicles-over-emissions-software.html?smid=tw-share&_r=0

14 https://abcnews.go.com/US/hackers-mysterious-death-prompts-conspiracy-theories-concerns-pacemakers/story?id=19868557

urnas eletrônicas nos EUA, e isso é feito em frente às câmeras, a distância, sem que ninguém precise tocar nas urnas.

Na excelente reportagem da jornalista Patricia Campos Mello, de junho de 2021, para a *Folha de S.Paulo* sobre o voto auditável, com um equilíbrio louvável e cada vez mais raro, apresentando diferentes pontos de vista sobre uma mesma questão, ficamos sabendo que apenas dois outros países além do Brasil usam urnas eletrônicas sem voto impresso, ou auditável: Bangladesh e Butão.[15] Recomendo a leitura dessa reportagem a quem quer entender riscos que, em geral, só especialistas conseguem antecipar.

O que acho mais intrigante na questão do voto auditável é tentar entender o que fez tanta gente mudar de opinião de forma tão coesa. O que aconteceu para que uma proposta que já foi defendida por Brizola, Dilma e outros políticos de esquerda tenha sido abandonada de forma tão peremptória? O que aconteceu para a Globo admitir não apenas a possibilidade, mas a "probabilidade" de que a eleição do Rio de Janeiro tenha sido fraudada em 1982 com a ajuda da empresa Proconsult, e hoje tratar a mera hipótese de fraude nas urnas como história de terraplanista?[16] A resposta pode estar no que eu chamei de fenômeno do Bolsonaro *gondii*[17] – a maneira como alguns preferem fazer mal a si mesmos do que concordar com o oponente.

No Oriente Médio, eu fazia a piada (muito mal-vinda, por sinal, provocando pouquíssimas gargalhadas) de que alguns povos, ao verem que estão sendo ameaçados de ataque, preferem frustrar o inimigo dando um tiro em si mesmos. Mas a mudança drástica sobre o voto auditável pode advir de outro fenômeno, o do gado-ao-contrário:[18] aquelas pessoas que são tão facilmente programáveis quanto o gado que faz tudo que seu líder manda. Ao escolher sempre caminhar para o lado oposto do que o berrante indica, essa manada pode ser controlada facilmente – basta que o berrante diga para ela ir para a frente quando quer de fato que a manada ande para trás.

---

15 https://www1.folha.uol.com.br/poder/2021/06/so-brasil-bangladesh-e-butao-usam-urna-eletronica-sem-comprovante-do-voto-impresso.shtml

16 https://memoria.oglobo.globo.com/erros-e-acusacoes-falsas/caso-proconsult-9328203

17 https://www.poder360.com.br/opiniao/o-toxoplasma-gondii-o-controle-das-massas-e-o-suicidio-coletivo-escreve-paula-schmitt/

18 https://www.poder360.com.br/opiniao/o-gado-ao-contrario-e-as-mentes-diminutas-comenta-paula-schmitt/

Se for esse o caso, fica a pergunta: quem está de fato controlando essa manada? É quem diz a ela para ir para frente, ou para trás? E Bolsonaro? Ele serviu como berrante ou antiberrante?

Num artigo bastante informativo e didático, escrito por alguém que "odeia o Bolsonaro" e que não é "um bolsominion surtado que duvida da urna por causa de um vídeo da Bia Kicis", o autor Conrado Gouvêa (especialista em "criptografia e segurança da informação") se dá ao trabalho de desmistificar algumas das falsidades espalhadas por jornalistas e políticos, e mostra como é difícil ser contra o voto auditável quando se tem suficiente honestidade intelectual e conhecimento do assunto.[19]

Alguns políticos alegam que Bolsonaro defendeu o voto auditável sem a intenção de que ele fosse aprovado, apenas com o objetivo de poder alegar fraude quando perdeu as eleições. Se fosse verdade, por que deram essa chance para ele? Se não fosse verdade, por que esses políticos tiveram medo de ter seus votos verificados? Independente da resposta, a conclusão é quase certa: sem voto auditável, destruiu-se a certeza de que ao perder uma eleição nos rendemos à escolha da maioria, e a democracia no Brasil fica sob risco.

Para voltar à lição do meu pai, o que eu hoje entendo como mais inteligente naquilo foi que ele não esperou que nós, seus filhos, adquiríssemos a sabedoria e justiça de Salomão para agir com equidade. Mas mais importante ainda é que meu pai não permitiu a possibilidade de que nós tivéssemos a chance de desconfiar da sabedoria e justiça um do outro. Em vez disso, ele criou um sistema lógico em que éramos conduzidos a ser justos, e que deve ter sido mais responsável pela harmonia na nossa casa do que muita premiação e castigo. Contraprovas físicas do voto, mesmo não sendo definitivas e infalíveis, são necessárias para fazer o que o sistema do meu pai fez com seus filhos: obrigar os participantes a serem justos, porque quando alguém gritar "fraude", vai ter que provar a acusação, e quando alguém pensar em fraudar, vai ter que lembrar que sempre haverá uma contraprova.

---

19 https://web.archive.org/web/20220506034206/https://conradoplg.medium.com/entendendo-o-voto-impresso-para-quem-odeia-o-bolsonaro-dd6dc72d131f

AS DUAS MIL MULAS E MEUS DOIS CENTAVOS

Aguardado ansiosamente por muitos, e temido por tantos outros, o documentário *2.000 Mules* estreou no domingo dia 8 de maio de 2022 em mais de 250 salas de cinema nos Estados Unidos e virou um fenômeno de audiência. Nas primeiras 12 horas, foi arrecadado 1 milhão de dólares de bilheteria.[20] Cópias piratas em várias plataformas ajudaram o documentário a viralizar mais do que doença respiratória.

Aliás, esse símile é insuficiente – o documentário viralizou com a mesma rapidez que um vírus geneticamente modificado teria, se fosse espalhado por esportistas contaminados em uma olimpíada militar em Wuhan.[21] Mas para a minha decepção e para encerrar essa metáfora – o documentário se revelou uma gripezinha.

Produzido e dirigido por Dinesh D'Souza, *2.000 Mules* revela um suposto esquema de fraude eleitoral por meio do sistema de voto por postagem. Vou tentar explicar um pouco como isso funciona nos próximos parágrafos para que a alegação de fraude – e seus contrapontos – fique razoavelmente compreensível.

Nos Estados Unidos é possível votar pelo correio várias semanas antes do dia oficial da eleição.[22] O chamado "*mail-in ballot*", ou voto por postagem, pode ser enviado pelo correio como uma correspondência, mas na última eleição presidencial o método mais usado foi o "*ballot drop box*": uma caixa oficial do sistema eleitoral, geralmente monitorada por câmeras, que pode receber votos até 24 horas por dia. Esses votos, ainda que secretos, são colocados nas caixas dentro de envelopes oficiais, padronizados e identificáveis. Porém, esses envelopes diferem de acordo com o Estado e com a empresa terceirizada contratada para o serviço. A CNN conta que

20 https://www.msn.com/en-us/news/politics/watch-2000-mules-election-documentary-grosses-more-than-1-million-in-12-hours/ar-AAX4sXM

21 https://en.wikipedia.org/wiki/2019_Military_World_Games

22 https://www.cnbc.com/2020/09/04/election-early-absentee-mail-voting-every-state.html

100 mil pessoas no Brooklyn receberam envelopes com o nome de outro eleitor, supostamente culpa da empresa contratada para imprimir o material.[23]

O sistema eleitoral norte-americano é de uma sinuosidade que deixaria Kafka com labirintite. Para quem achava complicado entender as eleições primárias, aquilo é só a ponta do iceberg. Um didático artigo do *Dictionary* dá uma ideia de como a coisa é complicada, mesmo quando diz respeito apenas às diferenças entre "*absentee ballot*" (voto ausente) e "*mail-in ballot*" (voto por postagem).[24] Para dificultar o entendimento, cada estado tem um sistema específico, e eles diferem em várias coisas, até na data em que os votos podem começar a ser enviados. Outra diferença relevante é a maneira como o voto pelo *drop box* pode ser feito. O documentário de Dinesh se restringe à fraude cometida por esse método, e as duas mil mulas do título seriam pessoas pagas para colocar votos de terceiros nessas caixas de coleta.

No site da Conferência Nacional de Legislaturas Estaduais é possível ver como a caixa para votos tem horários diferentes de funcionamento dependendo do estado em que se encontra.[25] Elas também diferem nos métodos de segurança e monitoramento, e na presença ou não de oficiais do governo fazendo a vigilância. Se por um lado é quase impossível conhecer todas as regras eleitorais, por outro, é crucial entender este ponto: a tortuosidade do sistema norte-americano daria inveja às piores ditaduras, e deixa margens incalculáveis para a fraude. Mesmo assim, ou talvez exatamente por isso, o documentário não serve como evidência de crime, e chega a decepcionar no que pretende apresentar como prova. Tendo dito isso, é praticamente impossível, e extremamente ingênuo, imaginar que não houve fraude em eleições com sistema tão estupidamente labiríntico.

O que o *2.000 Mules* mostra se resume a uma série de vídeos de pessoas (as "mulas") levando vários votos para as caixas de coleta em horários diferentes do dia. Os investigadores desse suposto esquema são membros da True the Vote, uma ONG de ideologia conservadora que defende a transparência eleitoral, particularmente a exigência de que todo eleitor apresente uma identificação com foto no momento da votação. Essa ONG alega ter comprado o equivalente a 2 milhões de dólares em

---

23 https://edition.cnn.com/2020/09/29/politics/brooklyn-absentee-ballot-printing-error/index.html

24 https://www.dictionary.com/e/absentee-ballot-vs-mail-in-ballot/

25 https://www.ncsl.org/elections-and-campaigns/table-9-ballot-drop-box-laws

dados de geolocalização de celular. Esses dados indicariam que a mesma pessoa, dona do mesmo celular, teria passado por várias caixas de coleta, até em condados diferentes, às vezes no mesmo dia, votando em nome de outras pessoas com envelopes oficiais. O conteúdo dos envelopes nunca é revelado, e, portanto, aí mesmo jaz um problema: se houve fraude, não é possível dizer quem se beneficiou dela.

O problema só aumenta, porque em nenhum momento o vídeo parece mostrar a mesma pessoa indo a caixas diferentes. Sim, existem vários vídeos, mas nenhuma vez identifiquei a mesma pessoa repetindo o ato. A única "mula" fazendo mais de um depósito é claramente um ator – claramente não, porque o documentário não revela que aquilo é uma encenação. Eu mostrei as cenas a outras pessoas que assistiram ao documentário, e elas admitiram não terem notado que aquela "mula" específica era um ator.

Tenho dificuldade em respeitar documentário que faz esse tipo de coisa. No Brasil, infelizmente, tivemos um exemplo ainda pior e mais desonesto quando a cineasta Petra Costa, sem revelar à audiência, adulterou digitalmente uma imagem de arquivo da polícia para o seu documentário *Democracia em Vertigem*. Na imagem adulterada, armas foram apagadas da foto que mostrava os corpos de dois dirigentes do PC do B que, segundo a *Revista Piauí* "atuavam na clandestinidade contra a ditadura militar".[26] Nessa mesma reportagem, Petra dá uma explicação talvez mais obscena do que o próprio ato: "Eu estava esperando que alguém do público notasse".

O *2.000 Mules* também não ficou livre de explicações descabidas. Uma delas diz respeito ao fato de que algumas das mulas foram filmadas usando luvas de borracha. Uma dessas pessoas, uma mulher, joga as luvas no lixo logo depois de deixar os votos na caixa de coleta. A explicação dada no documentário é que isso teria começado a ocorrer depois que supostos fraudadores de votos no Arizona foram identificados através de suas impressões digitais. Eu procurei reportagens sobre essa operação, e não encontrei menção às digitais.

No documentário Catherine Engelbrecht, fundadora da True the Vote, sugere que isso só pode ter ocorrido para esconder as digitais, e ela e seu time "não conseguiram achar [outra] explicação" para as luvas cirúrgicas. Sério mesmo, Cathy? Porque eu, semimanguaça na madrugada em que assisti ao

---

26 https://piaui.folha.uol.com.br/memoria-desarmada/

documentário, consegui imediatamente achar uma explicação bastante plausível para as luvas cirúrgicas: a covid. E isso seria ainda mais provável se a pessoa que entregou os votos não fosse uma mula, mas uma enfermeira fazendo isso em nome de idosos de algum asilo.

Segundo a Comissão de Assistência à Eleição, o número de pessoas que votaram por postagem aumentou por causa da pandemia.[27] A CNN conta que nunca antes houve tantas pessoas votando a distância.[28] (Observe que eu uso a expressão "votando por postagem" porque o voto por *drop box* é administrado por comissões eleitorais e órgãos estaduais, enquanto o voto por correio é transportado pelo USPS, ou Serviço Postal dos Estados Unidos.) Assim, era óbvio que a pandemia iria aumentar o voto a distância – e é também óbvio que as chances de fraude na mediação desse processo iriam aumentar proporcionalmente. Isso me remete à decisão estapafúrdia do governador de Nova York, Andrew Cuomo, de obrigar asilos e casas de repouso a receber idosos dispensados de hospitais mesmo com teste positivo para a covid.

Parágrafos da digressão - pode pular

Quando um jornalista do *New York Post* perguntou a Andrew Cuomo numa coletiva de imprensa se um idoso que teve teste positivo de covid deveria ser reenviado a uma casa de repouso, ele respondeu: "Eu não sei."[29] Seu comissário de saúde, Howard Zucker, infelizmente sabia, e respondeu com a clareza necessária: "Se seu teste der positivo, você deve ser admitido de volta a um asilo. As precauções necessárias serão tomadas para proteger os outros residentes". A lei também dizia que asilos não poderiam obrigar nenhum idoso a ser testado para a covid antes da admissão. Por essas e outras razões, os asilos acabaram se tornando uma usina de mortes de velhinhos.

O *New York Times* conta que a lei de Cuomo foi responsável por milhares de mortes evitáveis, e "efetivamente escondeu o número total de residentes de casas de repouso que morreram por causa do vírus".[30] Estima-se que o número real de

27 https://www.eac.gov/election-officials/voting-by-mail-absentee-voting

28 https://edition.cnn.com/2020/10/21/politics/vote-by-mail-processing-election-2020/index.html

29 https://nypost.com/2020/04/21/cuomo-coronavirus-nursing-home-policy-proves-tragic-goodwin/?f

30 https://www.nytimes.com/article/andrew-cuomo-nursing-home-deaths.html

mortes de idosos em Nova York foi pelo menos 50% maior do que o oficialmente declarado,[31] o que faz deles o grupo menos empoderado dos Estados Unidos. No auge da pandemia, Cuomo escreveu um livro que conta o seu "sucesso" na maneira como lidou com a covid, mas ele acabou sendo processado em ação coletiva pela decisão que causou tantas mortes. Sua lei foi considerada tão atroz que ele teve pedido de *impeachment* feito até por colega de partido.[32] Para fechar este parágrafo com a sordidez que lhe cabe, um detalhe: Cuomo deu à lei o nome da própria mãe, Matilde.

Voltando às mulas, o documentário alega que outro indício de fraude foi o fato de que as pessoas que depositavam os votos às vezes tiravam foto do ato ou da caixa. As fotos serviriam para confirmar que o delito foi cometido, e assim assegurar o pagamento das mulas. Sim, é possível que a explicação das fotos seja essa, talvez seja até provável. Mas em plena pandemia, e com tantos idosos distantes da família, é também de se esperar que asilos e casas de repouso tivessem ainda mais gente contratada para fazer esse trabalho. Até pessoas nas próprias residências – aquele tipo de gente que gritava "fica em casa" enquanto mandava a criadagem se fazer útil na rua – podem ter usado esse tipo de serviço, e exigido que ele fosse registrado.

Talvez nunca tenha sido tão fácil fraudar voto de idosos, porque eles nunca estiveram tão distantes da família, e tão impotentes nas mãos de terceiros. Mas quem eram os "terceiros" autorizados por lei a fazer esse tipo de trabalho? No documentário, um dos entrevistados diz que no estado da Geórgia "é ilegal" entregar os votos na *drop box* a não ser que seja a própria pessoa ou membros da família. Um dos outros participantes, então, diz, chocado: "É ilegal, ilegal? Então tanto faz o resultado. Isso é uma prática ilegal". Eu fui verificar essa informação, e não foi isso que encontrei. Segundo o site do governo da Georgia, existem várias pessoas autorizadas a entregar os votos em nome de um terceiro, inclusive "cuidadores de um eleitor incapaz", mesmo que ele "não more na mesma casa".[33]

Dinesh D'Souza conta no documentário que o número de duas mil mulas foi, na verdade, subestimado, porque os critérios para a classificação de cada uma

---

31 https://msmagazine.com/2020/08/27/hundreds-of-thousands-of-nursing-home-residents-may-not-be-able-to-vote-in-november/

32 https://www.foxnews.com/politics/cuomo-wouldnt-put-mother-in-nursing-home-covid-order

33 https://georgia.gov/vote-absentee-ballot

delas foi bastante rigoroso: só foram identificadas como mulas as pessoas que passaram pela área de ao menos dez caixas de coleta diferentes, e apenas aquelas que estiveram em um perímetro predeterminado em volta de cada caixa de coleta (no vídeo eles chamam esse perímetro de "*geofence*", ou "geocerca"). O terceiro critério é que essas pessoas teriam que ter passado ao menos cinco vezes por "*non-profits*", ou organizações sem fins lucrativos. Essas organizações seriam as intermediadoras da fraude, preenchendo os votos e pagando às mulas pelo serviço. O documentário alega ter identificado o telefone de cada uma dessas duas mil pessoas, mas nenhuma delas foi entrevistada, ou confessou ter participado do esquema. Nenhum nome é revelado, nem o nome das organizações sem fins lucrativos, e só duas pessoas alegam no vídeo terem testemunhado os crimes – ambas se mantêm anônimas, tendo sua voz distorcida e sua imagem devidamente encoberta.

A parte que eu talvez tenha achado mais eloquente mostra familiares de idosos acamados, alguns incapazes de ir ao banheiro sozinhos, que alegam que alguém votou por eles. Não é apenas plausível que tenha havido fraude nesses casos – é até provável. Mas se pode ter havido fraude em favor de um candidato, pode também ter havido em favor de outro. Essas possíveis fraudes, se ocorreram, teriam naturalmente variado de beneficiário de acordo com o estado, suas regras e os humores do governo local.

Não há dúvida de que o sistema eleitoral norte-americano é terreno fértil para fraudes. Até no seu sistema eletrônico de votação – ou principalmente nele –, a segurança está longe de ser garantida. O documentário *Kill Chain*, da HBO, mostra urnas sendo hackeadas em frente às câmeras. No documentário de Dinesh, a parte que talvez seja mais contundente – e assustadora – é a do financiamento de campanha, tópico para outro dia. Por enquanto, vale lembrar que Dinesh deve entender um pouco de fraude eleitoral, já que ele próprio foi processado e condenado por fraude em financiamento de campanha quando usou nomes de terceiros para fazer doações.[34] Sua punição, contudo, não teve grandes consequências, porque ele acabou sendo perdoado pelo então presidente Donald Trump.[35]

34 https://www.justice.gov/usao-sdny/pr/dinesh-d-souza-pleads-guilty-manhattan-federal-court-campaign-finance-fraud

35 https://www.bbc.com/news/world-us-canada-44319709

O CASO NAYIRAH E A REALIDADE POR ENCOMENDA

As investigações sobre o que aconteceu em 6 de janeiro de 2021 em Washington ganharam maior visibilidade em junho de 2022. Para quem não lembra: naquele dia, o Capitólio (prédio que abriga o Congresso norte-americano) foi invadido por uma multidão de pessoas[36] majoritariamente autodeclaradas apoiadoras do então presidente Donald Trump. Na confusão que se formou houve violência, tiro, mortes, e posteriormente alguns suicídios.[37]

O chefe de segurança na época, Michael Stenger, se demitiu no dia seguinte. No dia 27 de junho de 2022, Stenger teve sua morte divulgada aos 71 anos por causa desconhecida.[38] Nesse mesmo dia, o Congresso norte-americano anunciou que dali a 24 horas haveria uma audiência-surpresa com novas revelações sobre o ataque ao Capitólio.

Reportagens sobre a morte de Stenger relembraram uma declaração sua em fevereiro de 2021 que causou curiosidade em alguns e descrédito em outros.[39] Alertando para o que chamou de "agitadores profissionais", Stenger disse: "Os eventos de 6 de janeiro foram além da desobediência. Aquilo foi um ataque violento e coordenado, em que a perda de vidas poderia ter sido ainda pior".

O ataque ao Capitólio causou preocupação a quem defende a democracia, mas por razões diferentes. De um lado, alguns acreditam que ele desnudou a facilidade com que se pode influenciar uma multidão para atacar o governo de forma física, ameaçando representantes democraticamente eleitos. Outros, contudo, acreditam que o evento é um exemplo da manipulação do público pela mídia e

36 https://www.youtube.com/watch?v=57joFfvpDpM

37 https://www.poder360.com.br/internacional/manifestantes-pro-trump-invadem-o-congresso-dos-eua/

38 https://www.newsweek.com/michael-stenger-dead-senate-sergeant-arms-jan-6-agitators-1719769

39 https://www.newsweek.com/michael-stenger-said-about-jan-6-professional-agitators-statement-1719740

pelo governo através de um ataque de falsa bandeira e do uso de "*crisis actors*". *Crisis actors*, que vou traduzir como "atores de desastres", são pessoas contratadas para encenar tragédias. Normalmente, essas pessoas atuam em simulações de acidentes e desastres naturais com o propósito de ajudar a treinar agentes de segurança, médicos, bombeiros. Porém, esses atores também são usados para encenar ataques de falsa bandeira e *psy-ops* (pronuncia-se sai-óps).

Uma página da Wikipedia explica vários tipos de *psy-ops*, ou operações psicológicas, usadas pelo governo norte-americano para controlar a opinião pública.[40] Mas não são somente os EUA que usam *psy-ops*. A técnica é também usada por outros países, e por empresas e organizações não governamentais.

Sob o mesmo verbete, a Wikipedia tem uma seleção de outra modalidade de manipulação, *psychological warfare* ou guerra psicológica, usada notoriamente por Goebbels na Alemanha nazista. Hoje em dia, operações psicológicas são frequentemente terceirizadas. A empresa PsyGroup ficou conhecida ao ser investigada pelo FBI por suposto envolvimento na campanha para a eleição de Donald Trump.[41] Formada por ex-agentes de inteligência israelense, ela competiu por espaço nas notícias com a empresa BlackCube, processada pela atriz Rose McGowan.[42] A atriz, que ficou conhecida por ser uma das precursoras do movimento MeToo ao denunciar publicamente o produtor Harvey Weinstein por estupro, alega que a empresa foi contratada por Weinstein para intimidá-la e produzir situações que pudessem incriminá-la ou embaraçá-la perante a opinião pública.

O *Wall Street Journal* disponibilizou na internet a brochura de serviços da PsyGroup.[43] É algo que vale a pena ser visto para se ter uma mínima ideia de como a manipulação da realidade é hoje um serviço comercial. A primeira página já deixa claro qual é a missão da empresa: "A realidade é uma questão de percepção". A seguir, uma lista dos serviços oferecidos, entre eles: armadilhas amorosas, treinamento e serviços para criação de reputação on-line.

---

40 https://en.wikipedia.org/wiki/Psychological_operations_(United_States

41 https://www.calcalistech.com/ctech/articles/0,7340,L-3739390,00.html

42 https://www.timesofisrael.com/rose-mcgowan-sues-alleging-intimidation-by-weinstein-israels-black-cube/

43 https://www.wsj.com/public/resources/documents/psygroup.pdf?mod=article_inline

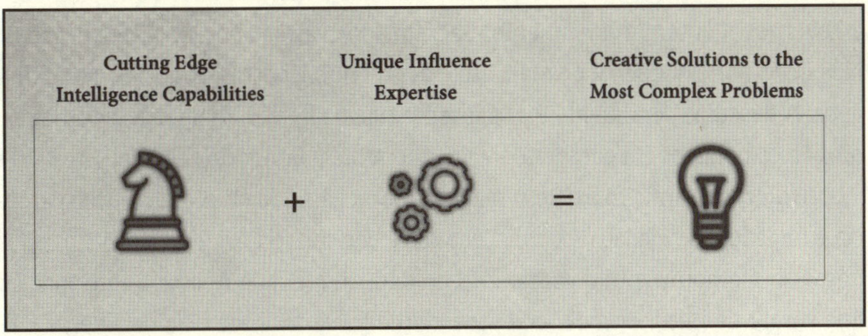

Ataques de falsa bandeira são eventos manipulados, encenações, que têm a intenção de provocar um conflito ou reação política a partir de uma culpa falsamente atribuída. Um exemplo bastante ilustrativo ainda desconhecido do público em geral é o chamado Lavon Affair.[44] Esse caso aconteceu no Egito, em 1954, quando a inteligência israelense recrutou judeus egípcios para deixar bombas (que não chegaram a matar civis) em lugares públicos, de cinema a biblioteca, e fazer parecer que os autores dos atentados eram membros da Fraternidade Islâmica, ou agitadores nacionalistas. A intenção era criar instabilidade suficiente para que o Reino Unido continuasse mantendo seu controle militar sobre o Canal de Suez. Israel levou meio século para admitir a autoria do plano. Alguns documentos só foram revelados 62 anos depois, como conta um artigo do *Haaretz*.[45]

Já falei desse e de outros eventos de falsa bandeira na introdução do livro onde também conto minha experiência de trabalho em Berlim para a Ruptly, a produtora da TV estatal russa, onde pude testemunhar a manipulação das notícias por trás das câmeras. Procurei vários jornais para divulgar minha experiência em um depoimento originalmente escrito em inglês, e fui rejeitada por quase todos, com exceção da revista israelense *972mag*.[46]

Existem vários casos de falsa bandeira na história da humanidade, mas quanto mais próximo do presente, mais difícil identificá-los. As razões dessas

44 https://www.nytimes.com/1975/03/30/archives/the-lavon-affair-revived-in-israel-3-who-were-held-by-egypt-as.html

45 https://www.haaretz.com/israel-news/2016-06-25/ty-article/israel-reveals-controversial-lavon-affair-correspondence-62-years-later/0000017f-e124-d38f-a57f-e7769ff60000

46 https://www.972mag.com/why-i-quit-russia-today-and-why-its-necessary/

dificuldades são inúmeras, mas menciono uma: a existência de leis que permitem a governos manterem documentos secretos por vários anos, às vezes décadas. Nos EUA, por exemplo, é possível esconder do público fatos essenciais por trinta anos. A desculpa geralmente é a segurança nacional, mas quem fica seguro mesmo são os políticos e a corporatocracia, que se beneficiam do segredo.

No Brasil, também existem mecanismos legais que eliminam a transparência e impedem o cidadão de conhecer fatos e decisões que dizem respeito a todos nós. Isso melhorou muito com a criação da LAI, a Lei de Acesso à Informação, que surgiu de iniciativas da sociedade civil e foi sancionada pela presidente Dilma Roussef em 2011. Há um artigo em que é possível ver quantas vezes essa lei foi reivindicada daí em diante, e em que situações ela foi usada.[47]

Mesmo que as informações sobre o suposto ataque ao Capitólio não sejam sigilosas, é difícil saber com certeza o que aconteceu em janeiro de 2021. Em um conflito, quase todo mundo tem sua visão prejudicada pelo que é conhecido como nevoeiro da guerra, o símile usado para descrever a confusão situacional durante uma batalha (e que deu nome a um documentário imperdível, dirigido por Errol Morris, sobre o secretário de defesa dos EUA Robert McNamara e os erros que ele cometeu no Vietnã, e que só conseguiu admitir décadas depois). Mas se é difícil estabelecer o que aconteceu no Capitólio em 2021, é bem fácil entender o que aconteceu no mesmo prédio em 1990 – e afirmar com toda a segurança que o Capitólio já foi palco de um evento extremamente bem produzido de falsificação da realidade e manipulação da opinião pública.

"Nossa última testemunha está usando um nome inventado, e pedimos aos nossos amigos da mídia que respeitem a necessidade de proteger sua família." Foi assim que o deputado republicano John Porter apresentou a menina de 15 anos cujo depoimento, transmitido para milhões de cidadãos norte-americanos, iria comover o mundo e justificar a invasão do Iraque pelos Estados Unidos.[48] Com a voz embargada, e por vezes incapaz de segurar o choro, Nayirah explica para a Comissão do Congresso sobre Direitos Humanos que sua família conseguiu fugir pelo deserto e escapar da morte, salvando o sobrinho de 5 anos. Corajosa, ela decidiu ficar para trás e "fazer algo pelo meu país", oferecendo-se como voluntária no hospital Al Adan. Disse ela:

47 https://www.poder360.com.br/brasil/lei-de-acesso-a-informacao-completa-10-anos-saiba-como-foi-criada/

48 https://www.youtube.com/watch?v=LmfVs3WaE9Y

> Quando eu estava lá, vi soldados iraquianos entrarem no hospital com armas. Eles tiraram os bebês das incubadoras, pegaram as incubadoras e deixaram as crianças morrer no chão frio. Foi horrível. Eu não conseguia deixar de pensar no meu sobrinho, que nasceu prematuro e poderia ter morrido lá também.

Os jornalistas foram tão obedientes ao pedido de privacidade feito pelo deputado, que ninguém se incomodou em verificar a história. Deslumbrados, nenhum deles questionou a veracidade do depoimento, feito na mesma comissão que anos antes tinha recebido o Dalai Lama. A história de Nayirah chocou o mundo, e foi corroborada pela maior organização de direitos humanos do planeta, a Anistia Internacional. A Human Rights Watch também acreditou na história. Segundo o livro sobre relações públicas *The Global Public Relations Handbook Theory, Research, and Practice*, de Krishnamurthy Sriramesh e Dejan Vercic, a Hill & Knowlton conseguiu assegurar a difusão do depoimento em setecentas estações de TV, e sete senadores o citaram como justificativa para a invasão do Iraque.

Porém, dois anos depois, com o Iraque já devidamente invadido e milhares de pessoas mortas, o jornalista investigativo John Rick MacCarthur descobriu para a *Harper's Magazine* que aquele depoimento foi uma farsa, e que a história tinha sido escrita, produzida e dirigida pela empresa de relações públicas Hill & Knowlton.

É chocante ver como foi fácil enganar tantos jornalistas, que fazem parte de uma classe que é paga para informar, e cuja missão inclui duvidar de versões oficiais. Como conta MacCarthur em reportagem do *Democracy Now* (que contém a transcrição do programa, para quem quiser usar o Google Translate), Nayirah não precisou nem mesmo mudar o primeiro nome.[49] Para a vergonha de todos os jornalistas que acreditaram na história, uma breve passada de olhos teria revelado o que mal precisou ser escondido: Nayirah era ninguém menos do que a filha do embaixador do Kuwait nos Estados Unidos, e ela foi treinada para chorar em frente às câmeras. Quem contratou a empresa H&N foi uma organização sem fins lucrativos, a Citizens for a Free Kuwait, uma operação de astroturf. Astroturf é uma marca de grama artificial para quadras de esporte, mas essa palavra hoje é mais comumente usada para descrever empresas e organizações que se disfarçam de um propósito nobre para mascarar uma intenção nefasta.

49 https://www.democracynow.org/2018/12/5/how_false_testimony_and_a_massive

Por falar em astroturf, no artigo "O Sangramento Coletivo e a Pobreza Mental", eu questiono a sincronia inexplicável de vários países do mundo em que políticos de diferentes ideologias começaram, todos ao mesmo tempo, a pedir que seu governo financie a compra e distribuição obrigatória de absorvente higiênico para "pessoas que menstruam".[50] Eu falo de uma ONG financiada exatamente pelas empresas que vão se beneficiar com tal transferência de renda, concentrando em poucas mãos o dinheiro público de milhões de pagadores de impostos.

Outra ONG que exemplifica a atividade de astroturf é a ATL, Americans for Technology Leadership (Americanos para a Liderança Tecnológica). Como conta uma reportagem do *Los Angeles Times* de 2001:

> [...]cartas alegadamente escritas por ao menos duas pessoas mortas foram parar na escrivaninha do procurador-geral de Utah, Mark Shurtleff, no começo do ano, implorando a ele que pegasse leve com a Microsoft por sua conduta como monopólio. Os apelos [ao procurador], junto com apelos de outros quatrocentos cidadãos de Utah, foram parte de uma campanha nacional orquestrada para dar a impressão de que era um movimento popular. Os alvos da campanha, procuradores-gerais em alguns dos 18 estados que se juntaram ao Departamento de Justiça para processar a Microsoft, descobriram a origem da campanha e estão furiosos.[51]

Não são só empresas que usam a tática do astroturf. Segundo essa reportagem da revista *Ars Tecnica*, a jornalista e pesquisadora Rebecca MacKinnon divulgou em 2010 uma rede de 280 mil pessoas trabalhando por uma única causa, ou um único cliente: o governo chinês.[52] Mas isso é de 2010, e faltou eu dar o aviso que os jornais começaram a dar na pandemia quando uma notícia dizia algo diferente do que tinha sido dito pouco tempo atrás: "este conteúdo é antigo". Quem sabe daqui a dez anos a gente descubra mais um conteúdo antigo sobre o que acontece hoje.

---

50 https://www.poder360.com.br/opiniao/o-sangramento-coletivo-e-a-pobreza-mental-escreve-paula-schmitt/

51 https://www.latimes.com/archives/la-xpm-2001-aug-23-mn-37472-story.html

52 https://arstechnica.com/tech-policy/2010/03/280000-pro-china-astroturfers-are-running-amok-online/

INFORMAÇÃO/PODER

O BOBO DA CORTE E O MEDO

A democracia no Brasil foi assassinada e teve que desembolsar R$ 22,9 milhões para o próprio enterro, como ficou confirmado com a determinação judicial punindo quem questionou a lisura do processo eleitoral.[1] Já a pequena grande imprensa é a carpideira paga para não chorar, uma "*press*-tituta" que obedece sem reclamar. Calada, ela ainda tem que fazer cara de quem gostou, porque se fizer cara feia toma um tapa – e não me refiro ao tipo de tapa que Lula deu na cara de Alexandre de Moraes.[2]

Nunca vi obsequiosidade tão rasteira, nem em animais. Com louváveis exceções[3] devidamente preocupadas com o fim do equilíbrio entre os Poderes e a destruição do pacto federativo, nunca testemunhei um jornalismo tão acovardado, nem quando morei no Oriente Médio, em países que podem ser classificados como ditaduras, teocracias ou monarquias. Mas o acadelamento que se vê aqui vai além da imprensa, e se alastra por todos os poderes, desempoderados por um tribunal de exceção liderado por praticamente um único juiz – o bobo que virou rei na corte mais patética da nossa história.

Menos de seis anos atrás, Gleisi Hoffmann, Randolfe Rodrigues e alunos de Direito da USP entregavam à Comissão de Constituição e Justiça da Câmara um abaixo-assinado com mais de 270 mil assinaturas contra a indicação de Alexandre de Moraes para a Suprema Corte. Eu apoiei aquele repúdio baseando-me apenas em uma única acusação, plágio, uma desonestidade que, se confirmada, é suficiente para subtrair a credibilidade de um juiz.

Mas as acusações contra o então candidato ao Supremo não eram só de plágio e partidarismo. O Partido dos Trabalhadores, em seu site oficial, chegou a acusar Moraes de receber dinheiro de empresa investigada por corrupção, e de ter trabalhado em favor de empresa de transporte associada à organização

1 https://www.poder360.com.br/eleicoes/moraes-rejeita-pedido-para-invalidar-votos-e-multa-pl-em-r-22-milhoes/

2 https://www.youtube.com/watch?v=4o3mcK4QM8E

3 https://twitter.com/EduArtes/status/1613556990382428162?s=20

criminosa PCC, como mostra um artigo da *Revista Oeste*,[4] bem como um artigo da jornalista Eliane Cantanhêde.[5]

O que aconteceu para virada tão drástica? Como chegamos até aqui? Como foi possível que uma Rainha de Copas destrambelhada demais para o mundo de Alice tenha sido normalizada no mundo real? O que fez com que ela fosse aceita pelas mesmas pessoas que há poucos anos não admitiam sequer o crime de citação sem aspas? Como foi possível calar tanta gente da imprensa e dos outros Três Poderes? Por que um abaixo-assinado mereceu mais manchetes do que os milhares de cartazes nas ruas que pediam a queda do ministro, e a volta da supremacia da lei ao STF? Eu tenho uma teoria, e quem vai me ajudar a contá-la é o ministro Luís Roberto Barroso. Fique tranquilo, Excelência, porque eu faço questão de dar crédito a frases que não são minhas.

Em um vídeo postado no YouTube há pouco mais de um ano,[6] Barroso fala coisas que destoam radicalmente do recente "perdeu, mané"[7] que ameaça lhe grudar na pele como molusco à pedra. É quase inacreditável que palavras tão sensatas e honestas, devidamente mortificadas pela desgraça moral e social que é a corrupção, tenham sido ditas pela mesma pessoa daquele TikTok que envergonhou o Brasil.

Barroso diz que a Lava Jato "foi uma operação que revelou um quadro impressionante e assustador de corrupção Norte a Sul, e de Leste a Oeste no Brasil". Para ele, a investigação apresentou:

> [...] um quadro de corrupção estrutural, sistêmica e institucionalizada. Estrutural porque passou a compor a lógica do exercício do poder: compravam-se maiorias políticas com a corrupção, almejavam-se cargos públicos para desvio de dinheiro, e financiava-se a política e o próprio bolso com dinheiro público desviado. Além de estrutural, era uma corrupção sistêmica, porque uma engrenagem alimentava a outra. Não foram falhas individuais ou pequenas

---

4 https://revistaoeste.com/politica/pt-apaga-publicacao-em-que-relaciona-alexandre-de-moraes-ao-pcc/

5 https://www2.senado.leg.br/bdsf/bitstream/handle/id/531639/noticia.html?sequence=3

6 https://www.youtube.com/watch?v=SQzee9AOpkc&feature=youtu.be

7 https://www.poder360.com.br/justica/perdeu-mane-nao-amola-diz-barroso-a-manifestante-nos-eua/

fraquezas humanas – eram esquemas profissionais de arrecadação e de distribuição de dinheiros desviados.

A obra superfaturada irrigava o pagamento do marqueteiro. A propina na obtenção de financiamento público irrigava o caixa 2 da campanha. Tudo lavado em *offshores* não declaradas, em sucessivas camadas de empresas de fachada para disfarçar a corrupção. Em terceiro lugar, uma corrupção institucionalizada porque vinha de dentro das instituições; a corrupção entre nós, já disse aqui, foi um pacto oligárquico celebrado entre parte da classe política, parte da classe empresarial e parte da burocracia estatal para saque do país, por vezes em benefício do partido, e por vezes em benefício próprio mesmo; saque do Estado brasileiro, e em última análise, saque do povo brasileiro.

Criou-se um mundo paralelo de esperteza e desonestidade que naturalizou as coisas erradas no país. Quem se dispuser a ler o livro da Malu Gaspar, *A Organização*, verá a fotografia aterradora de um país que se perdeu na história. Está tudo lá: o PT e os seus próceres; o PSDB e os seus próceres; o PP e os seus próceres; o PMDB e os seus próceres, com os valores das propinas e em muitos casos com os nomes das contas não declaradas em paraísos fiscais. E o livro conta a história de uma corrupção produzida por uma única empresa. Ou seja, é um pequeno fragmento do que ocorreu no Brasil, retrato de um país feio e desonesto.

Faz lembrar uma passagem célebre, conhecida de Rockefeller, de que o melhor negócio do mundo é uma empresa de petróleo bem administrada, e o segundo melhor negócio do mundo é uma empresa de petróleo mal administrada. Pois tal foi a voracidade da corrupção no Brasil que eles conseguiram que a Petrobras desse prejuízo, o que é um fato sem precedente na história. E não há aqui que se falar em nenhum tipo de perseguição [...]. Desmoralização internacional do Brasil. [...] E não se fale em criminalização da política, [porque, nas palavras de Barroso, não é possível] chamar de política o achaque, o suborno e a venda de decisões legislativas [...]. Nós não estamos falando de bandidos assumidos, transgressores vulgares. Estamos falando de gente que se considerava de bem, e que, no entanto, fraudava, corrompia, achacava e lavava dinheiro, como se fosse natural. [...] Nunca sequer pediram desculpas.

Mas a parte em que Barroso nos ajuda a compreender o que pode estar acontecendo, e nos ilumina um pouco sobre a dramática mudança de comportamento de tantas autoridades e jornalistas, é o trecho a seguir. Ele fala como a corrupção escolheu um meio ainda mais corrupto para reagir:

> O meio que escolheu foi o hackeamento criminoso dos celulares de todos os que ousaram enfrentá-la. Um dia se saberá quem bancou essa empreitada criminosa. [...] A partir da invasão criminosa de privacidade, passou-se a vazar a conta-gotas cada fragmento do crime de hackeamento para que os corruptos se apresentassem como vítimas.

E enquanto os culpados se tornavam vítimas, as vítimas se tornavam culpadas.

> Nas conversas privadas, ilicitamente divulgadas, encontraram pecadilhos, fragilidades humanas, maledicências, e num show de hipocrisia, muitos se mostraram horrorizados com aquilo a que indevidamente tiveram acesso, gente cuja reputação não resistiria a meia hora de vazamento de suas conversas privadas.

É fácil ver como o hackeamento de conversas privadas pode produzir o medo e a subserviência, mesmo sem que nenhuma ameaça precise ser feita. Eu escrevi uma série de artigos sobre esse hackeamento que invadiu telefones de mais de mil autoridades, celebridades, influenciadores, jornalistas, juízes e políticos no Brasil. Esse crime ficou conhecido como Vaza Jato,[8] e foi tratado como algo moral e aceitável por muitos jornalistas.

Quando se trata de invasão de privacidade, existe um fato crucial que muitos ignoram. Para pessoas menos astutas, tanto faz ter a privacidade invadida conquanto que você não tenha cometido nenhum ato ilícito. "Quem não deve, não teme", acreditam eles. Mas isso é de uma ingenuidade constrangedora. Ninguém precisa cometer um crime para estar em maus lençóis com exposição da sua privacidade, e exemplos disso são infinitos: um marido que fala para o amigo que acha a cunhada gostosa; um pai que confessa para a esposa que prefere um filho ao outro; uma secretária que reclama para a amiga que seu patrão tem mau hálito – a revelação de qualquer ofensa e aparente deslealdade a alguém que se ame ou se respeite pode destruir uma relação, uma amizade, um casamento, um emprego, uma vida.

---

8 https://www.poder360.com.br/justica/leia-os-dialogos-da-lava-jato-e-conheca-os-trechos-principais/

Um dos "*vazamentos*" da Vaza Jato foi propositalmente omitido da minha série porque era nefasto demais – nefasto em como ele expõe uma pessoa que estava numa espécie de "vestiário digital", falando entre amigos e confidentes, e, portanto, tinha o direito de fazer qualquer comentário, mesmo os de gosto mais duvidoso. Foi esse, supostamente, o caso da juíza Cármen Lúcia, como mostra reportagem da revista *Veja*.[9] A revista cita uma mensagem do hacker para Manuela d'Ávila, do PC do B, mostrando seu poder de destruição e de como aquele material "muda o Brasil hoje": "Eu tenho uma conversa da carmem [sic] [que era para ser imparcial, segundo o princípio do juiz natural] dizendo sobre a norte [morte] do sobrinho do Lula. Fazendo até piada", escreveu o hacker. "E ainda ela disse exatamente assim: quem faz mal para outrem, um dia o mal retorna, e pode ser até no sobrinho." "A Rosa Weber saiu do grupo na hora!."

E o que aconteceu com todo esse material? Segundo reportagem do *Poder360*, uma cópia dele foi parar nas mãos do STF, sob determinação de Alexandre de Moraes.[10] O PDT, por sua vez, entrou na Justiça para proibir a destruição do material. O PDT é hoje o partido do marido de Glenn Greenwald, David Miranda, outrora eleito pelo Psol, legenda que, por sua vez, tem afinidade com o PC do B, partido de Manuela d'Avila, que, segundo a revista *Veja*, foi quem colocou Glenn em contato com o hacker.[11]

Glenn Greenwald deletou mais de 20 mil mensagens de sua autoria do seu perfil no Twitter na ocasião em que começou a conversar com os hackers. Eu consegui descobrir o teor de algumas mensagens. Nos links da nota de rodapé, eu conto um pouco dessa história e de suas intrigantes coincidências.[12]

---

9 https://veja.abril.com.br/brasil/hacker-prometeu-invalidar-lava-jato-e-libertar-lula-com-dialogos-vazados/

10 https://www.poder360.com.br/justica/pf-entrega-ao-stf-copia-de-inquerito-sobre-invasao-de-celulares-de-autoridades/

11 https://www.poder360.com.br/justica/manuela-davila-confirma-ter-posto-hacker-em-contato-com-greenwald-dw/

12 https://www.poder360.com.br/opiniao/vaza-jato-glenn-greenwald-e-uma-coincidencia-intrigante-por-paula-schmitt/; https://www.poder360.com.br/opiniao/vaza-jato-glenn-greenwald-e-uma-coincidencia-intrigante-parte-2-por-paula-schmitt/; https://www.poder360.com.br/opiniao/vaza-jato-glenn-greenwald-e-uma-coincidencia-intrigante-parte-3-por-paula-schmitt/

Também mostro que Greenwald anunciou publicamente que tinha "muito mais Vaza Jato para fazer", com um "material que ainda não reportamos que muito logo vamos reportar" sobre jornalistas e seus veículos de comunicação.[13]

É compreensível que o PDT não queira a destruição daqueles arquivos, porque aquilo vale ouro. Ainda mais quando o material pode ser usado a seu favor – e o foi, inclusive durante as eleições de 2022, como mostra um artigo do UOL.[14]

"Dê-me seis linhas escritas pelo homem mais honesto, e vou encontrar algo com o qual posso enforcá-lo", teria dito o cardeal Richelieu. O que dizer, então, de sete terabytes de conversas privadas, classificados por Barroso como "provas ilícitas"? Para se ter uma ideia da quantidade de conversas roubadas que cabem em sete terabytes, especialistas da universidade de Berkeley, na Califórnia, estimam que todos os livros da Biblioteca Nacional do Congresso em Washington podem ser armazenados em dez terabytes.[15]

Sou autora de um curto livro sobre espionagem publicado no Reino Unido. Fui contatada por editores de São Francisco, nos EUA, porque já cubro o assunto há tempos, e sou a única mulher do mundo a ter entrevistado com exclusividade o chefe do Hezbollah, Hassan Nasrallah, e seus inimigos no Mossad (mais especificamente o ex-chefe do Mossad Shabtai Shavit). Também fui detida pelo Hezbollah em Beirute, no bairro de Dahie, um caso que menciono numa reportagem para a *Rolling Stone*.[16] Só conto isso para dizer que tenho uma certa experiência no assunto e posso afirmar com segurança que o maior tesouro de qualquer agência de espionagem é o *kompromat*.

Kompromat são informações comprometedoras que podem ser usadas para chantagear pessoas poderosas. Esse é, de longe, o recurso mais valioso do mundo, uma *commodity* mais inestimável que o petróleo e o ouro, porque um bom *kompromat* controla até o dono do petróleo e o dono do ouro. No caso da

---

13 https://www.poder360.com.br/opiniao/a-vaza-jato-e-o-sequestro-de-jornalistas-brasileiros-por-paula-schmitt/

14 https://noticias.uol.com.br/politica/ultimas-noticias/2022/01/25/mensagens-lava-jato-ciro-gomes.htm

15 https://www2.sims.berkeley.edu/research/projects/how-much-info/how-much-info.pdf#page=110

16 https://paulaschmitt.blogspot.com/2016/06/minha-materia-sobre-o-libano-na-rolling.html

Vaza Jato, esse material funciona sem que precise ser usado, porque basta ao suposto alvo saber que ele existe – e basta não saber o que está ali sobre o que disse privadamente – para que a pessoa se submeta a um controle que nem precisa ser exercido.

POR QUE VOTEI EM BOLSONARO

Porque eu sou de esquerda.

É isso mesmo que você leu: eu votei no Bolsonaro não *apesar* de ser de esquerda, mas exatamente *porque* sou. Questões que, para mim, sempre foram sagradas – distribuição de renda, reforma agrária, esgoto, acesso dos pobres à cidadania financeira, redução do poder e lucro dos megabancos, publicidade governamental (ou o uso de dinheiro público para comprar apoio na mídia), legalização da *cannabis* medicinal, fim da corrupção aparelhada e sistemática, levar água ao Nordeste, homicídios, diminuição de juros, taxação de dividendos –, *todas* essas questões melhoraram no governo de Bolsonaro, e ainda assim, ele foi alvo da unanimidade mais estapafúrdia entre os tipos mais repulsivos. Eu só vi multidão tão coesa e repelente uma vez antes – no *impeachment* da Dilma, um jogral bem conduzido do qual eu também desconfiei, e contra o qual me posicionei publicamente.

Já se sabe há tempos que a unanimidade é burra, mas ela só é burra na base que sustenta a pirâmide. No topo, entre as elites, a unanimidade é sempre muito astuta. Votei contra a chapa Lula-Alckmin porque ela não é apenas uma representante do *establishment* – ela é a materialização do maior conluio corporatocrata já visto numa campanha política.

A coisa é tão surreal que parece comédia. A elite toda esteve com Lula, em todos os níveis do Consenso Inc. – o cartel não oficial, mas extremamente síncrono entre empresas, mídia, acadêmicos, especialistas, artistas e *influencers* que se manifestaram a favor das mesmas coisas, frequentemente da mesma maneira, às vezes com as mesmas palavras, e sempre ao mesmo tempo, dominando o discurso político e a agenda midiática.

Muitos acreditam que esse seja o *crap-de-la-crap* do *establishment* esquerdista, mas esse grupo não é de esquerda. E nem *The Economist* é esquerdista. Apesar do apelido dado por direitistas à revista (*The Ecommunist*), ela é um dos mais antigos representantes do grande capital.

O que estamos vendo não é esquerda nem direita, mas um aglutinado que conseguiu unir o pior dos dois extremos: de um lado, um capitalismo sem limite que permitiu a poucas empresas ter mais poder do que vários países e exércitos, eliminando a mera possibilidade de concorrência e assim interditando o livre mercado; do outro lado, um estatismo que sustenta esse monopólio e por ele é sustentado e mantido no poder.

A "esquerda" que tomou conta do Brasil é formada por formadores de opinião. Esses espalhadores de dogma, preconceito e condenação moral estão bem abaixo do topo da pirâmide, mas ganham *mucho diñero*, favores e pertencimento para convencer quem está ainda mais abaixo a prestar atenção apenas ao que não ameaça quem está acima. Essas celebridades vendem convicção política como quem faz anúncio de presunto, e professam sua preferência com a mesma desfaçatez. Elas só conhecem a favela por clipes de música, e só veem a pobreza quando a gravação do programa é feita no local.

Essa esquerda é como uma fita de Möbius da lógica política, porque ela se faz de pobre por dinheiro. E ela foi sintetizada com perfeição nesse gráfico do TSE em que o jornal *Nexo* mostra "os maiores doadores das eleições de 2022" até 12 de setembro.

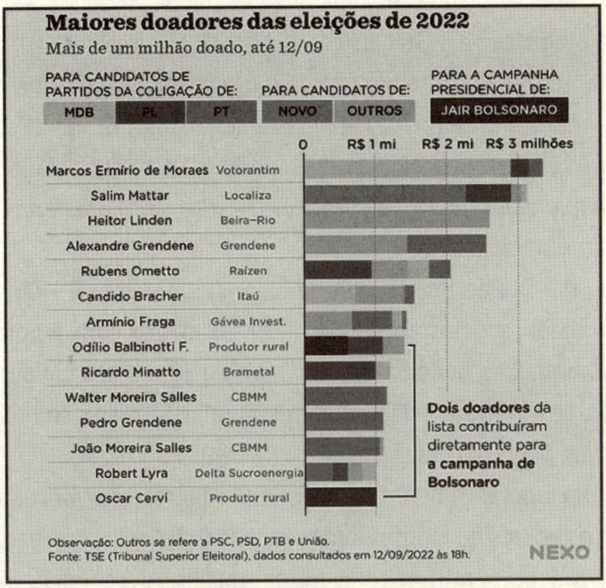

Quem recebeu a maior "doação" dos grandes banqueiros foram PT e PSOL, mas não condeno esses bilionários.[17] Se eu fosse eles, também "doaria" para quem tem mais probabilidade de retribuir a gentileza.

A implementação do Pix, por si só, já seria razão para Bolsonaro merecer o ódio dos banqueiros. Como conta a CNN, só em 2021 o Pix retirou em receita R$ 1,5 bilhão dos maiores bancos do Brasil.[18] Não suponho que esses bancos estejam sofrendo no governo Bolsonaro, mas certamente não ganharam tanto como na piada mais triste da tragicomédia brasileira: aquela em que o então presidente Lula "cancela" a dívida do Brasil com o FMI e a transfere para bancos nacionais que cobram juros muito mais altos, aumentando nosso débito, em vez de diminuí-lo.

"A dívida que era externa passou a ser interna, com a diferença de que os juros passaram da casa dos 4% para a casa dos 19%", diz Maria Lucia Fattorelli,[19] economista e ex-auditora da Receita Federal que criou a ONG Auditoria Cidadã e

17 https://www.poder360.com.br/partidos-politicos/rubens-ometto-da-cosan-e-quem-mais-doou-a-campanhas-em-2022/

18 https://www.cnnbrasil.com.br/economia/pix-tira-r-15-bi-de-grandes-bancos-em-2021/

19 https://auditoriacidada.org.br/conteudo/deixamos-de-dever-ao-fmi-para-dever-aos-bancos/

é respeitada o suficiente para ser consultora oficial de governos de países endividados, como o Equador e a Grécia.[20]

Foi fácil "repaginar" essa história para um povo que consome política como publicidade – em *spots* de no máximo trinta segundos. Em vez de ser reconhecido como alguém que renegociou a dívida do Brasil para cima, Lula virou *o anti-imperialista que quitou a dívida com o FMI e libertou o Brasil das amarras dos banqueiros internacionais.*

Não foi só o Pix de Bolsonaro que empoderou o pobre. Houve algo ainda mais transformador e sem precedente num dos países com a burocracia mais kafkiana do mundo: da noite para o dia, mais de 11 milhões de pessoas, até então invisíveis, se tornaram cidadãos com a regularização do seu CPF, feita para que recebessem o auxílio emergencial de R$ 600.

Não tenho esperança nenhuma de que a esquerda *gourmet* entenda como a vida de pessoas pobres ficou infinitamente mais fácil depois que passaram a ter o poder de pagar e receber dinheiro de forma simples. A esquerda capaz de entender isso já morreu ou trocou seus valores por trinta moedas. Poucos acadêmicos no Brasil têm a coragem – e a abnegação material – de tratar desse assunto, como faz o antropólogo Diogo Oliveira em entrevista ao *Programa 45 Minutos* da Rádio Norte.[21]

Grande parte dos "intelectuais" é paga para não pensar, não ver, não falar.[22] Mas existem aqueles que se abstêm dessas atividades de graça mesmo, sem qualquer benefício tangível. Por isso os influenciadores da pirâmide do consenso são tão importantes[23] – porque essa minoria faz por dinheiro o que uma maioria vai repetir gratuitamente, sem incentivo nenhum. Essas pessoas obedecem a ditames políticos da mesma forma que escolhem sua roupa – achando lindo o que seus superiores decretam ser bonito.[24]

---

20 https://g1.globo.com/economia/noticia/2015/08/brasileira-convidada-investigar-divida-grega-diz-que-ela-e-ilegitima.html

21 https://www.youtube.com/watch?v=bBzxayjF8G0

22 https://www.poder360.com.br/opiniao/a-unanimidade-inocente-e-a-orquestra-afinada-escreve-paula-schmitt/

23 https://www.poder360.com.br/opiniao/o-controle-da-maioria-a-censura-e-o-script-obrigatorio-escreve-paula-schmitt/

24 https://www.poder360.com.br/opiniao/a-obediencia-contagiante-e-a-blusinha-que-mais-sai/

Em outras palavras, não exijo muito da pessoa que exige ser tratada por "elu" e "todes". Acho quase impossível que ela consiga entender a magnitude do verdadeiro empoderamento de um *zé ninguém* que virou *alguém* ao ter documentos que comprovam sua existência. Claro que o Elu poderia se preocupar com o Zé Ninguém tanto como se preocupa com pronomes, mas isso nunca vai acontecer. Primeiro, porque a Atenção e o Tempo são recursos finitos, limitados – se você olha para um lado, deixa de estar olhando para outro.

Mas existe uma razão que aumenta ainda mais a distância entre Elu e Zé Ninguém: o Zé passou por uma reclassificação obrigatória e foi compulsoriamente arrancado da categoria de "pobre" (o que lhe conferia alguma empatia) para ser rebaixado à condição de macho branco hétero (o que lhe garante o ódio). Zé é o *intocável* no novo sistema de castas da esquerda, e se votou em Bolsonaro passou também a ser fascista e ser finalmente eternizado como não-pessoa.

Como pobre, Zé Ninguém carecia de culpa; como macho, branco e hétero, Zé já nasce com ela. Essa crença é poderosa e virou uma religião tão tirânica quanto os cultos mais fanáticos. Só que o identitarismo é mais perigoso do que as religiões mais tirânicas, porque ele é uma religião de fato, mas não em nome, e assim pode ser implantada por um Estado que deveria ser laico. A separação entre Estado e Igreja é crucial porque o governo – um poder físico, exercido sobre o corpo material – passa a ser uma potência avassaladora quando ultrapassa o mundo tangível e exerce controle sobre valores morais, éticos, filosóficos e espirituais, invadindo os recônditos mais interiores de um ser humano outrora livre.

Esse fanatismo laico foi adotado no mundo inteiro pela nova esquerda, mas ele é financiado no mundo inteiro pelo velho capital. É fascinante observar como isso não é observado por pessoas que costumavam parecer inteligentes. O ceticismo que lhes estufa o peito é o mais crédulo de todos, porque jamais questiona o que é sancionado pela elite.

Desde adolescente eu já suspeitava que a confissão na Igreja Católica provavelmente existiu para acumular *kompromat* e ter poder sobre pessoas poderosas. E durante meu mestrado no Oriente Médio, discuti com pessoas de mente aberta a minha teoria de que as cinco orações muçulmanas provavelmente serviram como estratégia militar, assegurando ao invasor o conhecimento antecipado da localização da maioria dos homens da vila ou tribo, em horários específicos e sabendo com exatidão para que lado os adversários estariam voltados.

A religião do identitarismo tem o mesmo propósito de controle, mas não tem nenhum dos benefícios espirituais e metafísicos das crenças que dão alento e paz. Ao contrário. E ela é mais insidiosa, porque funciona da forma mais econômica, remota e eficaz: ela comanda o indivíduo por dentro. Esse fanatismo identitário está causando estrago, e foi usado para humilhar duas jornalistas brasileiras,[25] que aceitaram sua punição da forma mais vergonhosa possível: ajoelhando no milho em frente às câmeras e pedindo desculpas por pecar, numa cena reminiscente das sessões de autoenvergonhamento na China maoísta.[26]

Para influenciadores que compram suas preocupações sociais nas melhores lojas, e para os influenciados que aspiram ao mesmo posto, empoderamento é tudo aquilo que não ameaça o poder de nenhum poderoso – mas ameaça de forma velada e permanente todas as outras pessoas. Todo mundo é inimigo de todo mundo, e as letrinhas vão ter razões infinitas para brigar eternamente: L contra G, B contra T e por aí vai até acabar o alfabeto. Isso não é um efeito colateral – o propósito do identitarismo é exatamente esse. Quem estuda história sabe que o truque mais antigo para garantir a segurança do rei é manter os súditos brigando entre si. E Lula sempre soube disso, e usou a técnica com primazia atiçando negro contra loiro de olho azul, nordestino contra sulista. Mas o identitarismo tem outras vantagens, e uma delas é enriquecer os mesmos de sempre.

A "pobreza menstrual" é um ótimo exemplo de como o Consenso Inc. consegue criar um problema e depois magicamente oferece uma solução que fortuitamente lhe garante milhões em dinheiro público. Não é por acaso que a compra estatal de absorventes foi defendida de forma tão imediata por "jornalistas", "especialistas", celebridades, políticos. Quando o maestro é Mamon, os músicos tocam afinados sem precisar de partitura.

No artigo "O sangramento coletivo e a pobreza mental",[27] eu mostro como uma jornalista – alguém que deveria estar questionando o poder – cita pesquisa de uma ONG financiada pelos próprios fabricantes de absorventes como evidência de que a pobreza menstrual é um dos maiores problemas do país. Essa pessoa também tenta sugerir que eu sou uma decepção para as mulheres (snif snif) por

---

25 https://www.poder360.com.br/opiniao/a-pureza-ideologica-e-a-morte-da-razao/

26 https://www.poder360.com.br/opiniao/o-antirracismo-e-a-lei-dos-piores-por-paula-schmitt/

27 https://www.poder360.com.br/opiniao/o-sangramento-coletivo-e-a-pobreza-mental-escreve-paula-schmitt/

não apoiar um projeto tão lindo. O identitarismo é assim: ele tem mil e uma utilidades, e o enriquecimento do topo da pirâmide é apenas uma delas.

A esquerda de Lula e a corporatocracia se tornaram inseparáveis no *capitalismo de Estado*, o sistema que une o pior do capitalismo com o pior do comunismo. Um exemplo que deixa esse esquema bem claro são os remédios que supostamente ajudam a prevenir a aids, mas são tão ineficazes que obrigam o usuário a continuar se protegendo com camisinha. Parece até coisa de vacina que não previne o contágio e que, quanto menos funciona, mais vende.

Veja como a coisa acontece: nos Estados Unidos, suposta "meca do capitalismo" onde "não existe almoço grátis", nos últimos anos o governo pagou cerca de dois mil dólares por mês por todo usuário que quisesse tomar o PreP até o fim da vida sexual. Esse remédio – que coincidentemente também não promete evitar o contágio – pode ter tantos efeitos colaterais perigosos que criou uma outra indústria, porque usuários do PreP são obrigados a medir sua creatina e outros marcadores de saúde todos os meses, sem falta, até o fim da vida sexual. Eu falo sobre esse esquema no artigo "A galinha dos ovos de aids".

Nas palavras do próprio fabricante, o Truvada "pode ajudar a diminuir as chances de se infectar pelo HIV". É frase para advogado nenhum botar defeito, porque a empresa não faz promessa nenhuma. Um remédio de eficácia tão dúbia só consegue fazer dinheiro deste jeito: sendo comprado no atacado pelo governo, o atravessador que pega o dinheiro de milhões de pagadores de impostos e o transfere para uma minoria bem pequena e amiga.

É por isso que o sociocapitalismo não quer distribuir dinheiro para os pobres – ele quer distribuir serviços, remédios, "vacinas", absorventes higiênicos. Quando se dá dinheiro direto na mão do pobre, esse capital é redistribuído de forma orgânica, local, ajudando os pequenos negócios na rua do beneficiário, que vai comprar seus produtos na vendinha da esquina, na loja do bairro. Isso é a verdadeira distribuição de renda, e de fato favorece o verdadeiro livre mercado, sem favorecer os amigos do rei.

Mas os líderes da nova esquerda não querem isso. Eles preferem agir como representante comercial, porque assim ganham uma comissão e em troca ajudam os monopólios, que lhes ajudarão a continuar no poder numa eterna escada de Escher, onde finalmente é legalizada a união civil de dois inimigos que vêm dormindo na mesma cama desde sempre.

Eu levei muito tempo para descobrir que as maiores promessas do PT – exatamente aquelas que conquistaram meu voto – não passavam de um sanduíche de mortadela que o partido prometeu, sabendo que não tinha nenhuma intenção de cumprir. Notem, por exemplo, o caso da reforma agrária. Como conta a revista *Veja*,[28] Bolsonaro entregou 400 mil títulos de propriedade rural a sem-terras em quatro anos, contra 265 mil títulos em todos os anos dos governos Lula e Dilma.

O desmatamento também foi "maior nos governos FHC e Lula", segundo artigo da *Veja* baseado em dados do Inpe.[29] Mas outras traições de princípios foram particularmente chocantes para mim, como o fato de que foi no governo Lula que a Monsanto foi autorizada – por decreto presidencial – a finalmente entrar no Brasil. Como contou a revista *The Economist* em 2003, Lula por sorte estava viajando e "sobrou para o pobre [vice-presidente José] Alencar a desagradável tarefa de assinar um decreto que pela primeira vez permitiu o plantio de culturas geneticamente modificadas no Brasil".[30]

Antes de eu continuar, permita-me deixar claro que não tenho o menor temor em ser odiada por agricultores bolsonaristas por criticar culturas geneticamente modificadas. Para mim, a Monsanto é a empresa mais putrefata da história, mais ainda que a própria Bayer, que a comprou.[31] *Full disclosure*: eu menciono a Bayer (outrora parte da IG Farben, fabricante do Zyklon B)[32] em artigo sobre como a empresa exportou para vários países (inclusive o Brasil) plasma sanguíneo que sabia estar contaminado com o HIV.[33] Deixo no link da nota de rodapé, para os curiosos, a resposta da Bayer ao meu artigo.[34]

---

28 https://veja.abril.com.br/coluna/radar/governo-bolsonaro-supera-400-mil-documentos-de-titulacao-para-assentados/

29 https://veja.abril.com.br/brasil/desmatamento-na-amazonia-foi-maior-nos-governos-fhc-e-lula/

30 https://archive.is/elLJ2

31 https://www.poder360.com.br/economia/bayer-conclui-compra-e-extingue-marca-da-monsanto/

32 https://ahrp.org/auschwitz60-year-anniversary-the-role-of-ig-farben-bayer/

33 https://www.poder360.com.br/opiniao/o-remedio-que-prevenia-as-mortes-por-hemofilia-mas-nao-do-jeito-que-voce-pensa-escreve-paula-schmitt/

34 https://www.poder360.com.br/midia/bayer-envia-nota-sobre-artigo-de-paula-schmitt/

Entendo que o leitor que chegou até aqui talvez queira saber onde me localizo no espectro político para entender melhor meu voto. Mas não sou especialista em rótulos, e nunca tive qualquer compulsão em me definir. Jamais encontrei ideologia, filosofia ou religião com a qual eu concordasse totalmente, e ainda não foi inventado um grupo ao qual eu queira pertencer. Às vezes eu discordo até de mim, mas mesmo nos maiores duelos socráticos com o espelho, nunca fui capaz de me refutar nisto aqui: *Mostre-me uma pessoa que concorda 100% com outra, e eu lhe mostro um idiota.* Mas se servir de referência, o último teste ideológico que eu fiz[35] (aqueles questionários na internet em que as respostas indicam a inclinação política), fui colocada no quadrante esquerdo da parte inferior: libertária de esquerda.

Sou a favor da legalização da maconha e da diminuição da idade de responsabilidade penal; sou contra a saidinha dos presos e contra a retirada da câmera nos uniformes dos policiais; sou a favor do SUS e contra a obrigatoriedade de injeção de vacina que não imuniza; sou a favor da pena cumulativa (quanto mais crimes, maior a pena), mas sou contra a pena máxima, inclusive a pena de morte (jamais vou aceitar que o Estado tenha o poder de decidir quem morre e quem vive; e jamais vou aceitar que esse Estado – feito de seres humanos falíveis – tenha o direito supra-humano de condenar de forma irreversível).

Por falar em segurança pública, tenho uma história que nos permite observar o vácuo cerebral necessário para a adoção de uma medida nas prisões com base puramente identitária. É sobre uma vez que Marcelo Freixo, do Psol, anunciou nas redes, com a costumeira fanfarronada, que iria acabar com a "revista íntima" das mulheres que visitavam os presos. Para Frouxo, era humilhante que as mulheres tivessem que se despir e agachar para que fosse verificado que não estavam entrando na prisão com celular, drogas ou armas. Freixo deve ter lido meu trabalho de fim de curso contando o que vi nos meus dois dias no Carandiru onde falo da revista íntima.[36]

Pois bem, se essa esquerda fosse inteligente, e praticasse a dialética mais básica, Freixo teria percebido a estupidez mastodôntica da sua ideia e daquele

35 https://www.politicalcompass.org/test

36 https://paulaschmitt.medium.com/carandiru-uma-viagem-8e11280f355c

identitarismo performático. Aqui vai o que Freixo deixou passar batido, até eu avisá-lo no Twitter: com o fim da revista íntima, as maiores vítimas dessa ideia apalermada seriam as mulheres dos presos, que passariam a ser obrigadas a entrar com tudo que o presidiário lhe pedisse, já que elas não teriam mais a revista íntima como justificativa para não cumprir a missão.

Com um raciocínio digno de um cérebro cimentado de supostas boas intenções, Freixo ia tirar de todas as mulheres a única desculpa aceitável para não entrar com objetos ilegais na prisão e não serem, assim, punidas pelos parceiros. (P. S.: Meus tweets explicando isso para Freixo foram respondidos com um *block*. Curiosamente, também fui bloqueada exatamente pelo cara que, se isso fosse um filme, seria o irmão gêmeo do Freixo num universo paralelo: Flavio Bolsonaro.)

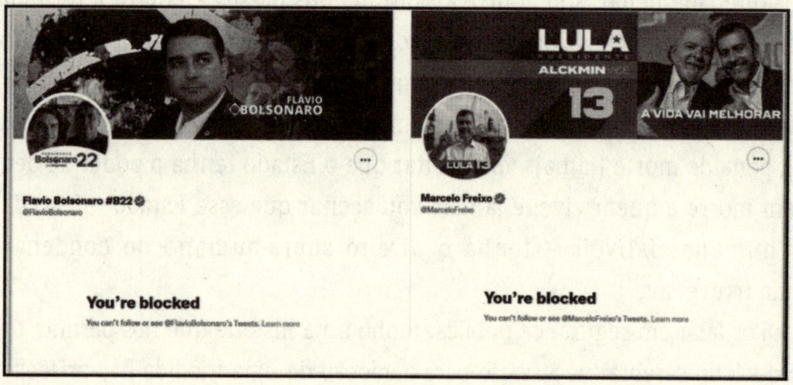

Voltando ao decreto que permitiu a entrada da Monsanto no Brasil, a própria *Economist* admite que o Brasil tinha, em 2003, uma produção de soja invejável, com ótimas chances de competição no mercado europeu, onde grande parte dos países recusa produtos geneticamente modificados. Essa era uma vantagem da agricultura exportadora brasileira, já que nossos maiores concorrentes eram os EUA, onde “80% da soja é geneticamente modificada, e a Argentina, onde quase toda a produção é”. Agora, infelizmente, não temos mais essa vantagem competitiva.

A BBC também fala da decepção de ecologistas com a traição do PT em sua promessa de proteger o cultivo de plantas naturais, aquelas que Deus ou a natureza nos deu igualmente a todos, e que agora são patenteadas, propriedades de monopólios privados.[37] Aliás, pausa para um comunicado importante: assistam ao filme *Percy vs Goliath*.

Por falar em soja geneticamente modificada, vale lembrar que um dos maiores produtores do mundo, Blairo Maggi, apoiou a candidatura de Lula.[38] Eu também apoiaria se tivesse sido levada a Cuba em visita oficial do então presidente do Brasil. E também apoiaria depois daquela liberação do geneticamente modificado. Lembra o que falei do capitalismo de Estado que favorece grandes monopólios e ajuda a eliminar os pequenos da competição? Pois é. Vale ler artigo da *Exame* sobre a produtiva viagem.[39]

Eu poderia passar horas explicando por que me arrependo de ter votado algumas vezes em Lula e no PT. As razões são muitas. Em um artigo para a *Folha de S.Paulo*, por exemplo, o jornalista Rubens Valente conta que o governo do PT "tornou secretos os documentos que tratam de financiamentos do Brasil aos governos de Cuba e Angola".[40] Nós, que pagamos por esses financiamentos, vamos ter que esperar até 2027 para saber como nosso dinheiro foi gasto.

O *G1* disse em 2010 que dados oficiais do IBGE mostravam que 65,5 milhões de brasileiros não tinham alimento suficiente, o que correspondia, na época, a 34,2% da população.[41] Eu até gosto da promessa de picanha com cerveja, mas se o PT não conseguiu garantir nem a comida essencial naquela época, por que garantiria agora, quando vai ter que pagar pelo apoio de tantos inimigos, recompensar tantos conchavos espúrios, premiar antigos adversários pelo recente juramento de amor?

Por falar em inimigos, aqui está mais outra razão pela qual votei no Bolsonaro: a associação de Lula com tantas pessoas que o odeiam e são odiadas por ele, gente que o chamou de ladrão, criminoso, canalha, bandido. Não tenho como acreditar que uma coalizão com tanto ódio e desprezo mútuo seja algo saudável, produtivo, conducente a um governo eficiente e honesto. Algumas

---

37 http://news.bbc.co.uk/1/hi/world/americas/3748230.stm

38 https://www.poder360.com.br/eleicoes/lula-busca-conquistar-agronegocio-pelo-topo/

39 https://exame.com/brasil/lula-leva-maggi-a-cuba-para-aconselhar-castro-sobre-soja/

40 https://www1.folha.uol.com.br/paywall/adblock.shtml?origin=after&url=https://m.folha.uol.com.br/poder/2013/04/1259471-brasil-coloca-sob-sigilo-apoio-financeiro-a-cuba-e-a-angola.shtml?loggedpaywall

41 https://g1.globo.com/brasil/noticia/2010/11/655-milhoes-de-brasileiros-nao-tem-alimentos-suficientes-segundo-ibge.html

declarações de antigos inimigos de Lula são tão duras e chocantes que prefiro não imaginar o que causou transformação tão radical. Deixo no link da nota de rodapé, em favor de uma história que vem sendo sistematicamente reescrita, editada ou simplesmente apagada, uma coletânea de frases do influenciador Felipe Neto sobre seu candidato.[42]

O próprio vice de Lula, Geraldo Alckmin, do PSDB ao qual eu me filiei pelas mãos de Mario Covas, foi chamado pelo PT de "ladrão de merenda", enquanto Alckmin disse que Lula seria candidato para poder "voltar à cena do crime".[43] No site oficial do Partido dos Trabalhadores, ainda é possível ver o que o PT falava de Alckmin e da "máfia da merenda".[44] É impossível saber disso tudo e não imaginar que os dois lados provavelmente sempre tiveram razão, e finalmente deixaram as desavenças de lado para aperfeiçoar suas técnicas e melhorar seus resultados.

A estranha mancomunação entre o "criminoso" e o "ladrão de merenda" é o tipo de problema que se resolve em si mesmo, porque isso é uma verdade autoevidente, um axioma inegável que contém em si a acusação e a admissão, e encerra todas as dúvidas na sua verificação mútua. Não é preciso qualquer elucubração – Lula já foi descrito por Alckmin, e Alckmin já foi definido por Lula, e ambos estão juntos, de mãos dadas, confirmando a veracidade um do outro.

Entre minhas infinitas razões para não ter votado em Lula, as mais relevantes foram também aquelas que não precisam de verificação alguma, porque me foram dadas pelo candidato com suas próprias palavras. Não estou me referindo a quando Lula disse que Pelotas é "polo exportador de viado",[45] nem quando ele afirmou que a ideia de banheiro unissex "só pode ter saído da cabeça de Satanás",[46] muito menos quando Lula fez uma lista de coisas que considera *fake news* e "absurdas", em que incluiu quem "nasceu mulher e depois virou homem" junto com as afirmações "vaca voa" e "cavalo tem chifre".[47]

42 https://gettr.com/post/p1vnxujd976

43 https://www.poder360.com.br/partidos-politicos/lula-quer-voltar-a-cena-do-crime-diz-alckmin-ao-assumir-presidencia-do-psdb/

44 https://pt.org.br/tag/mafia-da-merenda/

45 https://gettr.com/post/p1vodln1be5

46 https://www.youtube.com/watch?v=6009rTg1puc%22

47 https://gettr.com/post/p1vnmag02b1

Nada disso me interessa, nem para ser usado contra aquele que eu desprezo. Deixo esse tipo de *arjumento* para as pessoas de mente mais simplória, que precisam se ater à forma, porque não têm profundidade para examinar a substância. Se fosse para competir na seara das palavras, mesmo no que trata de homossexualidade, até nesse quesito meu voto foi para Bolsonaro. Com convicção.

Um vídeo bastante contundente, obliterado da realidade porque desmente a propaganda que hoje se traveste de jornalismo, mostra o "genocida fascista" pedindo permissão para fazer um aparte ao então integrante do Congresso Nacional assumidamente gay, Clodovil.[48] Bolsonaro explica que está fazendo o aparte em sinal de respeito, porque muitos colegas de Clodovil no Congresso se recusariam a debater com ele por "preconceito". Para Bolsonaro, o homossexual Clodovil merecia, sim, ser enaltecido por ser "honesto", e porque sua "pureza se assemelha à de crianças". Vale a pena ver o vídeo e entender como estamos vivendo numa câmara de privação sensorial construída por um consenso midiático homogêneo e extremamente desonesto.

Preciso terminar este calhamaço, então deixo aqui frases que explicam as duas maiores razões para eu nunca mais cometer o erro de votar em Lula, ou no PT. Em um vídeo, Lula diz que quem não se vacinar com a "vacina" da covid será proibido de ter uma vida normal:[49] "Você não vai poder ir para lugares públicos", "você não vai poder estar com gente", "você não pode visitar parente", "você não pode receber sua mãe, você não pode receber seu filho, você não pode receber seu neto". Imagine um capitalismo de Estado em que o governo não só compra com meu dinheiro produtos que eu não preciso usar, mas ainda usa a sua força e a privação da minha liberdade para me obrigar a usá-los. O que aconteceu com "meu corpo, minhas regras"? Ora, o de sempre: isso nunca foi pra valer, era só um slogan. Para essa esquerda, o aborto é sobre o corpo da mulher – mesmo em se tratando de uma segunda vida, individual, que não escolheu nascer e está ali por causa de quem a fez; mas quando se trata de obrigar uma vacina que não garante a proteção do vacinado nem o impede de contaminar, essa esquerda de obsequiosidade bovina acha que devemos conceder ao Estado o poder de usurpar nossa liberdade.

---

48 https://gettr.com/post/p1vnpdx53a3

49 https://gettr.com/post/p1vnouf931d

Esse povo passivo me dá mais medo do que um povo revolucionário, porque ele aceita coisas que ferem até princípios genuínos, aqueles que eles de fato possuem. Um exemplo é a escravidão. Não conheço uma só pessoa que a defenda, creio que nem no seu íntimo. Ainda assim, um povo inteiro foi feito cúmplice no que é, para mim, o maior ato de escravidão já cometido em solo brasileiro desde a abolição – o envio pelo governo de Cuba de médicos[50] sob sua tutela e controle, proibidos do livre ir e vir, e tendo que dar a maior parte do seu salário (pago pelo cidadão brasileiro) para a ditadura Cubana, como faria com um cafetão.

A engenharia financeira aí é obviamente prejudicial ao pagador de imposto brasileiro, mas acima de tudo, ela é sórdida. O povo brasileiro pagou um salário alto por cada médico, mas recebeu em troca um médico "que vale menos", coagido a fazer muito por pouco, e dar a maior parte do seu salário para seu dono, uma ditadura, que por tabela, portanto, passa a ser financiada pelo pagador de impostos brasileiro. Raramente vi uma história tão funesta, e uma imoralidade tão injustificada.

O outro vídeo mostra Lula prometendo que vai regular a mídia, com ameaças ao Whatsapp e várias menções ao controle da internet.[51] É fascinante ver essa promessa vinda de quem foi tão eficiente em controlar a mídia com o meu dinheiro, pagando milhões pela parcialidade da imprensa, digo, pela publicidade na imprensa. Veja a diferença gigantesca entre o que Lula e Bolsonaro gastaram (investiram) com a mídia, e entendam como é construído o consenso a favor, e o consenso contra: "Grupo Globo recebeu R$ 10,2 bilhões em publicidade federal de 2000 a 2016."[52] Até ler esse artigo, eu não fazia ideia que meus impostos estavam sendo tão cruciais no pagamento dos condomínios daquelas lindas coberturas na Lagoa ocupadas por atores globais. Esse total em dezessete anos dá um gasto médio de R$ 600 milhões por ano.

Compare isso com Bolsonaro. Na reportagem em que a revista *Veja* conta que em 2021 a Globo "voltou a ser a número um em propaganda oficial,", o governo Bolsonaro pagou à emissora um total de R$ 65 milhões.[53] Para finalmente

---

50 https://istoe.com.br/as-atrocidades-do-mais-medicos/

51 https://gettr.com/post/p1voo5m14c2

52 https://www.poder360.com.br/eleicoes/grupo-globo-recebeu-r-102-bilhoes-em-publicidade-federal-de-2000-a-2016/

53 https://veja.abril.com.br/coluna/maquiavel/globo-voltou-a-ser-a-numero-um-em-propaganda-oficial-no-governo-bolsonaro/amp/

terminar, existe uma razão maior, uma causa suprema contra a qual não existe argumento que pudesse me dissuadir de ter votado em Bolsonaro. É este aqui: eu só voto em presidente que eu possa criticar.

A OBSOLESCÊNCIA PROGRAMADA, O NEGÓCIO SUSTENTÁVEL E A VACINA DOS OVOS DE OURO

Existe uma lâmpada que está acesa há mais de 115 anos. Raramente desligada, a "lâmpada centenária" está no *Guinness World Records*. O que é mais interessante, contudo, é que a durabilidade dessa lâmpada não é resultado de uma anomalia, ou um golpe de sorte – ela foi projetada exatamente para durar por décadas.

Quem a inventou foi Adolphe Chaillet, e quem a fabricou foi a empresa Shelby Electric, de Ohio. Até que um belo dia os grandes produtores de lâmpadas decidiram que a durabilidade daquele produto ia contra seus interesses comerciais. Seria muito mais lucrativo, eles concluíram, se a lâmpada durasse pouco e precisasse ser substituída com maior frequência. Então a empresa Shelby foi comprada pela General Electric, que se uniu a outras empresas "concorrentes", como a Philips e a Osram, e em 1924, esse grupo de supostos inimigos comerciais criou o cartel Phoebus, na Suíça. Uma das primeiras decisões do cartel foi impor um limite para a durabilidade da lâmpada incandescente. Segundo reportagem da *New Yorker*, o Phoebus foi o "primeiro cartel de alcance mundial", e criou um dos primeiros exemplos do que hoje se conhece como obsolescência programada – a maneira como produtos são projetados para não durar.[54]

"O objetivo explícito do cartel era reduzir o tempo de vida das lâmpadas para aumentar as vendas", disse à *New Yorker* Markus Krajewski, professor de estudos

54 https://www.newyorker.com/business/currency/the-l-e-d-quandary-why-theres-no-such-thing-as-built-to-last

da mídia na Universidade de Basel, na Suíça. O motivo foi essencialmente "econômico, não físico". Hoje, a lâmpada elétrica é uma máquina de fazer dinheiro, um produto com alcance impensável, usado em praticamente todos os ambientes de todas as casas e apartamentos de todas as cidades de todos os países em todo o mundo minimamente industrializado. Não obstante essa onipresença, os fabricantes não estão satisfeitos em vender seu produto apenas uma vez a esses bilhões de consumidores potenciais. Para que pensar pequeno? A intenção é vender para bilhões de pessoas bilhões de vezes. Segundo estimativa da mesma *New Yorker*, se você acender uma lâmpada incandescente no dia 1º de janeiro e não desligar, ela "provavelmente vai se apagar por volta do dia 12 de fevereiro". Faça como Renata Sorrah no meme da álgebra e tente entender a enormidade disso.

Este foi apenas um preâmbulo para falar de um culto assustador que está tomando conta do mundo e destruindo mentes outrora bastante inteligentes. Esse culto é muito mais perigoso do que o Q-Anon – um grupo de conspiracionistas que eu conheço bem, e sobre o qual já escrevi ao menos seis artigos para o *Poder360*.

Recomendo a leitura desses artigos porque até mesmo eu, que os escrevi, acho que são bons, e ajudam na identificação de truques de lógica que fazem pessoas aparentemente inteligentes ser enganadas com bastante facilidade. Mas o culto do qual vou falar agora tem uma teoria conspiratória muito mais perigosa, muito mais alastrada, e muito mais difícil de refutar, porque esse culto conta com o apoio de pessoas socialmente aceitas que se beneficiam dele diretamente.

O dogma principal dessa seita é a teoria conspiratória mais terraplanista que eu já encontrei na vida – a de que a indústria farmacêutica prefere curar do que tratar. Pessoas que compartilham dessa fé acreditam numa série de outras ideias sem nenhuma comprovação científica, nem qualquer estudo revisado por pares. Para ajudar o leitor a identificar esses negacionistas e evitar o contágio, vai aqui uma lista dessas crendices:

- A crença de que revistas científicas só têm a ciência e o bem da humanidade como motivação, e que jamais trabalham para favorecer governos, empresas, financiadores, amigos;
- A crença de que o sistema de *peer-review*, ou revisão de pares, é imprescindível, definitivo e infalível contra todo tipo de corrupção, coleguismo, vício lógico e troca de favores. Eles acreditam também que é pura invenção que exista o conhecido "trem da alegria"

(a prática de incluir em trabalhos acadêmicos o nome de colegas que nunca participaram do projeto);

- A crença de que autoproclamados filantropos bilionários, como Bill Gates – que aprenderam a disfarçar investimentos sob a fantasia da caridade –, têm o objetivo maior de salvar vidas abnegadamente, e não a maximização dos lucros;
- A crença de que governos são formados por pessoas superiores, de impecável retitude moral, e que esses humanos com cargos em agências reguladoras ou com poder decisório e legislativo jamais trabalhariam em favor de financiadores de campanha, parceiros de mercados, parentes e empresas específicas que os premiem pela ajuda legislativa ou burocrática;
- A crença de que cientistas, médicos e jornalistas são imunes ao poder financeiro e trabalham desinteressadamente pela verdade;
- A crença de que a verdade é aquilo que for defendido pela maioria mais famosa em cada um dos grupos mencionados no item 5, e mais ainda se essa verdade for defendida pela maioria desses três grupos juntos. Essas pessoas acreditam que tempo na TV equivale à verdade, e quanto mais tempo, mais verdadeira a versão se torna.

Seguidores dessa seita acreditam nos itens anteriores mesmo hoje sabendo que:

- o motivo da guerra do Iraque foi completamente fabricado e defendido por políticos, jornalistas e especialistas do mundo inteiro (ainda que umas poucas pessoas bastante respeitáveis refutassem essa teoria na época);
- o governo norte-americano pagou com dinheiro público trilhões de dólares para salvar bancos no *crash* de 2008, *crash* esse causado por esses mesmos bancos;
- parte desse dinheiro alocado para "salvar a economia" foi usado para pagar bônus (premiações acima do salário milionário) dos CEOs responsáveis pela crise, e até para aumentar o bônus acima do que já era pago antes de milhões de americanos perderem suas casas para hipotecas revendidas várias vezes, num dos esquemas mais sórdidos já perpetrados numa população inteira;
- a Bayer distribuiu sangue contaminado com HIV por anos, *mesmo sabendo que o sangue estava contaminado* (deixa eu repetir: mesmo sabendo que o sangue estava contaminado), e com o

conhecimento de oficiais do governo americano, que esconderam o fato do Congresso, e mesmo sabendo que esse fato escondido por tantas pessoas levou décadas para ser revelado ao público. (Pausa para um lamento pessoal que às vezes me pega desprevenida e me joga na sarjeta da tristeza: Imagina se a gente soubesse desse absurdo inominável na época em que ele estava acontecendo. Será que teríamos perdido o Betinho, hemofílico, que pegou AIDS com uma transfusão de sangue e morreu da doença?) Eu conto em um artigo[55] um pouco dessa história da Bayer, e a reportagem fenomenal – e atrasada em décadas – do *New York Times*).

Até agora não conhecemos a origem do SARS-Cov2, o vírus da covid. E é natural que empresas se aproveitem dessa situação, e sejam remuneradas pelos seus esforços. Mas é crucial, acima de tudo, que saibamos que tipo de solução nos favorece, e que tipo de solução nos escraviza.

Cabe aqui um exemplo ilustrativo dessa linha tênue, cortesia de um vazamento de uma reunião entre um dos maiores bancos de investimentos do mundo e seus clientes. O relatório vazado, publicado em abril de 2018 pela CNBC, foi produzido por analistas financeiros do Goldman Sachs. Assinado por Salveen Richter, o documento é intitulado "A Revolução Genômica", e se dirige a clientes nas empresas farmacêuticas do setor de biogenética – a mesma área, aliás, da qual fazem parte as terapias para covid conhecidas como mRNA, ou RNA mensageiro. "Curar pacientes é um modelo sustentável de negócios?", pergunta o título do relatório, do qual eu traduzo alguns trechos,[56] escritos por Salvenn Richter:

O potencial para entregar curas com apenas uma injeção é um dos aspectos mais atraentes da terapia genética, da terapia celular de engenharia genética e da edição de genes. Contudo, tais tratamentos oferecem um cenário bastante diferente quando se considera arrecadação recorrente *versus* terapias crônicas [regulares]. Enquanto essa proposição [da cura com uma injeção, ou *"one-shot cure"*] traz valor enorme para os pacientes e para a sociedade, ela

55 https://www.poder360.com.br/opiniao/entre-a-paranoia-e-a-inocencia-por-paula-schmitt/

56 https://www.cnbc.com/2018/04/11/goldman-asks-is-curing-patients-a-sustainable-business-model.html

pode representar um desafio para os desenvolvedores de medicina genômica que procuram um rendimento sustentado.

Como fica claro aqui, a cura é menos interessante como modelo de negócios do que o tratamento regular.

Agora pense nas vacinas que não imunizam (que não garantem a prevenção do contágio), e a princípio precisaram de duas doses para temporariamente reduzir o risco de morte. Pensem no fato de que alguns fabricantes foram além e fizeram com que as vacinas da covid fossem dadas mais de duas vezes, talvez anualmente, como a vacina da gripe.

Enquanto você pensa nisso, note algo ainda mais interessante que aconteceu em Israel. Lá, a Pfizer testou o que eles chamam de "*booster*" (dose extra) com função auxiliadora da vacina da covid. O que foi verificado é a possibilidade de essa terceira vacina ser administrada junto com outro imunizante, este contra a pneumonia pneumocócica.

Por falar em pneumonia pneumocócica, você sabia que foi ela a grande causadora de milhões de mortes na pandemia de 1918, conhecida como a pandemia da Gripe Espanhola? Quem diz isso é um estudo publicado na *New Scientist*. Eu traduzo um trecho:

> Especialistas médicos e científicos agora concordam que foi uma bactéria, e não o vírus da influenza, a grande causa de morte durante a pandemia de gripe em 1918. Esforços governamentais para combater a próxima pandemia de influenza – gripe aviária ou outra – têm que tomar nota e estocar antibióticos, diz John Brundage, um microbiologista médico no Centro de Monitoramento de Saúde das Forças Armadas em Silver Spring, Maryland. [...] Apesar de uma cepa nociva do vírus da gripe ter varrido o mundo, foi a pneumonia bacterial que acompanhou casos majoritariamente leves da gripe que matou a maioria dos 20 milhões a 100 milhões de vítimas da chamada Gripe Espanhola.

Enquanto isso, um estudo publicado e conduzido pela Universidade de Cleveland com a participação de 52.238 funcionários concluiu que pessoas já contaminadas pela covid não teriam benefício em ser vacinadas. Eu traduzo aqui dois trechos do estudo:

Conclusões: Indivíduos que tiveram infecção por SARS-CoV-2 possivelmente não vão se beneficiar com a vacinação da covid-19, e as vacinas podem ser seguramente priorizadas para aqueles que nunca se infectaram antes.

Resumo cumulativo: A incidência da covid-19 foi examinada entre 52.238 funcionários em um sistema de saúde americano. A covid-19 não ocorreu pelos cinco meses do estudo em nenhum dos 2.579 indivíduos previamente infectados com covid-19, incluindo aqueles que não tomaram a vacina.

O clichê que diz que "devemos conhecer a história para que a história não se repita" só vem servindo para uma coisa: para pessoas chatas repetirem esse clichê. Porque a verdade é que a história vem se repetindo bastante, mas as pessoas ficam menos inteligentes a cada dia. Fatos não importam. Slogans sim. Basta dizer "cloroquiner", "negacionista", "teoria da conspiração", e a maioria dos papagaios reconhece o som e repete a palavra, bonitinho, esperando alguém dizer "dá o pé, loro". Não digo que essas pessoas sejam de todo imbecilizadas – elas certamente têm lampejos de inteligência, mas infelizmente eles duram bem menos do que a nova lâmpada incandescente.

A REALIDADE, AS OPERAÇÕES PSICOLÓGICAS E O APERTO DE MÃO

Este artigo vai falar de um serviço que, apesar de bastante usado por alguns empresários, juízes, políticos e bilionários, é praticamente desconhecido do grande público: a manipulação da realidade feita sob medida, ao gosto do cliente. Não estou me referindo ao trabalho da grande imprensa em geral – ao menos não por enquanto. Estou falando de um serviço por encomenda que cria ataques, acidentes, estupros, situações comprometedoras; que fabrica pessoas, perfis, reputação, currículos e até um passado – tudo falso, e tudo por um preço bem alto.

Alguém já falou que a grande imprensa serve essencialmente para nos alimentar de ficção – quem quiser conhecer a realidade vai precisar ver filmes e ler romances. Uma frase atribuída a Albert Camus toca na mesma ideia: "A ficção é a mentira através da qual contamos a verdade". Existem várias explicações para isso, e uma delas é bastante óbvia: medo da perseguição da justiça – e principalmente da injustiça. O aviso legal "esta é uma obra de ficção" protege o autor que revela verdades, provendo-o de imunidade contra processos criminais que podem levá-lo à cadeia, ou processos cíveis que podem deixá-lo pobre. No meu romance *Eudemonia*, eu me resguardei com um aviso legal um pouco mais longo que o normal[57] – só para garantir.

Dois grandes escritores de ficção do século 20 foram espiões, e certamente usaram a ficção para expor o que não podiam contar na vida real: Graham Greene[58] e John Le Carré. Um terceiro escritor famoso, Frederick Forsyth, só revelou 44 anos depois da publicação do seu best-seller *O Dia do Chacal* que ele também foi espião, e trabalhou por vinte anos para o MI6,[59] o serviço secreto estrangeiro do Reino Unido. Existem ex-espiões, contudo, que escolhem um caminho diferente.

Depois que deixam o governo, em vez de revelar a verdade frequentemente sórdida do trabalho que fizeram para uma nação, um povo, uma ideologia ou um partido, esses ex-espiões optam por continuar ludibriando na iniciativa privada. Ludibriar na vida privada não exclui trabalho para pessoas públicas, ou para projetos de governo. Ao contrário – agências de operações psicológicas são frequentemente contratadas por governos e agentes públicos, terceirizadas para fazer o trabalho sujo que a lei não permite a eles fazer diretamente. Uma dessas empresas é a PsyGroup.

Já na primeira página, a brochura do PsyGroup declara sua missão de forma inequívoca: "A realidade é uma questão de percepção" (leia na íntegra no link da nota de rodapé - 2MB)[60]. declara sua missão de forma inequívoca: "A realidade é uma questão de percepção". Para quem não entendeu as palavras, a empresa desenhou: em primeiro plano, um gato; na sombra refletida ao fundo, um leão. Abaixo do símbolo da letra grega "*psi*", um slogan resume a coisa toda: "Molde a realidade."

57 https://twitter.com/schmittpaula/status/1364276338559967232?s=20

58 https://www.spyculture.com/graham-greenes-fbi-file/

59 https://www.bbc.com/news/entertainment-arts-34101822

60 https://static.poder360.com.br/2023/01/brochura-psygroup-artigo26jan2023.pdf

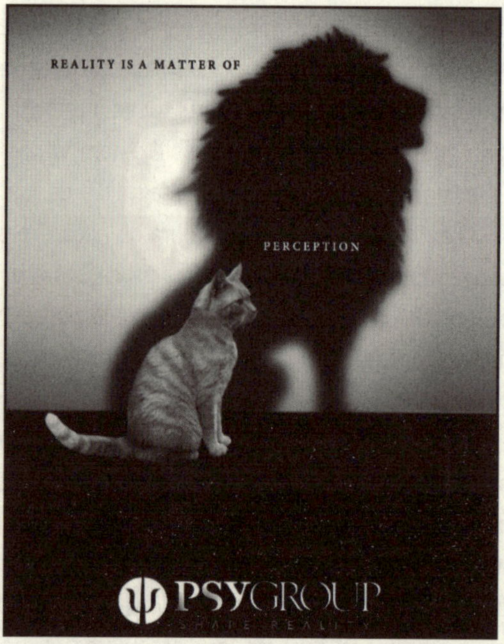

Nas páginas seguintes, a empresa mostra alguns dos serviços que ela oferece como "líder no mercado de inteligência e influência". Essa lista de serviços é precedida com uma mensagem visual que dá o tom do que vem pela frente: o fim da confiança mútua. Em duas imagens – um aperto de mãos, seguido de uma mão com os dedos cruzados –, milênios de construção moral e civilizatória são destruídos com uma indolência desconcertante.

A primeira imagem mostra um aperto de mãos – um gesto que desde a pré-história vem servindo para garantir a dois lados antagônicos que ambos negociam de boa-fé. Ao apertar as mãos, inimigos mostravam estar com as mãos livres, sem arma. Desde a *Ilíada* de Homero, passando por registros artísticos de faraós egípcios, imperadores romanos, líderes da Mesopotâmia e aristocratas gregos, o aperto de mão vem selando um acordo de cavalheiros, dois adversários se submetendo a regras mantidas por nada além de sua própria honra. Mas na imagem ao lado, esse pacto milenar é destruído, ridicularizado com a displicência de um moleque que virou velhaco sem nunca ter crescido como homem: com dois dedos cruzados, o parceiro de acordo, ou o adversário de guerra, mostra por trás que não manterá a honra que prometeu pela frente.

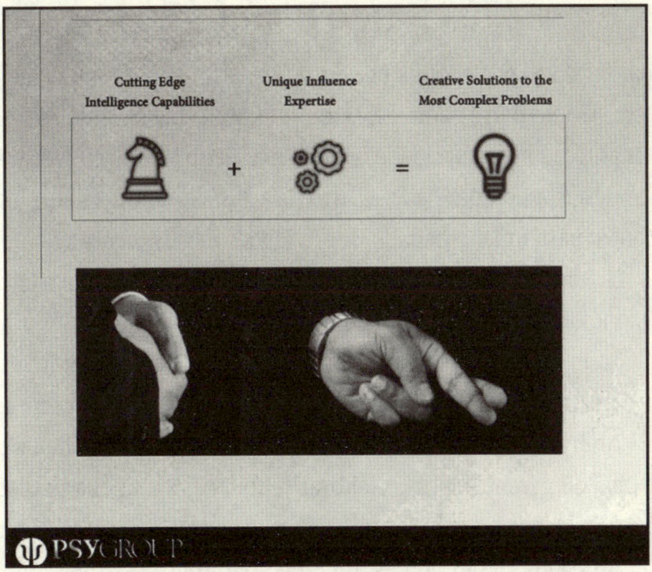

"O Psy [Group] tem uma vasta experiência em vários setores, incluindo diligência corporativa, apoio de litigância, tecnologia, telecomunicações, finanças, infraestrutura, transportes, indústria, e relações governamentais." Mas o que faz o Psy nessas áreas? A brochura explica melhor: monitoramento e perseguição de alvos; armadilhas amorosas/sexuais (*honey traps*); campanhas on-line; coleta de inteligência (informações secretas) via "ações cibernéticas"; "botas no solo" (pessoas de carne e osso perseguindo, monitorando, gravando conversas, armando arapucas); campanhas de influência com a criação e destruição de reputações; criação de perfis falsos.

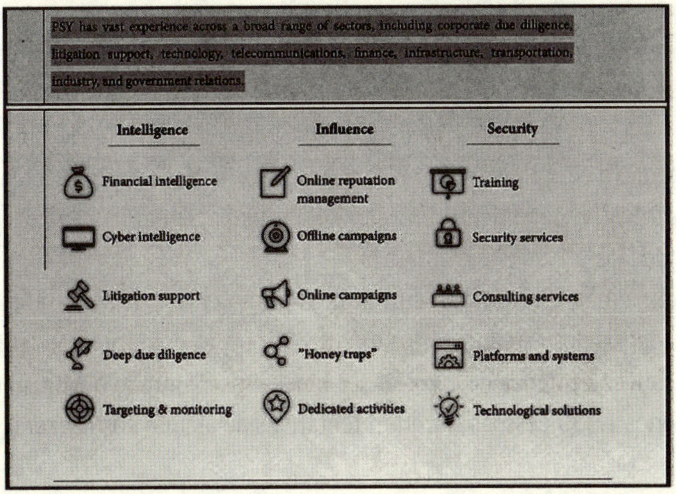

Um parágrafo explica com sinceridade constrangedora o que a empresa faz na deep web: "Como parte da nossa extensa experiência em inteligência cibernética, o Psy mantém forte capacidade operacional dentro da deep web e da darknet (geralmente descrita como o 'lado escuro' [*dark side*] da internet). Como um lugar de encontro para uma variedade de atividades ilegais (hackeagem, fraude, terrorismo), a darknet requer habilidades especiais para acessar, navegar e operar por dentro, enquanto mantém total conformidade com a lei".

O PsyGroup foi dissolvido em 2018, depois que passou a ser investigado por autoridades norte-americanas por seu envolvimento com a empresa inglesa Cambridge Analytica, uma "consultoria política", que trabalhava como uma "agência global de gerenciamento eleitoral" e foi acusada de manipulação da opinião pública. Mas seus executivos já fundaram outras empresas que trabalham nas mesmas atividades, com nomes diferentes. Em outros artigos conto mais sobre como a "comodificação" do crime, da chantagem e da falsificação da realidade vem mudando os rumos do mundo com a crescente profissionalização de um trabalho que, até um tempo atrás, era feito apenas por mafiosos.

VAZA JATO, GLENN GREENWALD E UMA COINCIDÊNCIA INTRIGANTE

"Quando eu me sentei com ele, minha prioridade número um, acima de tudo, era tentar entender quais eram seus motivos verdadeiros." (Glenn Greenwald, março de 2015)

Essa frase foi dita por Glenn Greenwald em março de 2015, em uma palestra para a Associação Internacional de Profissionais da Privacidade, sobre seu primeiro encontro com Edward Snowden, o funcionário subcontratado da CIA que vazou milhões de documentos, revelando a espionagem americana de pessoas e países, cidadãos privados e empresas.

Como aquele Greenwald, eu também tenho curiosidade de saber os motivos verdadeiros dos estelionatários que invadiram as comunicações privadas de dezenas, talvez centenas de autoridades brasileiras. Segundo o Ministério Público, ao menos 1.330 pessoas sofreram tentativas de ataque dos hackers.

Entre as vítimas estão deputados, senadores, juízes, empresários e jornalistas. Algumas das vítimas são desconhecidas do público, mulheres apelidadas de "putas", o que sugere vendeta dos criminosos contra pessoas que conhecem ou até com quem têm relação de parentesco.

A maioria, contudo, é de gente cuja vida pública poderia ser destruída com chantagem. Em troca de quê? Não se sabe, mas sabe-se que as mensagens tinham o poder de coação, algo que um membro da quadrilha deixou claro quando lamentou que a destruição das conversas faria a gangue perder "tudo que [tinham] de trunfo".

No livro que escrevi sobre espionagem para uma editora inglesa,[61] eu explico como esse mundo subterrâneo se vale da chantagem para "recrutar" colaboradores. O acrônimo MICE foi criado por serviços de inteligência para explicar as quatro razões mais comuns na transformação de um cidadão em traidor: Money, Ideology, Coersion (coerção/chantagem) e Ego.

A mais eficiente de todas, segundo os especialistas, é a coerção. É por meio dela que pessoas outrora independentes se tornam escravas. A questão da privacidade é tão crucial para uma sociedade saudável e livre que Greenwald arrecadou centenas de milhares de dólares vendendo livros e dando palestras defendendo esse direito, como quando ele foi escolhido pelo Ted Talks para falar única e exclusivamente disso: *Why Privacy Matters* (*Por que a privacidade é importante*).[62]

Para quem ainda acha que apenas quem comete crime deve se preocupar com a privacidade, um exercício básico de imaginação mostra que temos, todos nós, algo que gostaríamos de esconder de alguém: uma mãe que diz à amiga que às vezes prefere um filho ao outro; um marido que brinca no zap sobre como a cunhada é gostosa; um neto que não aguenta mais levar os avós ao shopping; um funcionário que reclama do mau hálito do chefe; uma foto íntima; um adultério; um sonho. Greenwald explica bem isso em sua participação em "The Munk Debate", que acabou virando um livro.[63]

---

61 https://www.amazon.co.uk/Spies-Treachery-Paranoia-Paula-Schmitt/dp/1912475030/ref=sr_1_1?keywords=spies+treachery+paranoia&qid=1580917685&sr=8-1

62 https://www.youtube.com/watch?v=pcSlowAhvUk&t=6s

63 https://www.amazon.com/Does-State-Spying-Make-Safer-ebook/dp/B00PWQ12XQ/ref=sr_1_1?keywords=greenwald+munk+debates&qid=1580917827&sr=8-1

"Imagine se você tivesse que ligar para uma clínica de aborto, ou a um especialista em HIV, ou a um atendimento de emergência para suicídio ou vício em drogas, ou se você telefonasse repetidamente tarde da noite para uma pessoa que não é seu cônjuge." Para Greenwald, essa privacidade é sagrada, e deveria ser acessada por poucas pessoas, e apenas quando os alvos fossem declarados culpados pela Justiça.

"Legítimo é ter uma vigilância [*surveillance*] pontual, focada em pessoas que foram reconhecidas pelo tribunal de Justiça como realmente culpadas de algo errado."

Em debate com a autora Naomi Klein, Greenwald admite a ela os riscos da invasão de privacidade por hackers. "Os perigos de ter a privacidade erodida pelo Estado certamente se aplicam à privacidade erodida por agentes não estatais que hackeiam e publicam comunicações privadas indiscriminadamente. Aquilo também mata a privacidade de maneira realmente profunda. E é difícil se preocupar com um e não com o outro."

Pode-se vislumbrar, portanto, o poder descomunal de uma quadrilha de estelionatários que tinha posse de sete terabytes de comunicação das pessoas mais poderosas e influentes do país, de Jair Bolsonaro a David Alcolumbre, de juízes do Supremo Tribunal Federal como Gilmar Mendes a Alexandre de Moraes.

Pior: vários desses alvos estavam sendo monitorados em tempo real, no momento em que enviavam mensagens e tomavam decisões. Em alguns casos, a quadrilha foi além e não apenas monitorou conversas ao vivo, mas se meteu nelas. Em certo momento, Walter Delgatti, o provável chefe da quadrilha, envia mensagem ao jornalista Lauro Jardim como se a mensagem tivesse sido enviada pela deputada Joice Hasselmann.

"O governo já deixa vazar que considera o MPF como inimigo."

Cabe aqui perguntar: que interesse tem um bando de estelionatários em criar intriga entre o Ministério Público e o governo? Como eles conhecem os meandros da política brasileira? Quem se beneficiaria com aquela mensagem? Não sabemos quem se beneficiou, mas sabemos quem escreveu o texto: Luiz Molição, o hacker com quem Greenwald negociava o vazamento das mensagens hackeadas.

Para Greenwald, que alega ter se preocupado com o "motivo verdadeiro" por trás da denúncia de Edward Snowden, deve ter sido doloroso ver a distância daqueles objetivos com o propósito da quadrilha de Araraquara (SP).

Claramente, a motivação da quadrilha até então tinha sido financeira. Nenhum deles ali parece ter qualquer resquício de nobreza de caráter ou elevação de propósito. Ao contrário, a quadrilha se valia de golpes contra pessoas incautas, não raro, idosos, que eram levados a acreditar que Delgatti era gerente do seu banco e lhes pedia para mudar a senha: "É para a sua segurança, senhora", uma frase que Delgatti repetia incessantemente a quem cometia o erro de atender à sua ligação. Simples e crédulas, essas pessoas perderam um dinheiro suado que Delgatti ostentava, com orgulho, em fotos em que posa com maços de notas de cem dólares e armas.

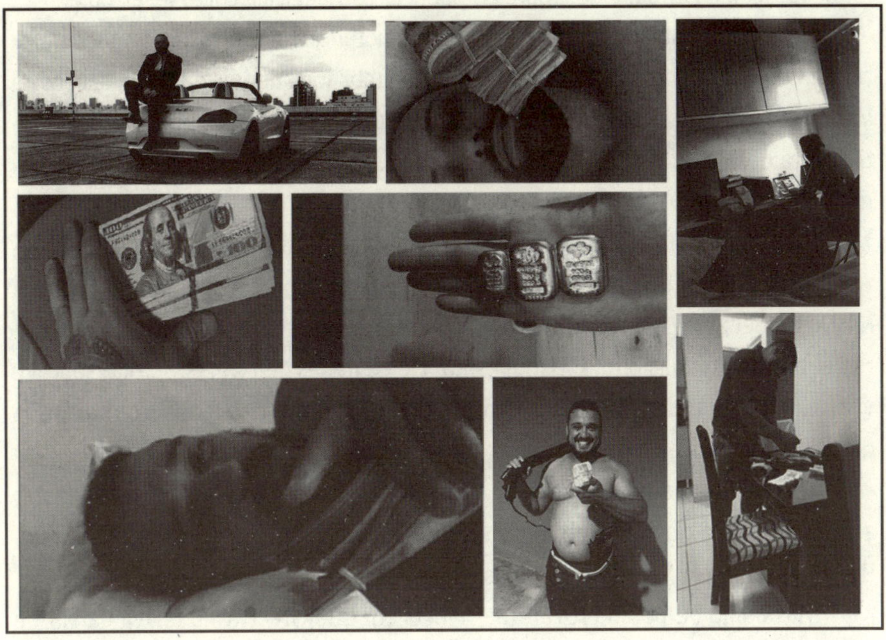

Delgatti era tão sabidamente criminoso que tinha um testa-de-ferro para abrir conta em banco, alugar casa e pagar luz. Isso era necessário porque desde 2015 já havia um mandado de prisão contra ele. Um dos seus laranjas movimentou em duas contas bancárias a quantia de R$ 893 mil entre agosto e dezembro de 2018. Foi bem nessa época, coincidentemente, que Greenwald deletou 27 mil tweets de sua conta pública no Twitter.[64]

Não deve ter sido fácil para Greenwald tomar essa decisão – se não por princípio, ao menos por vergonha –, já que apenas um mês antes disso ele humilhou publicamente o jornalista Matt Yglesias por fazer exatamente o que ele, Greenwald, faria um mês mais tarde:[65] "Isso é porque você constante e sistematicamente deleta os seus tweets como um covarde para que assim você não tenha responsabilidade pelo que diz", escreveu Greenwald.

Eu fui buscar os tweets que Greenwald escreveu sobre a NSA, Snowden e o Brasil. Greenwald virou um herói nacional quando mostrou ao país que escolheu como morada a maneira como os Estados Unidos tinham invadido telefones de autoridades, como Dilma, e de empresas públicas estratégicas, como a Petrobras.

Minha curiosidade foi incitada quando notei que Greenwald começou a se referir aos vazamentos de Snowden como "roubo" logo depois das publicações da Vaza Jato. Até então, não me lembro de ter visto Greenwald usando esse substantivo para descrever o que Snowden fez, a não ser que fosse entre aspas ou de forma irônica.

Para minha surpresa, contudo, das centenas de tweets escritos por Greenwald que me lembro de ter lido especificamente sobre a vigilância da NSA (National Security Agency) no Brasil, ou contra empresas e autoridades brasileiras, sobraram apenas oito. É isso mesmo. De centenas de tweets, só oito sobreviveram, e quase todos antes de setembro de 2018 foram deletados (com exceção de dois tweets inconsequentes).

Veja no link da nota de rodapé o resultado de busca em que deveria constar a palavra NSA e qualquer uma das seguintes palavras: "Brasil", "Brazil", "brazilian", "brazilians", "brasileiro", "brasileiros", "brasileira", "brasileiras".[66]

Mas como eu posso provar que tweets em que Greenwald falava da NSA e do Brasil foram deletados? É fácil. Basta fazer a busca inversa – tweets dirigidos

---

64 https://www.newyorker.com/magazine/2018/09/03/glenn-greenwald-the-bane-of-their-resistance

65 https://twitter.com/ggreenwald/status/1016009861237272576

66 https://twitter.com/search?q=NSA%20(brasil%20OR%20brazil%20OR%20brasileiro%20OR%20brasileiros%20OR%20brazilian%20OR%20brazilians%20OR%20brasileira%20OR%20brasileiras)%20(from%3Aggreenwald)&src=typed_query

a Greenwald tratando do assunto. Atualmente, quase todos eles que respondem a Greenwald estão se dirigindo a tweets que foram deletados: "*This tweet is no longer available.*" Duvida? Verifique você mesmo. No link da nota de rodapé está o resultado da pesquisa com centenas de tweets que respondem a algo que Greenwald preferiu deletar.[67]

Eles vão aparecer assim:

Achei essa coincidência muito intrigante. Quando foi que Greenwald apagou esses tweets sobre NSA e o Brasil? Eles foram, por acaso, deletados na leva dos 27 mil tweets apagados por volta de agosto de 2018? Se sim, por que nessa época especificamente? Não vou entrar agora no mérito do que foi revelado pela Vaza Jato. O que me interessa é saber quem está por trás, e quais interesses foram decisivos para a escolha do que seria e não seria divulgado.

Quero saber também por que um partido político e um juiz da Suprema Corte acharam por bem considerar Glenn Greenwald uma pessoa acima de qualquer suspeita, que deveria ser eximida *a priori* de qualquer investigação.

Sabemos todos que condenar alguém de antemão, sem o devido processo jurídico, é uma medida tirânica e própria de governos autoritários. Mas eximir alguém de ser investigado por suspeita de participação quando um crime foi claramente cometido é tão autoritário e arbitrário quanto. Ninguém deveria estar

67 https://twitter.com/search?f=live&q=nsa%20(brasil%20OR%20brazil)%20(to%3Aggreenwald)%20until%3A2018-01-01%20since%3A2009-01-01&src=typed_query

acima da lei. Existem várias considerações a serem feitas sobre a Vaza Jato, e muitas estão sendo solenemente ignoradas. Estas reflexões, portanto, devem continuar – se eu não for hackeada, claro.

AS PESQUISAS ELEITORAIS E A SURPRESA DOS CRÉDULOS

Sabemos que Bolsonaro perdeu as eleições, mas antes dele já foi possível identificar dois grandes derrotados: Datafolha e Ipec, o antigo Ibope. As duas empresas de pesquisas de opinião erraram de forma tão dramática e tão constante nas eleições de 2022 que o erro não parece apenas um deslize – foi quase uma façanha.

Para Glenn Greenwald – um ídolo dos jornalistas-caramelos[68] num passado não muito longínquo –, os erros das pesquisas de intenção de voto cheiraram a "manipulação" e "fraude".

Numa entrevista para o programa de Tucker Carlson na *Fox News*, Glenn disse no dia 3 de outubro de 2022: "Nunca vi dados e ciência de pesquisa [de intenção de voto] desmoronarem e serem humilhados como foram no Brasil".[69]

Segundo ele, as pesquisas "não erraram apenas na disputa presidencial, mas erraram também em outras disputas em 20% e até 30%".

Glenn notou também o viés do erro, sempre em benefício do mesmo lado. Os erros "foram sempre em favor da esquerda brasileira, e contra os bolsonaristas", disse ele.

Greenwald acredita que "o bolsonarismo" se revelou "incrivelmente poderoso" e se tornou "o maior partido na Câmara e no Senado". Para ele, tais revelações não teriam sido previstas porque as empresas queriam "manipular o resultado das eleições por meio dessas pesquisas fraudulentas, ou ao menos por meio de pesquisas que estavam radicalmente erradas".

---

68 https://www.poder360.com.br/opiniao/a-queda-de-um-anjo-da-imprensa-nacional-por-paula-schmitt/

69 https://www.youtube.com/watch?t=299&v=Ba4HxCPa-g0&feature=youtu.be

"Fraude" talvez seja uma palavra forte demais, mas vale lembrar que o *Jornal Nacional*, o maior formador de opinião em massa no Brasil médio, usou exatamente essas duas empresas – e apenas elas – pelos 45 dias que antecederam as eleições.

Segundo texto publicado no *Poder360*, ambas as empresas usadas pela Globo "sinalizaram de maneira constante a possibilidade de vitória de Lula no 1º turno".[70]

Nessa reportagem é possível ver um gráfico que compara as estimativas de várias pesquisas de intenção de voto com o resultado final das eleições.

O PoderData, empresa de pesquisa do *Poder360*, teve resultado próximo da realidade das urnas mesmo tendo feito a última pesquisa com maior antecedência em relação ao dia da eleição. Acertou o percentual de votos válidos de Lula (48%) e vinha antecipando em relação às demais empresas o crescimento da intenção de votos de Bolsonaro. Mais importante, o PoderData nunca (nem dentro da margem de erro) afirmou que havia a possibilidade de Lula vencer no primeiro turno.

No gráfico nessa reportagem sobre pesquisas presidenciais, e em outra sobre pesquisas nos estados[71], vários itens são confrontados entre si de cada uma das maiores empresas de pesquisa de intenção de voto: margem de erro prevista, erro final em pontos percentuais, data da pesquisa, método etc.

Críticas ao Ipec (o antigo Ibope) não são novidade. Em 2013, artigo publicado no jornal *Gazeta do Povo* dizia que uma Comissão Parlamentar de Inquérito sobre pesquisa do Ibope nas eleições em Foz do Iguaçu "constatou que 15% dos telefones não existiam e, em 5% dos casos, foi apontado que a pessoa responsável não existia naquele número. Outros 21,3% dos telefones consultados estavam indisponíveis".[72]

O que é mais notável nas pesquisas das eleições de 2022 é a similaridade dos erros e a invariabilidade do lado político beneficiado.

---

70 https://www.poder360.com.br/pesquisas/poderdata-acerta-resultado-de-lula-e-ascensao-de-bolsonaro/

71 https://www.poder360.com.br/pesquisas/ipec-tem-26-pesquisas-diferentes-das-urnas-nos-estados/

72 https://www.gazetadopovo.com.br/vida-publica/cpi-do-ibope-conclui-que-houve-fortes-indicios-de-fraude-em-pesquisas-eleitorais-30mheo4lm1zj7dnu4sghcstam/

O erro sincronizado dos dois maiores "institutos" de pesquisa no Brasil não passou despercebido por jornais estrangeiros. Em um artigo publicado dois dias depois das eleições, o jornal *The New York Times* mostra surpresa pela diferença entre a realidade – as urnas – e os intérpretes da realidade – as empresas de pesquisa.

> Por meses, pesquisas de opinião e analistas disseram que o presidente Jair Bolsonaro estava fadado ao fracasso [...] Bolsonaro também alegou por meses que as pesquisas de opinião estavam subestimando o apoio que ele tem, usando suas enormes manifestações [de rua] como evidência. Ainda assim, praticamente todas as pesquisas o mostravam atrás [em segundo lugar].
>
> No domingo, ficou claro que Bolsonaro estava certo. Com a maioria dos votos contados, ele se saiu melhor em todos os estados do Brasil do que o Ipec, uma das maiores empresas de pesquisa do Brasil, estimou um dia antes da eleição.

O Ipec chegou a alegar "erro de digitação"[73] para explicar parte do fiasco de suas pesquisas, mas essa justificativa não parece ter convencido nem quem contratou a empresa.

A primeira edição do dia 4 de outubro de 2022 do *Drive*,[74] serviço de informação do *Poder360* exclusivo para assinantes, fala que tanto o Ipec quanto o Datafolha

> [...] foram defendidos por 10 minutos pela TV Globo no *Jornal Nacional* de ontem (2ª feira – 3.out.2022). Representantes das duas empresas que prestam serviços para a emissora foram ouvidas. Luciana Chong (Datafolha) e Márcia Cavallari (Ipec) disseram que muitos eleitores estavam indecisos e as pesquisas da véspera da eleição não tinham como indicar o resultado das urnas. Divergências em alguns Estados de mais de 20 pontos percentuais, segundo a Globo, ocorreram por causa de "movimentos muito acentuados de última hora". Não se falou sobre erro metodológico.

73 https://globoplay.globo.com/v/10993526

74 https://us11.campaign-archive.com/?u=75f3f336083d5680d82480729&id=52fc39bb35

Andrei Roman, CEO da empresa de pesquisas Atlas, questionou não apenas a metodologia das pesquisas, mas a idoneidade de quem as conduz.[75] A Atlas está numa posição mais confortável, porque se saiu melhor que a maioria dos seus concorrentes tradicionais, mesmo que tenha indicado a possibilidade de Lula vencer no primeiro turno e só tendo feito pesquisas remotas, pela internet.

Roman disse em mensagem publicada em sua conta no Twitter: "Não deixe o seu viés político te empurrar a passar o pano nos erros das pesquisas! Bolsonaro está conseguindo atacar a credibilidade dos institutos por conta de erros sistemáticos. Essa é a mais pura verdade dos fatos".[76]

Mas a explicação alternativa – e talvez a mais provável – para pesquisas tão desacertadas pode estar relacionada a erros metodológicos. Esse fenômeno é particularmente mais dramático para pesquisas presenciais, quando o entrevistado e o entrevistador ficam frente a frente. Há uma hipótese não desprezível de eleitores que votaram em Bolsonaro ter mais rejeição a esse tipo de abordagem – e o estudo estatístico ficou enviesado não por má-fé, mas porque a metodologia de pesquisas presenciais não permite um resultado mais preciso. Há décadas nos EUA não se fazem mais pesquisas presenciais para apurar intenção de voto. Eu pessoalmente não acredito que esta seja a causa primária para explicar tamanha disparidade, mas não é impossível.

No site do TSE pode-se encontrar os formulários usados pelas empresas, o corte populacional e vários outros detalhes sobre cada uma das pesquisas de intenção de voto. Para quem quiser se aventurar, aqui está o link: https://www.tse.jus.br/eleicoes/pesquisa-eleitorais/consulta-as-pesquisas-registradas.

---

75 https://twitter.com/andrei__roman/status/1577333863474405377

76 https://twitter.com/andrei__roman/status/1577297215772573702

A OBEDIÊNCIA ALEMÃ, A CENSURA E O 7 DE SETEMBRO

Quando morei em Berlim, eu notei algo fascinante. Eu trabalhava para a Ruptly,[77] agência de notícias semiestatal russa, e ia para a redação a pé, às vezes sob tempestade de neve, caminhando mais de dois quilômetros de Kreuzberg a Lennestrasse. O caminho, curto, era longo demais para mim, sem sol, cinza. Mas havia algo curioso que se repetia todos os dias: em várias esquinas, diante de uma rua vazia e sem carro nenhum, um bando de gente em temperaturas congelantes esperava o sinal ficar verde para atravessar a faixa.

Eu passava batido, sem nem olhar para o sinal. Bastava eu notar que não havia carro se aproximando, e eu fazia o óbvio: atravessava a rua. Era nesse momento, contudo, que algo ainda mais curioso ocorria: as pessoas que estavam ali, esperando o comando luminoso para se mover, olhavam para mim como se eu fosse a rainha da Inglaterra, ou como se eu fosse uma terrorista pronta a detonar o cinto de dinamite. Era desconcertante ver a expressão de quem ficava para trás, uma mistura quase esquizofrênica de admiração com repúdio.

É compreensível que pessoas submissas, incapazes de se guiar pela própria consciência e razão, tenham admiração ou até ódio por aqueles que se recusam a terceirizar suas decisões de forma obsequiosa e subanimal. É normal que pessoas medíocres e menos corajosas tenham animosidade por pessoas autônomas, porque a independência dessas realça a covardia daquelas. É perfeitamente humano, portanto, que pessoas com algum resquício de pensamento próprio tenham uma certa raiva de quem cruzou essa metafórica rua antes delas, mesmo que tal antecipação não lhes tenha usurpado nenhum direito.

Esse é um ponto interessante: ninguém ali esperando o sinal verde foi impedido de cruzar a rua *no momento que podia* apenas porque eu cruzei *no momento que queria*. Mas o ressentimento do *Obediente* contra o *Atrevido* não

77 https://www.poder360.com.br/opiniao/a-era-da-manipulacao-e-os-ataques-de-falsa-bandeira-escreve-paula-schmitt/

advém necessariamente do fato de se sentir usurpado, mas o de ser lembrado que ele, *Obediente*, poderia também ter feito uso das suas faculdades mentais para beneficiar a si próprio sem prejudicar ninguém. O que me leva aonde eu finalmente quero chegar: o tipo semi-humano que não apenas obedece uma regra injusta, e não só denuncia quem não a cumpre, mas que obedece e ainda denuncia quem desobedece uma regra que *diretamente prejudica a si mesmo*. Essa "regra" é a censura, uma obscenidade cada dia mais normalizada nas redes antissociais.

A autoanulação do ser humano que apoia a censura é de tal magnitude que dificilmente encontra paralelo na natureza, e, portanto, vou ficar devendo um símile tão repelente quanto a aberração que quero ilustrar. Nem ratos podem ser ensinados a fazer algo que não lhes traga benefício imediato. É inexplicável, portanto, o número de homens acadelados que apoiam a polícia do pensamento e o controle da informação, e celebraram o meu banimento do Twitter. É possível ver alguns deles no link da nota de rodapé.[78]

Ingênuos, e geralmente com a capacidade intelectual de um abridor de latas, eles acham que estão sendo *protegidos* pela censura, e não prejudicados. Eles acreditam que o "grande derrotado" pela censura é quem está distribuindo a informação indesejável, e não quem está sendo privado dessa mesma informação. Vou dar um exemplo recente que mostra como a censura prejudica a pessoa privada de informação muito mais do que prejudica a pessoa que foi censurada.

Alguns especialistas alertavam logo no começo da pandemia que havia o risco de que a pessoa vacinada com o tratamento genético de mRNA continuasse fabricando a proteína *spike* por muito tempo depois da vacinação. Isso é importante, porque a vacina de mRNA faz o corpo produzir uma parte do vírus (a proteína *spike*) que ele, corpo humano, depois vai ter que atacar. É crucial, portanto, saber por quanto tempo o corpo fica produzindo seu próprio alvo.

O CDC (Centro de Controle de Doenças dos EUA), assim como outros órgãos oficiais e mídia capturados pela indústria farmacêutica, asseguraram que o corpo humano parava de produzir a proteína *spike* logo depois da vacinação. O CDC, em página de seu site oficial arquivada no archive.org, diz que "o mRNA

---

78 https://twitter.com/slpng_giants_pt/status/1558595028724973568

e a proteína *spike* não duram muito no corpo", e que as células do corpo se livram da proteína *spike* "em poucos dias após a vacinação".[79]

Nem todos concordavam com essa afirmação, mas o cartel da imprensa e das *big techs* fingiu que havia um consenso, e debates sobre esse assunto foram silenciados. Contas em redes sociais foram suspensas. Eu mesma tenho tweets falando desse tópico há mais de dois anos, mas devido ao meu banimento no Twitter, você, leitor, não vai poder confirmar que essa já era uma preocupação minha há tempos – e que era uma preocupação legítima, digna de discussão.

Enquanto quem dissentia era calado, quem concordava adquiria crédito social. Era constrangedor ver gente que até então nem sabia o que era mRNA repetir o que diziam os fabricantes de "vacina" com a convicção que só verdadeiros idiotas conseguem ter. Até que depois, na calada da noite, o CDC decidiu alterar sua página oficial e, sem divulgar o ato, deletou a garantia que outrora ele dera aos vacinados com mRNA. Veja com seus próprios olhos e observe como o trecho sobre a produção da proteína *spike* foi eliminado da página.[80]

ANTES

The mRNA and the spike protein do not last long in the body.

- Our cells break down mRNA from these vaccines and get rid of it within a few days after vaccination.
- Scientists estimate that the spike protein, like other proteins our bodies create, may stay in the body up to a few weeks.

DEPOIS

None of these vaccines can give you COVID-19.

- Vaccines do **not** use any live virus.
- Vaccines **cannot** cause infection with the virus that causes COVID-19 or other viruses.

They do not affect or interact with our DNA.

- These vaccines do **not** enter the nucleus of the cell where our DNA (genetic material) is located, so it cannot change or influence our genes.

---

79 https://web.archive.org/web/20220721092000/https:/www.cdc.gov/coronavirus/2019-ncov/vaccines/different-vaccines/mrna.html

80 https://www.cdc.gov/coronavirus/2019-ncov/vaccines/different-vaccines/how-they-work.html?CDC_AA_refVal=https%3A%2F%2Fwww.cdc.gov%2Fcoronavirus%2F2019-ncov%2Fvaccines%2Fdifferent-vaccines%2Fmrna.html

Esse exemplo me lembra de um outro propósito nefasto da censura corrente: proibir que você – leitor, usuário e financiador da compra das vacinas – saiba que a "verdade", permitida apenas hoje, já era sabida por uns poucos perseguidos há muito tempo. Em outras palavras, meus tweets também foram banidos porque eles mostram que eu sabia sobre o limite da produção da proteína *spike* pelo corpo humano antes de o CDC divulgar. O banimento de pessoas que discordaram do Consenso Inc. vai servir principalmente para isso: para queimar os arquivos e eliminar as provas de que a verdade já era sabida, discutida ou suspeita antes de ela ser aceita como tal.

Voltando aos transeuntes que só transitavam depois que o sinal verde acendia, quero deixar claro que não tenho a intenção de acentuar o fato mais do que ele merece, nem atribuir valor moral ao que talvez não tenha. Muitos provavelmente agiam como autômatos, deixando que o símbolo (a luz verde ou vermelha) precedesse a realidade (o tráfego) e lhes substituísse o julgamento (parar ou atravessar). Talvez seja mais fácil viver assim. Algumas pessoas devem realmente preferir uma realidade mediada, controlada, em que os fatos só são válidos quando devidamente mediados, e editados, até que não sobre nada aos espectadores além de procurar um assento confortável na sala desse cinema global. A notícia a seguir é um exemplo disso.

"A manifestação na Avenida Paulista a favor do presidente e candidato à reeleição pelo PL, Jair Bolsonaro, reuniu 32.691 pessoas na tarde deste 7 de setembro". A "notícia"[81] é do jornal *O Globo*. Sabemos que isso "é verdade", porque essa reportagem não foi censurada no Twitter, nem no Facebook, nem no Whatsapp – você pode compartilhar quantas vezes quiser sem nenhum risco de banimento, e sem ser constrangido por alerta de *fake news* ou imprecisão. A notícia é ainda mais verdadeira porque veio de um "levantamento" feito pelo "grupo de pesquisa Monitor do debate político da USP, coordenado por Pablo Ortellado e Márcio Moretto". Esses gênios usaram a mesma metodologia para estimar o número de pessoas em Copacabana, na quarta-feira dia 9 de setembro de 2022. Você vai se surpreender, e entender como as aparências enganam, porque aquele mar de gente teria sido formado por apenas "64 mil pessoas". Entendeu por que a realidade precisa ser

81 https://oglobo.globo.com/blogs/pulso/post/2022/09/manifestacao-a-favor-de-bolsonaro-na-avenida-paulista-reuniu-32-mil-pessoas-informa-grupo-de-pesquisa-da-usp.ghtml

mediada urgentemente? Que consenso artificial consegue sobreviver à experiência direta de indivíduos independentes com garantia de livre expressão?

De volta a Berlim, quando eu acabava minha caminhada, havia ainda mais um pouco de cinza para enfrentar – o memorial das vítimas do Holocausto. Ali, uma praça oferecia nenhum verde, nada de vida, só um cemitério de retângulos de concreto sem marcas, repetidos na ausência de características individuais, cada túmulo um bloco de cimento, reduzindo o infinito do ser humano à condição de coisa. Como foi possível que o povo alemão, tão educado e civilizado, tivesse deixado aquilo ocorrer? Eu acho que a resposta está embutida na própria pergunta. Pessoas de intelecto mais simplório – não raro as mais "civilizadas" e "educadas"– acreditam que a obediência é um valor em si mesmo.

O DIA DAS MÃES E O AMOR QUE NÃO MORRE

Dizem que não há dor maior do que enterrar o próprio filho. Mas a segunda maior dor deve ser aquela sentida por uma mãe acusada de mentir sobre a causa da sua perda. Arlene Graf conhece as duas. Depois que seu filho Bruno morreu, doze dias após tomar a vacina da AstraZeneca, Arlene foi acusada de "falsear" a causa da morte de Bruno, falecido com um AVC aos 28 anos. Expulsa do Facebook, Twitter e Instagram,[82] essa mãe se tornou uma "leprosa" das redes antissociais, e viveu desde agosto de 2021 um périplo que poucas pessoas conseguiriam imaginar, uma via dolorosa da dor desacreditada.

Existe um vídeo que, para mim, resume o suplício de Arlene mais do que quase tudo. Ele mostra aquela mulher sozinha numa calçada, com um megafone na mão, contando para o mundo que seu Bruno se foi. Dá uma sensação triste e desconcertante ver a solidão daquela mãe, órfã de filho, se expondo de tal maneira, oferecendo a quem passava informações não solicitadas sobre seu sofrimento. Mas não

82 https://revistaoeste.com/brasil/twitter-derruba-conta-da-mae-de-bruno-graf-jovem-que-morreu-depois-de-tomar-a-vacina-da-astrazeneca/

era a piedade o que Arlene buscava, e não era o seu sofrimento o que ela quis compartilhar — foi o sofrimento de outras mães que Arlene tentou evitar. Ambiciosa, e paradoxalmente humilde, ela ofereceu a si mesma como mau exemplo a ser evitado. "Eu fui contaminada pelas notícias. Eu quero dizer para as outras mães: 'Não façam como eu. Pesquisem. Decidam apenas depois de ouvir os dois lados.'"

Neste mundo de um lado só, Arlene foi chamada de "negacionista", "antivaxxer," "bolsomínia" e todos os outros rótulos que, com uma única palavra, agem como choque elétrico em humanos de Pavlov. Mas sua história já foi mais do que vindicada. O fato de seu caso ser desconhecido de uma parcela tão grande da população, e de sua versão estar até hoje em xeque, é a prova mais obscena de que a pequena imprensa falhou. A vacina que Bruno tomou foi suspensa em nada menos que 18 países por causa de sérios efeitos colaterais.[83] Um artigo da CNN contava em março de 2021 — cinco meses antes da vacinação de Bruno — que a "Dinamarca, Islândia e Noruega suspenderam o uso da vacina Oxford-Astrazeneca, enquanto a União Europeia investiga se a injeção poderia ter ligação com um número de relatos de coágulos sanguíneos".[84]

Arlene me contou que era "viciada" em notícias e que via televisão o tempo todo, mas só jornais. "Nada de novela, não vejo essas coisas", diz ela. Na cozinha, a TV ficava ligada num canal, e no quarto, ela ficava ligada em outro para que Arlene não perdesse nenhum jornal. Antes mesmo de o sol raiar, ela começava a assistir a todos os jornais da manhã na Globo, e quando eles acabavam, ela mudava o canal para a *Globo News*. Até a *TV Câmara* e *TV Senado* ela costumava ver. "Eu achava que sabia tudo que estava acontecendo, e não via a hora de a data da vacina do meu filho chegar. Para mim, ela já estava demorando." Arlene e o marido já tinham tomado as duas doses. "Eu sou eleitora do Bolsonaro, mas minha decisão era científica." Científica?, eu perguntei pra ela. "Sim, não era ideológica."

Mal sabia Arlene que as notícias não podiam alegar a mesma independência.[85] Extremamente "bem-informada", Arlene nunca teve a chance de conhecer

---

83 https://www.businessinsider.com/astrazeneca-covid-vaccine-countries-suspend-denmark-thailand-batch-blood-clots-2021-3?op=1

84 https://edition.cnn.com/2021/03/11/europe/astrazeneca-vaccine-denmark-suspension-intl/index.html

85 https://www.poder360.com.br/opiniao/o-toxoplasma-gondii-o-controle-das-massas-e-o-suicidio-coletivo-escreve-paula-schmitt/

os dois lados que ela depois tentou mostrar a outras mães. Mas houve uma época, não muito distante, em que a vida valia mais para o jornalismo, e uma única morte merecia espaço em horário nobre. Em reportagem da TV Globo apresentada em fevereiro de 2000, a jornalista Lilian Witte Fibe[86] conta que

> [...] uma das descobertas científicas mais festejadas do século mata um rapaz de 18 anos e está sob suspeita. Logo depois da morte, o governo dos Estados Unidos proibiu todas as experiências com a chamada "terapia genética" na Universidade da Pensilvânia. O novo tratamento gerou enormes esperanças em toda a humanidade, mas, por enquanto, só pode ser testado em quem tem doença incurável.

A reportagem se refere ao menino morto como "cobaia".

Já em um outro veículo,[87] cuja existência eu tive a sorte de desconhecer até essa entrevista, e cujo nome prefiro omitir, Bruno foi morto uma segunda vez, e sua história foi rebaixada numa editoria com o nome de "Negacionismo". Sim, a história de Arlene não foi contada na seção de "Saúde", nem tampouco de "Ciência," mas na editoria de "Negacionismo" — uma subseção da editoria de política que revela em apenas duas palavras a qualidade dos leitores do jornal. Eu mal passei do primeiro parágrafo e senti a necessidade de tomar banho com água sanitária.

O mais triste — e parte da razão de eu ter escolhido entrevistar Arlene — é que o caso dela é inconteste. Mesmo que aqueles 18 países europeus não tivessem suspendido a vacina da AstraZeneca, Arlene já foi mais do que vindicada com um teste que confirmou a causa da morte do filho. O exame, chamado Anti-Heparina PF4 Autoimune, foi recomendado pelo próprio hospital onde o Bruno morreu. Em um artigo da *Revista Oeste* é possível ver a cópia do laudo médico-pericial.[88]

Entrevistar Arlene não foi tarefa fácil, porque ela desafia a piedade. Altiva, assertiva, bonita e generosa (Arlene não permitiu que o motorista fosse embora sem insistir que ele tomasse café e comesse um lanche da tarde com a gente), a

---

86 https://twitter.com/HenriqueSoldani/status/1506073691947515905?s=20&t=jj99E2-5qyOoPmcpp0tpgA

87 https://www.brasildefato.com.br/2021/10/08/mae-falseia-razao-da-morte-do-filho-culpa-vacina-e-ganha-status-de-lider-entre-bolsonaristas

88 https://revistaoeste.com/brasil/caso-bruno-graf-mae-afirma-que-esta-sendo-vitima-de-linchamento-na-internet-desde-a-morte-do-filho/

mãe de Bruno passou a entrevista quase toda sem chorar. Mesmo assim, os três cachorros que ficaram do outro lado da porta da cozinha — todos adotados, um deles sem uma das patas — de vez em quando botavam o focinho no vidro para ver se Arlene estava bem.

Perguntei se ela se arrepende de ter tomado as vacinas, e ter levado o próprio filho para se vacinar. Ela me disse que a culpa não vale a pena ser carregada, e me contou uma história que ouviu no avião, de um passageiro que se sentou ao seu lado num dos vários voos que ela pegou para contar sua experiência em reuniões e audiências públicas Brasil afora. A história é sobre o caminho de Santiago de Compostela, e sobre como os peregrinos esvaziam a mochila antes de começar a caminhada, levando só o essencial para que a viagem seja mais leve.

Arlene Graf durante audiência na Assembleia Legislativa de Santa Catarina critica exigência de passaporte sanitário

Não tenho certeza se a viagem de Arlene é leve, mas sua caminhada é rápida e com pouco descanso. O tempo não pára, e muito menos ela. Parar significa contemplar, e contemplar significa sentir. Arlene transformou seu luto em fazer, e o fazer empurra o sofrimento pra frente. Mas mesmo o fazer a aproxima de Bruno, porque nos aviões em que vem voando pra contar a história do filho, essa mãe acreditava estar mais perto dele, no céu, sempre que está mais longe daqui, esse chão duro e verdadeiro que nos derruba e mantém de pé. Mães acreditam em tudo.

A entrevista foi acabando, e ela me levou para visitar o quarto do filho. Arlene foi narrando o que viu, nomeando os objetos com um diminutivo que não combina com a altura de Bruno, bem acima da média, tratando objetos com carinho: "Aqui é o quartinho dele. Eu não venho muito aqui. Eu ainda não mexi nas coisas dele. Não tenho coragem", ela diz, a voz sumindo, emudecendo em choro. Mas algo ali dá uma nova vida a Arlene, e ela lê uma mensagem colocada em lugar de honra naquele santuário: "De Luíza para Bruno Graf. Bruno, você está salvando muitas vidas através do anjo que deixaste na Terra chamado Arlene. Quero dizer que adoro sua mãe. Vou tentar cuidar dela um pouquinho, mesmo de longe. Beijo da amiga Luíza."

O áudio da entrevista pára, porque quem não consegue mais falar sou eu. Vi Arlene andando por aquele espaço, tocando nas roupas de Bruno com delicadeza, quase com amor, um gesto que, pra mim, pareceu uma oração, uma reverência, como se ela pudesse sentir o inefável na matéria, como se Bruno tivesse deixado sua presença nas coisas.

Eu olhei para aquela mãe e tentei me colocar no lugar dela, tentando imaginar como eu descreveria aquilo — eu, que não sou mãe e provavelmente nunca vou sentir a mágica indescritível do amor incondicional, aquele mistério inexplicável que ainda não foi destruído pela luz fria da razão. Como deve ser a dor de perder um filho? E como deve ser o milagre de ter tido um? Perguntei a Arlene sobre isso: se ela agradecia à vida por ter tido esse privilégio, por ter tido um amor que nasceu dela, que viveu através dela, e que dela se nutriu. Ela balançou a cabeça e não falou nada, apenas chorou. Eu acho que foi o choro de quem perdeu o filho, mas nunca perdeu o amor.

O EXPERIMENTO ALEMÃO E A PROTEÇÃO DO ESTADO

Nos vários universos paralelos criados nas redes sociais, dois grupos estão nitidamente delineados quando se trata de um assunto: a pedofilia. Para um desses grupos, a pedofilia é um dos problemas mais importantes do mundo, e o mais ultrajante, aquele que causa mais paixões e terror, e provoca uma ojeriza atávica, moral e indestrutível. Para o outro grupo, a pedofilia é a mamadeira de piroca dos escândalos pré-fabricados, um não-assunto que virou tema corrente para assustar os mais sugestionáveis. Mas esses dois grupos, água e óleo em tantas situações, se encontraram forçosamente em julho de 2021 quando a *New Yorker*, uma das revistas mais respeitadas (e menos lidas) pela elite de esquerda, publicou uma reportagem sobre a pedofilia que, em certa medida, avaliza a aparente paranoia da direita.[89]

Depois de pelo menos um ano de investigação jornalística, segundo conta a autora do artigo, Rachel Aviv, a *New Yorker* publicou uma reportagem quase inacreditável de pedofilia sancionada pelo governo da Alemanha, financiada com dinheiro público. A história é sórdida demais até para este ursinho-nada-carinhoso que vos fala, mas alguns detalhes são necessários, porque mostram a que ponto – e em que profundidade – experimentos obscenos e cruéis podem ser conduzidos em nome do bem comum.

O Experimento Kentler levou o nome do sexólogo que o projetou, professor Helmut Kentler. O estudo colocava crianças sob custódia do Estado aos cuidados de pedófilos. Parece mentira, mas duas décadas depois de a Alemanha merecer o título de Mau Exemplo do Mundo, o Senado de Berlim aprovou o experimento e ainda alocou dinheiro para a sua realização. Para um choque ainda maior, o experimento continuou ao menos até 2003.

Marco, a vítima entrevistada por meses por Rachel Aviv, foi descoberto pelo setor de bem-estar social do governo de Berlim aos 5 anos de idade, quando sofreu um leve acidente de carro enquanto andava desacompanhado pela rua. A partir dali, o governo retirou a criança da guarda da mãe e a transferiu para a de um engenheiro de 47 anos, Fritz Henkel, que ganhava a vida como pai adotivo temporário. Marco era o seu oitavo filho adotivo em dezesseis anos.

Sinais de que Henkel era pedófilo não o impediram de ser pai adotivo, ao contrário – isso favorecia o experimento.

Foi o próprio funcionário do governo, acompanhando as adoções, que observou que Henkel "parecia estar numa 'relação homossexual' com um dos seus filhos adotivos".

Kentler não era respeitado só pelo Senado de Berlim – ele era louvado também em jornais e nas universidades. O jornal *Die Zeit* uma vez o descreveu como

89 https://www.newyorker.com/magazine/2021/07/26/the-german-experiment-that-placed-foster-children-with-pedophiles?utm_campaign=falcon&utm_source=twitter&utm_social-type=owned&utm_medium=social&mbid=social_twitter&utm_brand=tny

"a maior autoridade da nação em questões de educação sexual". Quando um promotor tentou investigar seus métodos, o respeitado professor Kentler, autor de vários livros, defendeu o pedófilo Henkel. Em uma carta, ele diz ao governo que "o que o sr. Henkel precisa das autoridades é confiança e proteção". Quando um psicólogo questionou seu projeto, Kentler respondeu que às vezes "um avião não é um símbolo fálico – é simplesmente um avião".

Depois de um ano e meio da sua "adoção", Marco ganhou um irmão, Sven, de 7 anos, adotado pelo mesmo Fritz Henkel depois que o menino foi encontrado pelo governo mendigando no metrô. Vou pular os detalhes mais repugnantes relatados por Marco à *New Yorker*, e suas descrições de como a experiência o estraçalhou, e o privou até do raciocínio – que ele obliterou para propositalmente não entender o que vivia.

Porém, deixo aqui o que mais me surpreende nessa história: a maneira como governo, academia e agentes do serviço social permitiram que tamanha tragédia ocorresse. Até visitas dos pais biológicos foram proibidas, sob a desculpa de que eles faziam mal à criança. Tentativas feitas pela mãe para reaver a guarda do filho foram destruídas com a ajuda de oficiais do governo.

Segundo a autora do artigo, existia uma linha de pensamento naquela época que defendia que o nazismo ocorreu devido à repressão, principalmente sexual. Rachel Aviv cita Herbert Jager, um criminologista especializado em crimes sexuais nascido em 1928: "Eu acho que, numa sociedade que fosse mais livre sobre sexualidade, Auschwitz não poderia ter acontecido". Kentler concordava com essa teoria. O professor do experimento, que se via como um "engenheiro no reino da alma manipulável", acreditava que a liberação sexual era a melhor maneira "de evitar um outro Auschwitz".

Adorado pela esquerda, Kentler se inspirava no psicanalista marxista Wilhelm Reich, que "argumentou que o livre fluxo da energia sexual era essencial para construir um novo tipo de sociedade". A ideia de transformar a liberdade sexual infantil era tão corrente na década de 1980 que o então recém-criado Partido Verde, "que uniu ativistas contra a guerra, defensores do meio ambiente e veteranos do movimento estudantil, tentou abordar a 'opressão da sexualidade das crianças'". Segundo Aviv, "membros do Partido Verde defendiam a abolição da idade de consentimento para o sexo entre crianças e adultos".

A história publicada pela *New Yorker* merece ser conhecida porque ali é possível notar como o consenso elitista da época estava alinhado com as práticas pedófilas defendidas no experimento. Eu já tinha mencionado a pedofilia na minha série de artigos sobre o Q-Anon, mas meu foco foi mais o uso que se faz da pedofilia para criar espantalhos políticos. É fácil produzir monstros só com ilações, sugerindo crimes nefastos raramente trazidos à luz. Mas é mais fácil ainda produzir heróis, especialmente quando se finge que, por trás das cortinas, esse herói político está secretamente trabalhando pelo fim de uma rede secreta que comete crime tão hediondo. Admito, contudo, que quando escrevi esses artigos, eu não fazia ideia de que a pedofilia tivesse tido proteção oficial num país tão desenvolvido como a Alemanha, que pouco tempo antes sofreu tanto com a crueldade humana sistematizada.

Nos últimos anos, as redes sociais criaram dois universos paralelos — trajetórias de conhecimentos, doutrinamentos e convicções que progridem simultaneamente, mas nunca se encontram. Aliás, "universos paralelos" talvez seja uma metáfora pouco adequada, porque essas trajetórias só se afastam: tendo partido em direções diferentes, seus percursos se distanciam de forma exponencial.

Assim como na política, esses grupos estão cada vez mais divididos por um aspecto tanto estético quanto ideológico. Não tenho o interesse de explorar essa estética agora, mas para resumir de forma simples – e talvez simplista –, quem acredita na pedofilia como problema gigantesco é gente de direita, e religiosa; quem a desmerece como preocupação irrelevante é em geral de esquerda, e sem religião, como eu. Mas no caso da percepção da pedofilia, eu me situo num limbo solitário. Para mim, a pedofilia é uma crueldade tão inominável, de psicopatia mental e moral tão sub-humanas, que é difícil acreditar que ela seja um crime alastrado, cometido por muita gente. Foi com bastante surpresa, portanto, que eu recentemente descobri que intelectuais reverenciados na minha infância, como Simone de Beauvoir e Michel Foucault, defendiam e até praticavam sexo com menores.

O jornal britânico *The Guardian* fez ao menos duas resenhas do livro *Uma Ligação Perigosa*,[90] sobre a relação entre Simone de Beauvoir e Jean-Paul

---

90 https://www.theguardian.com/books/2008/apr/13/biography.simonedebeauvoir ; https://www.theguardian.com/books/2008/apr/19/featuresreviews.guardianreview8

Sartre. Segundo a autora, Carole Seymour-Jones, Simone ia procurar meninas para transar com Sartre, algumas das quais ela "testava" antes. Outras eram virgens, como Sartre teria preferido. Simone foi demitida como professora por cometer "corrupção de menor", conforme artigo no *New York Times*.[91] E Foucault, segundo o *Times* de Londres, abusava de meninos na Tunísia.[92] Outro artigo do *New York Times* fala do "abuso de crianças na França" cometido e protegido por intelectuais.[93]

91 https://archive.nytimes.com/opinionator.blogs.nytimes.com/2013/05/19/savile-beauvoir-and-the-charms-of-the-nymph/?mtrref=undefined&assetType=PAYWALL

92 https://www.thetimes.co.uk/article/french-philosopher-michel-foucault-abused-boys-in-tunisia-6t5sj7jvw

93 https://www.nytimes.com/2020/01/07/world/europe/france-pedophilia-gabriel-matzneff.html

MANIPULAÇÃO EM MASSA

O MÉDICO-BOT E OS PACIENTES SINTÉTICOS

Em maio de 2020, o vírus da covid já começava a matar e alcançava níveis notáveis de eficiência. "Eficiência", eu falei? Sim, falei. A tragédia que atingiu bilhões de pessoas foi vista como algo muito positivo inclusive pelo grande humanista Lula da Silva: "Ainda bem que a natureza, contra a vontade da humanidade, criou esse monstro chamado coronavírus".[1]

Segundo Lula, a pandemia teve um papel importante: o de refutar a tese de que "nada que é público presta". E essa conveniente tragédia teria sido natural, fruto da sabedoria telúrica. Sim, senhores, isso que eu classificaria com o oximoro *fortuita desgraça* foi obra da Mãe Natureza, que achou por bem dar uma de madrasta e castigou a maioria enquanto agraciava a minoria que detém o poder.

Nem todos acreditam que a origem do vírus é natural, claro, e eu sou uma dessas pessoas. Mas até Lula vai admitir que estou em boa companhia nessa "teoria da conspiração", porque um dos grandes proponentes dessa tese é ninguém menos que Jeffrey Sachs, um dos economistas mais conhecidos do mundo, diretor do Centro de Desenvolvimento Sustentável da Columbia University e ex-chefe da comissão sobre covid-19 da revista *The Lancet*. Sachs esteve no Brasil em agosto de 2022 para se encontrar com Lula e integrantes da sua equipe. Lula, infelizmente, não pôde comparecer.[2]

Em seu website, Sachs explica a teoria de que o vírus pode ter sido produzido pela indústria biotecnológica norte-americana.[3] Em pelo menos três artigos[4]

1 **Nota da autora:** *Em 20 de maio de 2020, Lula pediu desculpas pela frase, que, segundo ele, foi "totalmente infeliz".*

2 https://noticias.uol.com.br/ultimas-noticias/agencia-estado/2022/08/10/jeffrey-sachs-viaja-ao-brasil-para-encontro-com-lula.htm

3 https://www.jeffsachs.org/newspaper-articles/cpgynw2j9x4lamdd2resnf3eekppyd.

4 https://www.poder360.com.br/opiniao/as-armas-biologicas-e-a-defesa-que-mata-por-paula-schmitt/ ; https://www.poder360.com.br/opiniao/sao-francisco-e-a-brisa-suave-de-bacterias-e-dioxina/ ; https://www.poder360.com.br/opiniao/a-pandemia-e-os-homens-de-visao-por-paula-schmitt/

eu explico bem antes dele por que eu suspeitava que o vírus poderia ter sido feito pelo homem, e conto histórias de horror, quase inacreditáveis, de como a indústria de armas biológicas se sustenta da forma mais esperta possível: vendendo os antídotos para venenos que ela própria produz.

Mas voltando à teoria de Lula, e de como a natureza foi sábia em matar alguns milhões para salvar o Estado, ela não é a única que merece louvor. Lula tem outras pessoas a agradecer, porque nenhuma pandemia que se preze tem os resultados esperados sem a ajuda da corporatocracia[5] – que hoje é o Estado,[6] mesmo que a "ex-querda" não tenha entendido isso ainda.

E essa ajuda amiga tem ficado cada vez mais clara. Em dezembro de 2022, o jornal *The San Francisco Standard* revelou detalhes de algo que pessoas mais atentas já tinham notado havia tempo: um estranho esforço em fazer a pandemia parecer pior do que era.[7] No caso específico relatado pelo *Standard*, o esforço consistiu na criação de relatos falsos feitos por médicos que nunca existiram.

"Triste em anunciar que meu marido entrou em coma depois de ser internado com covid. O médico não tem certeza se ele vai conseguir sair", tuitou o médico Robert Honeyman, que nunca existiu. Em sua biografia no Twitter, Honeyman tinha as características necessárias para angariar simpatia de pessoas semipensantes, geralmente aquelas mais racistas e preconceituosas que imputam culpa e inocência a partir de nada além do gênero e da raça: o *fake* Honeyman era pardo e trans.

---

5 https://www.poder360.com.br/opiniao/o-sociocapitalismo-e-a-galinha-dos-ovos-de-aids/

6 https://www.poder360.com.br/opiniao/o-sangramento-coletivo-e-a-pobreza-mental-escreve-paula-schmitt/

7 https://sfstandard.com/technology/these-doctors-pushed-masking-covid-lockdowns-on-twitter-turns-out-they-dont-exist/

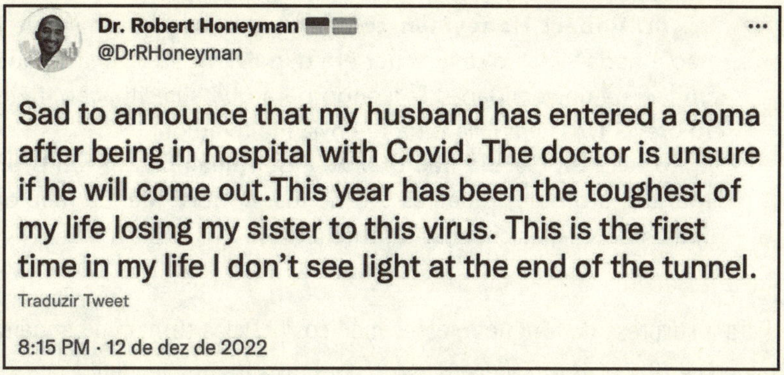
Dr. Robert Honeyman
@DrRHoneyman

Sad to announce that my husband has entered a coma after being in hospital with Covid. The doctor is unsure if he will come out.This year has been the toughest of my life losing my sister to this virus. This is the first time in my life I don't see light at the end of the tunnel.

Traduzir Tweet

8:15 PM · 12 de dez de 2022

As qualidades acadêmicas do tal médico também eram perfeitas para atingir o público mais mediano: doutor em sociologia e estudos feministas. Para fechar o identitarismo algorítmico que consegue arrebanhar uma manada cada vez maior, o médico avisava ao mundo os pronomes pelos quais exigia ser tratado: "*they/them*" (em vira-latense, elus/delus).

O inexistente Robert já tinha perdido uma inexistente irmã por uma inexistente covid antes. "Este foi o ano mais difícil da minha vida, perdi minha irmã para o vírus. É a primeira vez na minha vida que não vejo uma luz no fim do túnel". Seu tweet que compartilhava a falsa dor foi retuitado mais de 4 mil vezes, e recebeu mais de 43 mil *likes*.

Segundo o *Standard*, o falso médico era parte de uma rede de "ao menos quatro contas falsas ligadas à comunidade LGBTQ+ fazendo ativismo pelo uso de máscaras, distanciamento social, e criticando quem eles consideravam não estar levando a pandemia a sério". Essa rede de médicos-bots foi elaborada de tal forma que um robô validava a existência do outro, trocando mensagens entre si, desejando melhoras e força para a família e "as crianças".

Vejamos uma das trocas de mensagens entre esses médicos fictícios:[8]

> **dr. Gerold Fischer:** Acabei de botar meu café na geladeira e levei uma caixa de leite para minha escrivaninha antes de reunião

8 https://twitter.com/kookykarthik/status/1602526065812914176?s=20

virtual com um aluno. Agora dá para rir, mas confusão mental resultante da #CovidLonga não é brincadeira.

dr. Robert Honeyman comenta: Você pode achar que isso "não é nada", mas o dr. Fischer era o indivíduo mais afiado que eu conheci na universidade. Torcendo para que sua situação melhore em breve. Nossa família toda te envia muito amor.

o fake dr. Gerold não deixou a gentileza passar em branco: "Muito grato pelas palavras tão gentis, Robert. Manda meu amor para o Patrick e as crianças também!

Para a surpresa de ninguém, esses médicos fictícios tinham a bandeira da Ucrânia no perfil – mais um adereço usado por humanos que tendem a agir como robôs, previsível e programavelmente privados da capacidade de discernimento e individualismo, aceitando tudo que vem do Consenso Inc. sem pestanejar. Pode-se notar isso agora observando jornalistas brasileiros. Mesmo aqueles que passaram anos enfrentando a ditadura militar – ou principalmente eles – agora apoiam a tirania do Judiciário e a prisão coletiva de pessoas sem flagrante, incluindo idosos e crianças.

É assim que o Consenso Inc. funciona: ele determina que você compre o pacote inteiro. E é assim que os homens-robôs se comportam: comprando a caixa toda para recortar o cupom do crédito social que lhe garante a aceitação do rebanho. Um meme ilustra essa obediência robótica com extraordinário poder de síntese: Robin diz que odeia os "antivacinas", e o Batman reage dando um tapa na sua cara: "Russos! Você agora odeia os Russos!".

O 8 DE JANEIRO, OS INOCENTES E A INVESTIGAÇÃO VISUAL

No calor dos eventos, é prudente especular e irresponsável afirmar

Em encontro com jornalistas, o presidente Lula disse que policiais militares facilitaram a invasão que aconteceu no dia 8 de janeiro de 2023, na Esplanada em

Brasília.[9] "Teve muita gente conivente. Muita gente da polícia militar conivente. Teve muita gente das Forças Armadas aqui dentro conivente. Estou convencido de que a porta do Palácio do Planalto foi aberta para que gente entrasse, porque não tem porta quebrada. Significa que alguém facilitou a entrada."

Eu concordo com Lula, em certa medida. Estou longe de poder dizer quem está por trás do que aconteceu, mas tudo indica que a baderna em Brasília não foi espontânea, muito menos "popular". Os atos de depredação, vandalismo e destruição do patrimônio público provavelmente foram planejados – e quem os planejou não foi nenhuma das mais de mil pessoas presas em massa, sem flagrante, idosos, mulheres e crianças detidos numa das cenas mais deprimentes e tirânicas que eu já vi em uma democracia.

Antes de Lula, no dia seguinte às invasões, José Dirceu deu uma entrevista ao programa *Opera Mundi* e levantou suspeitas semelhantes.[10] Mas Dirceu incluiu outros agentes na suposta arapuca: "Tudo indica que a polícia legislativa colaborou, que a polícia militar colaborou, e que houve uma desídia, omissão ou no mínimo um erro grave de parte dos organismos responsáveis pela segurança do Distrito Federal, tanto o Ministério da Justiça como o governo do Estado." Vou repetir: José Dirceu lançou suspeita sobre a atuação do Ministério da Justiça. "Não nos iludamos", disse o ex-guerrilheiro, "isso não foi uma explosão popular".

Raul Jungmann, ex-ministro da Defesa e ex-ministro extraordinário da Segurança Pública no governo de Michel Temer, fez outra consideração importante em entrevista a William Waack na CNN.[11] Segundo Jungmann, o comando militar do Planalto "mantém um pelotão 24 horas no subsolo do Palácio do Planalto", composto "de 35 homens, aproximadamente". Esse comando, de acordo com o ex-ministro, é responsável "pelo Alvorada, Planalto e Jaburu", e estaria sob a autoridade maior do GSI, o Gabinete de Segurança Institucional.

No calor dos eventos, enquanto a neblina esconde os titereiros movimentando as marionetes, é prudente especular, e irresponsável afirmar. Mas a imprensa panfletária não perdeu tempo em passar vergonha. Enquanto o presidente da República, o ex-revolucionário José Dirceu e um ex-ministro de outro governo

9 https://www.poder360.com.br/brasil/militares-do-planalto-foram-coniventes-com-invasao-diz-lula/

10 https://www.youtube.com/watch?v=58nSD_YIk6E

11 https://www.cnnbrasil.com.br/politica/as-consequencias-politicas-dos-atos-criminosos/

levantaram a suspeita bastante razoável de que houve manipulação nos protestos, a imprensa ativista, formada por jornalecos dignos da pior assessoria de imprensa e da agitação política mais tosca como o *Estadinho* e os jornais do grupo Globo, não hesitou em chamar os presos em massa, sem flagrante ou qualquer evidência, de "terroristas".

Como conta o *Drive*,[12] a *newsletter* paga, exclusiva para assinantes, produzida pela equipe do *Poder360* e distribuída três vezes ao dia: "'Terroristas' é como todos são chamados, mesmo que a maioria dos 1.395 presos pelo 8 de Janeiro não tenha depredado nada. [...] Esse tipo de '*parlance*' foi adotado '*con gusto*' por parte da mídia. É assim que todas as plataformas do Grupo Globo se referem a quem esteve no gramado da Esplanada dos Ministérios no 8 de Janeiro."

O Grupo Globo provavelmente não tinha sido brifado ainda, porque até o presidente Lula, em uma fala incomumente conciliatória, quase estadista, tentou desassociar os eventos de 8 de janeiro da maioria da direita e até dos eleitores de Bolsonaro.[13]

Em momentos como esse, quando vemos as cenas do filme sem conhecer o diretor, uma das maneiras de tentar entender o que está acontecendo é fazer a velha e certeira pergunta *cui bono*, ou quem se beneficia. Essa é a heurística mais necessária e simples na identificação da *causa* de um ato: entender seus *resultados*. Essa *engenharia reversa* dos fatos nos permite descobrir quem poderia ter interesse nas consequências do que aconteceu no dia 8. O primeiro problema, contudo, é que as consequências do dia 8 ainda são desconhecidas, e os interesses, diversos.

Consigo listar aqui rapidamente alguns possíveis efeitos – ou objetivos – dos eventos do dia 8: aumento da tirania e censura com o suposto intuito de "combater o terrorismo"; enfraquecimento das Forças Armadas, ou mudança dramática em estrutura e comandos militares; detonação de inimigos políticos e atores supostamente omissos ou coniventes com os atos de vandalismo; interferência estrangeira; criação de uma já temida guarda nacional; aumento da perseguição de inimigos políticos; demonização da direita; enfraquecimento e desmoralização do novo governo.

Quem não passou os últimos meses em Marte deve ter ouvido falar de uma teoria que, insolitamente, é compartilhada tanto por gente na esquerda como na

---

12 https://www.poder360.com.br/drive-premium/

13 https://www.youtube.com/watch?v=ucugX6gavKY

direita. Segundo essa hipótese, a chapa Lula-Alckmin teria sido formada como uma união do Coiote com o Papa-léguas, uma aliança de ocasião em que um aliado só está esperando a dupla chegar ao poder para empurrar o outro do precipício.

Analisando-se o passado de ambos os personagens, a teoria não é absurda. Absurdo, num mundo menos do avesso, seria um presidente ter como vice alguém que seu partido acusou de "ladrão de merenda", e um vice que se sujeita a ser subalterno de alguém que ele afirmou querer voltar "à cena do crime". Mas existe também um terceiro possível interessado em derrubar os dois, e desestabilizar o governo que se forma: Bolsonaro, e seus eventuais apoiadores no Exército.

Uma das cenas mais patéticas dos eventos do dia 8 foi mostrada com exclusividade pelo emissário oficial do patetismo, o programa *Fantástico*, da Rede Globo. Segundo o já mencionado *Drive*, "o programa *Fantástico* teve o privilégio de receber as imagens de câmeras de segurança do Palácio do Planalto, apesar de serem documento público que deveria ter sido oferecido de maneira aberta a quem tivesse interesse. A Globo retribui a deferência. Ontem, domingo, o tom chapa-branca do *Fantástico* estava presente numa reportagem de 15 minutos a favor do governo Lula".

A Globo é aquele grupo empresarial que recebeu nada menos que R$ 10,2 bilhões em publicidade federal de 2000 a 2016,[14] uma assessoria de imprensa extremamente cara, paga por todos nós. Durante o governo Bolsonaro, esse valor foi reduzido a uma fração do original, e por isso os serviços foram cancelados.

Voltando à câmera de segurança,[15] no vídeo um homem aparece destruindo um relógio antigo, derrubando uma mesa, dando um rolezinho. Só depois que já se expôs o suficiente, o vândalo decide pegar um extintor de incêndio com o suposto intuito de destruir a câmera – algo que ele não consegue, mas que serve convenientemente para deixar explícito que ele ama Bolsonaro, e sobre isso não é possível ter dúvida, porque é a imagem do mito que está na sua camiseta. Como disse uma pessoa no Twitter, exibindo a inteligência de um Kinder Ovo: "Não foi infiltrado. O homem que quebrou o relógio do século 17 dado pela Corte Francesa ao Dom João VI usava uma camiseta do Bolsonaro".

---

14 https://www.poder360.com.br/eleicoes/grupo-globo-recebeu-r-102-bilhoes-em-publicidade-federal-de-2000-a-2016/

15 https://twitter.com/fabiomura/status/1614778459716308999

Que o mundo emburreceu rápido demais já é sabido, e aqui está o *Estadinho* para confirmar:[16] segundo a "chefe do *Estadão* em BSB", o jornal fez uma incrível "investigação visual" e conseguiu a façanha que só gente abençoada com o raro milagre da visão teria conseguido: eles cruzaram falas de Bolsonaro com faixas e frases usadas na manifestação do dia 8 e provaram "por a + b que o golpe teve a mentoria de Bolsonaro".

Não me dirijo a pessoas com esse intelecto, porque obviamente eu não seria entendida por elas – eu também gostaria de me comunicar com plantas, mas nem por isso me dou ao trabalho de tentar. Mas para pessoas que têm os outros quatro sentidos intactos, e conexões cerebrais que vão além do nervo óptico, vai aqui uma informação importante: ataques de falsa bandeira têm como característica principal o uso de sinais que fazem o ataque ser atribuído a um inimigo.[17] Daí o nome "falsa bandeira". Em outras palavras, se eu quero botar a culpa em Bolsonaro, não seria inteligente da minha parte destruir patrimônio em frente a uma câmera vestindo minha camiseta do Snoop Dog fumando um baseado.

Mas é daí que entra o problema com análises de crimes de falsa bandeira – eles são planejados de acordo com a inteligência da audiência. Já contei que, no Oriente Médio, em geral, todo jornalista é passível da suspeita de ser espião israelense.[18] Eu passei alguns sufocos por isso, mas fui inocentada por tabela pelo maior inimigo de Israel, o Hezbollah.[19] Pois bem, quando publiquei um livro sobre espionagem para uma editora no Reino Unido, imaginei que muitos iriam finalmente entender que eu não era espiã. Mas uma amiga que pensa um pouco além veio me congratular: "Bravo", ela disse. "Qual melhor maneira de esconder que você é espiã do que escrevendo um livro sobre espionagem?".

Esse tipo de cálculo é infinito, como o "Spy vs Spy" da revista *Mad* subindo uma escada de Escher. Podemos aplicar esse mesmo exercício ao ataque do relógio mostrado pelo *Fantástico*. Para pessoas com um QI superbaixo, uma camiseta de Bolsonaro é prova irrefutável de que o culpado é bolsonarista. Mas para alguém com um QI um

16 https://twitter.com/schmittpaula/status/1615697372604170240?s=20

17 https://www.poder360.com.br/opiniao/a-era-da-manipulacao-e-os-ataques-de-falsa-bandeira-escreve-paula-schmitt/

18 https://www.poder360.com.br/opiniao/os-erros-os-acertos-e-a-vontade-de-agradar-escreve-paula-schmitt/

19 https://twitter.com/schmittpaula/status/1557902460802535431

pouco acima, um detalhe crucial faz com que aquela cena seja completamente implausível: a calça caída com a cueca completamente à mostra. Sabe quando aquele tipo de vestimenta pode ser encontrado numa manifestação de direita pró-Bolsonaro? Com a mesma frequência que se encontra bom jornalismo nos jornais da velha imprensa brasileira. Dito isso, se o QI da audiência for um pouco mais alto, pode-se ir além, e o raciocínio mais razoável seria o seguinte: aquele ataque foi feito para fazer as pessoas pensarem que era um falso ataque de falsa bandeira.

SÃO FRANCISCO E A BRISA SUAVE DE BACTÉRIAS E DIOXINA

Muitos norte-americanos sabem que seu país é aquele bastião da liberdade que invade "países inferiores," rouba suas fortunas e mata seus povos em nome da liberdade. Mas poucos norte-americanos sabem que eles próprios são tratados pelo seu governo com desprezo quase equivalente. A grande diferença entre esses dois grupos de vítimas é que os norte-americanos levam mais tempo que os estrangeiros para entender que foram vitimados pelo governo dos EUA.

Em 1950, a cidade de São Francisco sofreu um surto inédito da bactéria *Serratia marcescens*.[20] Os médicos da cidade mal sabiam como lidar com o problema, tamanho era o desconhecimento sobre o patógeno. Algumas pessoas ficaram doentes. Ao menos uma morreu.

Foram necessários 26 anos para que a causa do estranho surto fosse conhecida – e a causa era o próprio governo. A partir de um navio ancorado na orla, as Forças Armadas espalharam as bactérias *Serratia marcescens* e *Bacillus globigii* sobre São Francisco e arredores. O objetivo foi usar a população local como cobaia numa simulação de ataque de arma biológica.

Um outro experimento levou ainda mais tempo para ser descoberto: quarenta anos. A Operação LAC, ou Cobertura de Grande Área, é uma das ações mais nefastas numa lista infinita de operações nefastas.

20 https://www.sfgate.com/health/article/Serratia-has-dark-history-in-region-Army-test-2677623.php

Para quem estiver com tempo livre e um masoquismo latente, aqui estão algumas sugestões para entretenimento e introdução ao tema: Operação Northwoods, Operação Popeye, Operação PaperClip, Operação Mongoose, Projeto MK-Ultra.

A Operação LAC é particularmente sórdida, porque ela não apenas usou como cobaia a própria população dos EUA, mas escolheu os mais vulneráveis: entre eles, a população preta e pobre de Saint Louis, no Missouri. Os detalhes desse caso são inacreditáveis até para esta que vos escreve e se acha devidamente curtida na salmoura para não se assustar com muita coisa.

Numa reportagem publicada no *New York Times* (originária da *Reuters*, que por sua vez, se baseou numa reportagem da TV KTCA), a LAC foi descrita como "um experimento da guerra fria em que o Exército pulverizou nuvens de material tóxico sobre Minneapolis [no estado do Minnesota] dezenas de vezes, e pode ter causado abortos espontâneos e partos com bebês natimortos".[21] O material usado na operação foi o sulfureto de cádmio de zinco, "suspeito de causar câncer". Ele foi pulverizado em outras populações, também sem seu consentimento ou conhecimento, como em Porton Down, na Inglaterra.[22]

Depois que a operação foi descoberta, o Exército alegou estar testando a maneira "como substâncias químicas iriam se dispersar durante uma guerra biológica". Um dos locais em que o gás foi pulverizado foi uma escola infantil onde, anos depois, "ex-estudantes relataram um número incomum de abortos espontâneos".

A reportagem "O Exército Pulverizou St. Louis com um Aerossol Tóxico Durante Teste dos Anos 1950 Recém-Revelado", da *Associated Press* de 2012, é interessante, porque ela mostra como as versões oficiais vão sendo alteradas de acordo com os vazamentos de informações secretas.[23] Essas "atualizações da verdade" são uma estratégia praticada desde a antiguidade por governos, organizações criminosas, espiões e safados em geral. Elas partem de um princípio testado e aprovado pelo tempo: *é melhor pedir desculpas do que pedir permissão.* Segundo a reportagem da *AP*, "nos idos dos anos de 1950, e novamente uma década mais tarde, o Exército usou sopradores motorizados colocados no telhado de conjuntos habitacionais de baixa renda, escolas e carrocerias de carros para

---

21 https://www.nytimes.com/1994/06/11/us/minneapolis-called-toxic-test-site-in-53.html

22 https://www.bbc.co.uk/insideout/west/series1/porton-down.shtml

23 https://www.businessinsider.com/army-sprayed-st-louis-with-toxic-dust-2012-10?op=1

enviar compostos potencialmente perigosos no ar já enevoado das áreas predominantemente pretas de Saint Louis".

Na época, funcionários públicos da cidade foram informados de que tudo aquilo era para o seu bem, e "que o governo estava testando uma cortina de fumaça para proteger Saint Louis de observação aérea no caso de um ataque russo". Em 1994, a versão foi atualizada, mas o propósito continuava o mesmo: é para o seu bem. "O governo disse que os testes eram parte de um programa de armas biológicas e que Saint Louis foi escolhida porque ela se assemelhava a cidades russas que os EUA poderiam vir a atacar". Interessante, porque, segundo documentos liberados décadas depois do fato por meio da lei de acesso à informação, a descrição do Exército sobre a área atingida é a seguinte: "uma área pobre densamente populada" onde 3/4 da população é negra.

Outra informação que pode provocar novas alterações da versão oficial veio de uma pessoa entrevistada pela *AP*, Mary Helen Brindell, que diz ter visto a pulverização ser feita com aviões do Exército. Segundo Mary, apesar de o exército não admitir, ela lembra que, num dia de verão, estava jogando "beisebol com outras crianças na rua quando um esquadrão de aviões verdes do exército voou próximo ao chão e soltou uma substância em pó. Ela correu para dentro, lavou seu rosto e braços, e saiu de novo para brincar". Na época da entrevista à *AP*, aos 68 anos, Mary tinha quatro tipos de câncer: mama, tireoide, pele e útero. "Eu me sinto traída", disse ela. "Nós apontamos o dedo para o Holocausto e fazemos isso?".

Doris Spates, então com 57 anos, foi outra pessoa entrevistada pela *AP*. Seu pai morreu "inexplicavelmente" três meses depois da pulverização, e quatro de seus onze irmãos morreram de câncer ainda jovens. Ela também tem câncer uterino. "Se eles tiveram coragem de fazer isso, não dá para imaginar o que mais estão escondendo", disse. Mas dá para ter uma ideia. A operação LAC foi debatida no Congresso em 1994, e um estudo feito pelo Conselho Nacional de Pesquisa admitiu que "altas doses de cádmio por longos períodos pode causar problemas nos rins e ossos, e câncer de pulmão".

O governo provavelmente vai ter que atualizar sua explicação mais uma vez quando (e se) a seguinte suspeita apresentada pela *AP* for confirmada: a de que o Exército teria feito, na verdade, "um experimento de radiação ao misturar partículas radioativas com o sulfureto de cádmio de zinco".

Entre aqueles que suspeitam que a LAC estaria ligada ao Projeto Manhattan de testes com bomba nuclear está a professora de Sociologia Lisa Martino-Taylor, que estava pesquisando o experimento para sua tese de doutorado na Universidade do Missouri. "Existem linhas muito fortes de evidência de que existia um componente radiológico no experimento de Saint Louis", ela afirma. Um estudo do Congresso norte-americano confirmou que houve testes radiológicos no Tennessee durante a guerra fria.

Outro experimento que só foi revelado anos depois teve origem em 1966, quando um gás foi lançado no metrô de Nova York para supostamente testar como ele se comportaria sob ação do fluxo de ar. Esse experimento foi parte de um programa que durou vinte anos, e foi conduzido em pessoas desavisadas ao menos 239 vezes, segundo o especialista em bioterrorismo Leonard Cole (autor de vários livros, incluindo o fantástico e altamente nauseante *Clouds of Secrecy*). Em entrevista ao *Democracy Now* (a transcrição da entrevista está abaixo do vídeo, o que facilita a tradução para os mais curiosos), Cole diz que o Exército simulava ataques de agentes (patógenos) mortais com substitutos inertes.[24] "Mas na minha pesquisa, e no trabalho que foi publicado no livro, está claro que alguns dos materiais não são completamente inofensivos quando você os expõe a 2 milhões ou 3 milhões de pessoas", afirmou.

Em 2016, o jornal inglês *The Guardian* fala de outro experimento conduzido no metrô de Nova York, também com o suposto intuito de testar o comportamento de um gás no fluxo de ar de uma estação.[25] O jornal avisa já de cara, da forma mais decisiva e curta possível, que "não existe risco à saúde". Para o caso de isso não ser tranquilizador o suficiente, o *Guardian* diz que "o gás contém traços de partículas que se parecem com gotas de perfume de um spray antes de rapidamente se dissiparem". Mas o governo do Canadá discorda, e classifica o gás usado pelo Exército (perfluocarbono) como uma substância tóxica.[26]

No livro *Clouds of Secrecy: the Army's Germ Warfare Tests Over Populated Areas* [Nuvens de Segredo: a guerra de patógenos do Exército em áreas populosas], Leonard Cole tem um capítulo dedicado a Fort Detrick. Eu menciono Fort Detrick num artigo sobre guerra biológica e o consórcio ocidental que financia e conduz

---

24 https://www.democracynow.org/2005/7/13/how_the_u_s_government_exposed

25 https://www.theguardian.com/us-news/2016/may/09/new-york-city-subway-harmless-gas-released-biological--attack-study-jessica-now

26 https://www.ec.gc.ca/toxiques-toxics/Default.asp?lang=En&n=AA329670-1

experimentos para aumentar a letalidade de vírus e bactérias.[27] Recomendo esse artigo, porque acho que consegui dar uma boa ideia do pesadelo boschiano-kafkiano dos programas secretos de armas biológicas financiadas com dinheiro público. Fort Detrick, em Maryland, é onde as forças armadas norte-americanas testam e produzem agentes patogênicos para guerras biológicas. O programa de guerra biológica dos EUA também era secreto, e só foi admitido anos depois de começar. Seu diretor era George W. Merck, presidente da Merck Pharmaceutical Company.

Assim que o programa foi revelado, o Departamento de Guerra divulgou um relatório em que admite que o programa tinha o objetivo de "tornar bactéria mais virulenta e ao mesmo tempo tentar controlar sua ineficácia". Mais uma vez, diz Cole, era impossível "distinguir entre pesquisa de defesa e ataque". As pesquisas de Fort Detrick, de acordo com seu próprio material publicitário, forneciam benefícios militares e civis. Cole se aprofunda em uma das toxinas: o herbicida 2,4,5-T, que contêm dioxina. "O material publicitário [do governo] não menciona, mas a dioxina é um poluidor praticamente indestrutível, letal para uma variedade de animais e uma ameaça à saúde humana. Sem dúvida, ele foi desenvolvido para proteger a nação; mas poucos poderiam prever que tempos depois a substância seria encontrada em vários lugares do país" sem que se soubesse de onde veio.

O herbicida 2,4,5-T é um dos componentes do agente laranja, a substância química usada no Vietnã cuja vantagem incomparável foi continuar aleijando e provocando mutações genéticas mesmo depois que os Estados Unidos desocuparam o país. Segundo Cole, o próprio exército admitiu, em 1968, na sua história oficial, ainda que de forma oblíqua, que conduzia experimentos em áreas populosas no território nacional. Sob o título "Infecção Experimental de Transmissão Aérea", o material diz que "novas abordagens estão sendo aplicadas para avaliar o papel da transmissão aérea de doenças respiratórias naturalmente adquiridas que têm papel tão importante tanto na saúde pública civil como militar".

Cole termina o parágrafo dizendo que "levou ainda uma década para que os cidadãos entendessem que as tais 'novas abordagens' incluíam a pulverização secreta do público com bactéria e agentes químicos".

Mais à frente, o autor revela fatos que ele classifica como "preocupantes":

---

27 https://www.poder360.com.br/opiniao/as-armas-biologicas-e-a-defesa-que-mata-por-paula-schmitt/

> Em 1980, o Instituto de Doenças Infecciosas do Centro de Pesquisa Médica do Exército dos EUA (USAMRIID) publicou um anúncio procurando cientistas que pudessem oferecer propostas para a introdução de genes do sistema nervoso humano em bactérias, através de métodos de DNA recombinante. O Exército buscou e conseguiu aprovação do Instituto Nacional de Saúde (NIH) para realizar experimentos de DNA recombinante envolvendo a clonagem de genes toxigênicos dentro da *Escherichia coli*, uma bactéria comumente encontrada no intestino humano.

A seguir, eu conto como genes de índios da Amazônia foram coletados fraudulentamente, adicionados a bancos de dados genéticos nos EUA e colocados à venda.

A AMAZÔNIA, A SUÁSTICA E O GENE DE ÍNDIO

No meu legendário worst-seller *Eudemonia*,[28] a personagem principal cita com desprezo algumas frases que descrevem o nacionalismo ou patriotismo: "A veneração de um pedaço de terra acima de princípios", "Uma doença infantil, o sarampo da humanidade", "Heroísmo sob comando", "A convicção de que meu país é superior aos outros pelo mero fato de eu ter nascido nele", "A última justificativa do canalha" etc. Mas assim como a democracia – que é o pior sistema governamental excluindo-se todos os outros –, o nacionalismo é um sentimento que só não é pior do que a sua suposta antítese: o globalismo.

Globalistas – os menos inteligentes, porém também os menos maldosos entre eles – acreditam que um governo mundial poderia ser guiado por princípios de igualdade, e permitiria a países pequenos e pobres ter poder decisório em questões que envolvem as grandes potências. Esse tipo de inocência vem

28 https://www.amazon.com/Eudemonia-Paula-Schmitt-ebook/dp/B006E5JI0S/ref=sr_1_1?crid=2Q0I4EI1X1SOM&keywords=eudemonia+paula+schmitt&qid=1655941060&sprefix=eudemonia+paula+schmit%2Caps%2C215&sr=8-1

geralmente de dois tipos de pessoas: aquelas que acreditam em unicórnio, e aquelas que não sabem nem como o Conselho de Segurança da ONU funciona.

Os países que detêm maior poder de decisão na ONU são, não coincidentemente, os que têm armas nucleares declaradas. Em outras palavras, os países das Nações "Unidas" que conquistaram o "direito" de decidir o destino de outras nações são exatamente aqueles com maior poder de destruição. Não é por mero acaso que esses países estão entre os que mais poluem o planeta, os que mais mataram povos nativos, os que mais ocuparam terras estrangeiras e os que jogam mais sujo no mercado global. Eles não são líderes mundiais *apesar* de tudo isso – eles são líderes mundiais *por causa* de tudo isso. Acreditar que um governo mundial iria destroná-los e diminuir seu poder é de uma ingenuidade constrangedora.

Um dia eu fui jantar no apartamento de um ex-executivo do Banco Mundial num dos endereços mais caros da cidade. Quando vi a opulência, fiz um comentário sarcástico e inconveniente, daqueles que garantem que eu jamais serei convidada de novo. Mas para o alívio de quem me acompanhava, o homem respondeu com a leveza de quem já estava acostumado com aquilo. Em tom de piada, ele contou que ele e seus colegas brincavam que o slogan secreto da instituição era "Banco Mundial: reduzindo a pobreza de um funcionário de cada vez". Aquilo me lembrou da melhor descrição que conheço de ajuda externa: "Ajuda externa é quando se transfere o dinheiro de gente pobre em país rico para gente rica em país pobre".

Eu faço esse preâmbulo porque existem pessoas que sabem ler e mesmo assim acreditam que o interesse internacional sobre a Amazônia tem a intenção de preservar o meio ambiente e proteger os povos nativos. Parece mentira, mas depois de todas as lições que a história generosamente nos concedeu, pessoas semi-inteligentes acreditam na sinceridade de todos os instrumentos usados para disfarçar interesses nefastos, muitos deles quase sempre acompanhados dos rótulos "sem fins lucrativos", "não governamental", "instituto para", "amigos do". Lembrei agora do falecido pai do meu ex, dono de *pipelines* de petróleo na Arábia Saudita e, para a minha surpresa, membro do conselho da WWF – World Wildlife Foundation, aquela ONG do ursinho panda.

Mas deixemos Khobar de lado e voltemos para a Amazônia. Você sabia que existe uma cruz com uma suástica no meio da floresta?[29] Poucas pessoas sabem

29 https://www.academia.edu/32078342

disso, mas na década de 1930, em plena expansão nazista, um explorador do maior grupo paramilitar do Partido Nacional-Socialista passou mais de um ano na Amazônia. Financiado pelo governo alemão, Otto Schulz-Kampfhenkel era membro da SS nazista e explorou o Vale do Jari de setembro de 1935 a março de 1937.

Segundo artigo do respeitado conglomerado de comunicação estatal alemão Deutsche Welle, Otto voltou com a mala cheia:[30] 1.500 espécimes de animais, 1.200 objetos etnográficos das comunidades nativas de Aparai, Wayana e Wajapi, milhares de fotografias e metros e metros de filmes. Mas o mais interessante não foram os artefatos, que até hoje adornam o Museu Etnográfico de Berlim. Alguns acreditam que sua expedição tinha "uma missão secreta de desenhar um plano para invadir e ocupar as Guianas por meio do norte do Brasil". A DW fez questão de dizer que "historiadores descartam essa teoria", mas o mesmo artigo conta que em 1940, o chefe da SS, Heinrich Himmler, pediu a Otto "sua opinião sobre um plano para anexar as Guianas".

Essa história dá uma dimensão diferente ao artigo do *Brasil 247*, cujo título reflete a brilhância cerebral dos seus leitores: "Bolsonaro joga fora 150 milhões por ano da ajuda alemã para a Amazônia".[31] Mas no quesito sicofância e deslumbramento vexaminoso, eu ainda prefiro o artigo do jornal *Extra*, do Grupo Globo, que conta que o maior topázio azul do mundo foi "achado" na Amazônia na década de 1980.[32] Pesando inacreditáveis dois quilos, o topázio foi "guardado" (não escondido, mas guardado) por trinta anos. Para não restar dúvida de que não houve roubo ou apropriação indevida, o *Extra* usa um sinônimo de "achar" mais pra frente no texto: "A pedra foi encontrada". O artigo, infelizmente, traz zero informação sobre as circunstâncias do encontro fortuito entre inglês e topázio. Esse tipo de narrativa me lembra de uma frase que eu ouvia de coleguinhas numa escola em Brasília: "Achado não é roubado, quem perdeu é relaxado".

Frequentemente é preciso recorrer a jornais estrangeiros para saber o que ocorre no nosso país. Isso porque jornais e revistas em países com recursos naturais como o Brasil – alvo eterno de interesses comerciais poderosos – são muitas

---

30 https://www.dw.com/en/how-the-amazon-became-popular-in-the-third-reich/a-52835851

31 https://www.brasil247.com/brasil/bolsonaro-joga-fora-r-150-milhoes-por-ano-da-ajuda-alema-para-amazonia

32 https://extra.globo.com/noticias/mundo/maior-topazio-azul-do-mundo-achado-na-amazonia-sera-exibido-em-londres-20185487.html

vezes financiados por empresas estrangeiras e pelos serviços de inteligência que trabalham para elas. No Irã, por exemplo, durante o golpe em que a CIA e o MI-6 britânico derrubaram o primeiro-ministro Mohammad Mossaddegh, de cada cinco jornais iranianos, quatro estavam sob o controle da CIA.

Quem diz isso não é nenhum *mullah* iraniano, mas Richard Cottam, PhD em Ciência Social de Harvard, seguidor da Igreja de Jesus Cristo dos Santos dos Últimos Dias e agente da CIA no Irã, citado em um dos livros mais reveladores que já li na vida, *All The Shah's Men*,[33] do jornalista Stephen Kinzer. Eu conto um pouco sobre o golpe que derrubou Mossaddegh no meu livro sobre espionagem, publicado na Inglaterra e disponível na Amazon UK.[34] Alguns capítulos desse livro foram traduzidos e estão disponíveis gratuitamente no Medium[35] porque detenho os direitos do texto em português.

Muitos até hoje acreditam que a CIA trabalha para proteger o território dos Estados Unidos, ou para defender o mundo do comunismo. É compreensível que seja essa a fantasia adotada, porque a ideologia é uma desculpa mais nobre do que o mero interesse financeiro. Ela também é mais convincente em países laicos do que a motivação religiosa, e consegue abranger mais pessoas. A ideologia também é perfeita para angariar apoio entre aqueles que não se beneficiam dos lucros, fazendo com que pessoas de bem, privadas de qualquer motivo torpe, virem soldados na luta por uma causa que não existe. Mas David Talbot já mostrou nas mais de setecentas páginas do seu livro *The Devil's Chessboard*[36] que a CIA foi criada para proteger megaempresas, em especial aquelas que cresceram quando se aliaram ao nazifascismo na Alemanha.

Smedley Butler, um general que, na sua época, era o mais condecorado da história dos Estados Unidos, um dia também descobriu que não estava invadindo

---

33 https://www.amazon.com/All-Shahs-Men-American-Middle/dp/047018549X/ref=sr_1_1?keywords=all+the+shahs+men&qid=1655936822&sprefix=all+the+shah%2Caps%2C222&sr=8-1

34 https://www.amazon.co.uk/Spies-Treachery-Paranoia-Paula-Schmitt/dp/1912475030/ref=sr_1_1?crid=36YNQVRE9M0ZV&keywords=paula+schmitt+spies&qid=1655937041&sprefix=paula+schmitt+spi%2Caps%2C374&sr=8-1

35 https://paulaschmitt.medium.com/

36 https://www.amazon.com/The-Devils-Chessboard-audiobook/dp/B00YFQKH9Y/ref=sr_1_1?crid=25311N46Y6H7O&keywords=devil%27s+chessboard&qid=1655937558&sprefix=devil%27s+chessboar%2Caps%2C230&sr=8-1

países para derrotar o comunismo nem para instalar a liberdade, mas sim para destruir empresas locais e criar espaço para empresas norte-americanas. Ele conta isso no curto e indispensável *War is a Racket* (A guerra é uma falcatrua).

(No link da nota de rodapé eu cito uma passagem do livro, e conto como Oliver Stone não acreditou que eu já tinha ouvido falar do general, porque ele foi virtualmente apagado da História, e eliminado dos livros escolares nos EUA.)[37]

É por tudo isso que menciono acima que muita gente no Brasil nunca ficou sabendo do roubo de DNA de índios na Amazônia. Segundo reportagem do *New York Times*, índios da tribo Karitiana doaram sangue para pesquisadores que visitaram a floresta em 1996.[38] Alguns anos depois, seu DNA estava sendo vendido a 85 dólares a amostra pela organização "sem fins lucrativos" Coriell Institute, em Nova Jersey.[39] Mas essa venda deve ter sido a ponta de um iceberg. Hoje, o Coriell Institute é financiado pelo Congresso norte-americano,[40] e a empresa já se uniu à Força Aérea norte-americana para empreendimentos em medicina genômica.[41] Vou poupar o leitor e não falar dos investimentos do Exército americano em armas biológicas. Em 2011, o site PR Newswire anunciou que a IBM e o Coriell tinham se unido para criar "o maior biobanco de células humanas vivas".[42]

Isso deveria causar revolta em quem conhece os estudos de ganho de função que aumentam a virulência de patógenos e os direcionam a alvos predeterminados — alguns desses estudos financiados pelo Departamento de Defesa dos Estados Unidos. Infelizmente, o cérebro da maioria dos "*influencers*" só consegue ver "apropriação cultural" em fantasia de carnaval. É esse o limite da sua suposta defesa do índio.

Termino este artigo com um curto vídeo do sertanista Orlando Villas Boas (link na nota de rodapé), apresentado no programa *Expedições*, da jornalista

---

37 https://www.poder360.com.br/opiniao/servidao-voluntaria-aos-eua-nao-trara-beneficio-ao-brasil-alerta-paula-schmitt/

38 https://www.nytimes.com/2007/06/20/world/americas/20blood.html

39 https://coriell.org/

40 https://norcross.house.gov/2021/9/norcross-announces-124-million-coriell-institute-prestigious-cancer

41 https://www.airforcemedicine.af.mil/News/Display/Article/861590/air-force-embarks-on-genomic-medicine-with-phase-ii-of-study/

42 https://www.prnewswire.com/news-releases/coriell-institute-teams-with-ibm-to-advance-personalized-medicine-125617208.html

Paula Saldanha.[43] Villas Boas foi um especialista "acima de qualquer suspeita", alguém que conquistou respeito suficiente entre os índios para ser homenageado com uma das maiores honrarias concedidas ao "homem branco", e descrito como "o cacique branco do Xingu".[44]

Quando vi o vídeo pela primeira vez, fiquei tão estupefata com a denúncia que suspeitei que pudesse ser montagem. Entrei em contato com o autor da reportagem, Fabio Pannunzio, e com um membro da família de Villas Boas. Ambos confirmaram: Villas Boas tinha mesmo dito aquilo. Transcrevo aqui as palavras de Villas Boas, reproduzidas no livro *Raposa-Serra do Sol*,[45] de Aldo Rebelo:

> As maiores reservas de urânio do mundo estão em Roraima. Estão dentro da terra Ianomami. Os maiores minérios do mundo [...] inclusive um que tem o apelido de alexandrita, só foi encontrada na América na terra Ianomami. Nós já sabemos, de fonte muito boa, que mais ou menos uns dez ou quinze Ianomamis, os mais destacados da comunidade, estão na América [do Norte]. Aprendendo inglês, aprendendo uma porção de coisas, e aprendendo a política. E essa política vai acontecer em quê? Eles vão voltar dentro de um ou dois anos, e talvez eu não sei se vou assistir, mas vocês vão. Daqui uns dois ou três anos, essa gente volta para as tribos Ianomamis, liderando, falando inglês, uma outra mentalidade, e o que eles vão fazer? Eles vão pedir território Ianomami desmembrado do Brasil e da Venezuela. E a ONU vai dar.

AS ARMAS BIOLÓGICAS E A DEFESA QUE MATA

O jornal *The New York Times* publicou no dia 30 de dezembro de 2020 um artigo que confirmou o que muitos suspeitavam: que o governo chinês não foi

43 https://twitter.com/schmittpaula/status/1115646970306207744

44 https://www.estadao.com.br/ciencia/orlando-villas-boas-o-cacique-branco-do-xingu/

45 https://www.amazon.com.br/dp/8570629206/ref=cm_sw_r_apa_i_BAW9GKRW6PGWBNT3B687_1

transparente em sua reação aos primeiros sinais da letalidade do coronavírus, escondendo a dimensão do problema ou mesmo se recusando a atuar para combatê-lo.[46] Também foi mencionado, ainda que brevemente, que a origem do coronavírus ainda não tinha sido confirmada. O jornal disse que "a resposta inicial atrasada soltou o vírus no mundo e prenunciou batalhas entre cientistas e líderes políticos sobre transparência, saúde pública e economia" em vários países. É em nome dessa transparência e da saúde pública que este artigo vai falar de um assunto tão sórdido – e ainda assim tão pouco conhecido, que mais parece papo de conspiracionista: a indústria de armas biológicas.

Esse tópico é pesado, e não recomendo a leitura para pessoas de estômago delicado.

Mas decidi tratar dele, porque em mais de dois anos de pandemia, poucos ficaram sabendo que já vivemos há anos sob uma ameaça biológica mais letal que o coronavírus. Se por um lado ainda temos tantas dúvidas sobre as origens da covid-19 – não sabemos se o vírus escapou de um laboratório, de onde ele veio e se surgiu espontaneamente –, por outro, estamos sob um risco muito maior que já foi devidamente documentado em livros premiados, depoimentos a tribunais internacionais, documentos das Nações Unidas, documentários vencedores de festivais. Essa ameaça, estranhamente desconhecida do público em geral, não vem necessariamente de países como a Coreia do Norte e o Irã, por exemplo, os tradicionais bichos-papões das histórias contadas pra nos fazer dormir. A ameaça vem, na verdade, de quem nos conta as histórias.

Era uma vez um grupo de ovelhas na idílica ilha escocesa de Gruinard que pastavam alegremente e morreram com antrax. Mas aquilo não foi acidente. Pessoas morreram também, como era de se esperar, porque a ilha era usada pelo governo britânico ao menos desde 1942 para testes com armas biológicas, e hoje ninguém pode pisar no lugar, tamanha é sua contaminação. Essa ilha não é um caso isolado. Churchill já tinha avisado duas décadas antes sobre as "pestilências metodicamente preparadas e deliberadamente lançadas sobre homem e besta [...] mangra sobre as plantações, antrax para matar cavalo e gado, praga para envenenar não apenas exércitos, mas distritos inteiros – assim é o trajeto ao longo do qual a ciência militar está avançando sem remorso".

46 https://www.nytimes.com/2020/12/30/world/asia/china-coronavirus.html

No livro de onde tirei essa citação, *A Higher Form of Killing – the Secret History of Chemical and Biological Warfare*[47] (Uma elevada forma de matar – a história secreta das armas químicas e biológicas), os jornalistas Jeremy Paxman e Robert Harris mostram que Churchill tinha razão. As armas biológicas já vêm sendo usadas há muito tempo. No século 14, a cidade de Kaffa foi capturada quando o exército tártaro catapultou corpos de vítimas da peste na cidade; os ingleses, por sua vez, usaram cobertores infectados com varíola na tentativa de destruir populações inteiras de índios norte-americanos. Mas poucas coisas se comparam à sordidez do que aconteceu recentemente, na nossa era: o Projeto Coast, um pesadelo real que se passou na África do Sul durante o *apartheid*.

O Projeto Coast foi uma operação do governo racista de P. W. Botha em que experimentos secretos em um laboratório do governo, atuando sob a fachada de empresa farmacêutica privada, produziram armas químicas e biológicas para matar, aleijar e esterilizar a população negra. Esse projeto foi algo tão torpe e cruel que vou mencionar apenas alguns detalhes, mas deixo na nota de rodapé o link para um documento das Nações Unidas para os leitores que queiram se atrever a saber mais.[48] Cito apenas alguns fatos para que se entenda o escopo das armas biológicas, e como elas podem ser usadas de forma sorrateira e às vezes impossível de ser rastreada. Algumas delas chegam a ter a capacidade tecnobiológica de conter marcadores genéticos que lhes permitem agir apenas em alguns grupos étnicos, enquanto poupam outros.

O documento intitulado "O Programa de Guerra Biológica e Química do *Apartheid*", produzido pela ONU (mais especificamente pelo Unidir, seu instituto para a pesquisa do desarmamento, baseado em Genebra), mostra que diretores do laboratório RRL (Roodeplaat Research Laboratories) chegaram a discutir maneiras de fazer Nelson Mandela desenvolver um câncer e morrer antes de sair da prisão.[49] Na página 97, pode-se ver uma lista das dezenas de agentes químicos e biológicos usados no laboratório. Os métodos de contaminação e envenenamento são variados: protetor labial, xampu, desodorante, vacinas, tabaco, bebidas alcóolicas. Pessoas foram capturadas e usadas para teste. Muitas morreram. Os corpos eram jogados ao mar.

47 https://www.amazon.com.br/Higher-Form-Killing-English-ebook/dp/B004E9TJ28

48 https://unidir.org/sites/default/files/publication/pdfs//project-coast-apartheid-s-chemical-and-biological-warfare-programme-296.pdf

49 https://www.cbsnews.com/news/apartheid-era-nightmare-tales/

Algumas foram inoculadas com veneno de cobra; outras, com agentes biológicos que paralisavam o sistema nervoso e matavam lentamente. Vários produtos foram exportados para outros países, e isso é admitido pelo ex-diretor do RRL Wouter Basson, em entrevista exclusiva para o documentário *Anthrax War*, uma obra-prima investigativa, premiada e disponível por inteiro no link da nota de rodapé.[50]

No documentário, Basson explica, entre outras coisas, que tentou produzir uma espécie de contraceptivo imunológico. Traduzo a fala do inglês, mantendo as aparentes inconsistências do original:

> Nós tínhamos o objetivo de sintetizar uma certa proteína que estava no esperma com propósito contraceptivo. O objetivo era que se você pudesse imunizar a mulher contra o esperma, então você a tornaria infértil. Nós fomos requisitados pra fazer isso para outro país que tinha uma explosão populacional séria, como parte de intercâmbio de tecnologia.

O narrador do documentário explica que "Basson nunca conseguiu aperfeiçoar a vacina. Ele nega que ela tenha sido planejada como arma étnica". Basson afirma que todo o material produzido no laboratório foi descartado em alto-mar.

Outra entrevistada é Helen Purkitt, pesquisadora da Academia Naval dos Estados Unidos que investigou o caso.[51] Ela conta que o laboratório sul-africano conduziu pesquisas para "controlar o tamanho da população negra", e, para isso, os cientistas mergulharam em "pesquisas de modificação genética e maneiras de criar contraceptivos que pudessem esterilizar os negros sem que eles soubessem". Para Chandré Gould, investigadora da Comissão da Verdade e Reconciliação sul-africana que coassina o documento do Unidir e também foi entrevistada no documentário, um dos focos do laboratório era "encontrar toxinas que fossem administradas nos indivíduos sem que pudessem ser detectadas após a morte".[52]

Dias depois do ataque de 11 de setembro de 2001, cartas contaminadas com esporos da bactéria q[illegible] causa o antrax foram enviadas a membros do

50 https://documentaryheaven.com/anthrax-war/

51 https://www.amazon.com/South-Africas-Weapons-Mass-Destruction/dp/025321730X

52 https://thebulletin.org/biography/chandre-gould/

Congresso norte-americano e jornalistas. O Congresso teve que ser fechado, e ao menos cinco pessoas morreram. O ataque foi trágico, e serviu para incentivar o apoio popular à invasão do Iraque e a eliminação das suas supostas "armas de destruição em massa". Mas depois de milhares de mortos, e trilhões de dólares transferidos do contribuinte norte-americano para uma minoria de mercenários e empresas de reconstrução, as tais armas nunca foram encontradas, muito menos o antrax.

Ele poderia ter sido achado, quem diria, em lugares de muito mais fácil acesso: Estados Unidos, Canadá e Reino Unido. Esses três países formam um consórcio que vem produzindo armas biológicas desde a década de 1940, incluindo antrax, e especificamente a cepa exata usada nos ataques das cartas contaminadas. O FBI passou anos investigando o caso. Sua primeira suspeita recaiu sobre Steven Hatfill, um patologista especialista em armas biológicas que tinha trabalhado em Fort Detrick, um centro de pesquisa de armas biológicas do Exército norte-americano. A teoria do FBI era a de que o ataque teria sido de um "lobo solitário". Hatfill conseguiu provar sua inocência, e foi indenizado com mais de 5 milhões de dólares.[53] Já o microbiologista e pesquisador militar Bruce Ivins não teve a mesma sorte. Suspeito por anos, ele acabou morrendo de um suposto suicídio, o que permitiu ao FBI encerrar a investigação e deixar por isso mesmo.[54] Mas quase ninguém acredita que Ivins fosse de fato culpado, nem mesmo um dos principais alvos do ataque, o congressista Patrick Leahy.

Outro microbiologista cuja *causa mortis* oficial é suicídio foi David Kelly, conhecido como o czar das armas biológicas no Reino Unido. Kelly era diretor de Porton Down, o centro inglês de armas biológicas. Ele teria cometido suicídio logo depois de ser identificado como a fonte da BBC numa declaração que desmentia o governo inglês em sua afirmação de que o Iraque teria o poder de deflagrar armas biológicas em 45 minutos.

Mas segundo o documentário *Anthrax War*, Kelly morreu logo depois que revelou a Gordon Thomas que queria escrever um livro de memórias. Thomas, agora falecido, era um dos maiores especialistas em espionagem e um dos grandes jornalistas investigativos que já existiram. Ele lembrou a Kelly que, por Kelly

53 https://www.theatlantic.com/magazine/archive/2010/05/the-wrong-man/308019/

54 https://www.pbs.org/wgbh/frontline/article/new-report-casts-doubt-on-fbi-anthrax-investigation/

ter assinado o Ato dos Segredos Oficiais, um livro daquele jamais seria publicado. Outra coisa que aconteceu por volta da mesma época da morte de David Kelly foi o fim da Operação Antler, uma investigação de cinco anos sobre os experimentos conduzidos por David Kelly em Porton Down.[55] Só para terminar essa história: Norman Baker, membro do Partido Liberal Democrata e atualmente um dos maiores críticos da ditadura comunista chinesa no Parlamento inglês, duvida que David Kelly tenha se suicidado, e escreveu um livro defendendo essa tese – tese essa apoiada por muita gente séria, incluindo um grupo de médicos que examinou o corpo do biólogo. Mas aqui entra algo interessante: Baker afirma que David Kelly e Wouter Basson trabalharam em conjunto. O próprio Basson, o monstro do laboratório sul-africano, admite ter se encontrado com Kelly algumas vezes, e de ter visitado Porton Down.

Termino este artigo lembrando que militares norte-americanos da linha de frente são obrigados a se vacinar contra a antrax por meio de um programa[56] iniciado no governo de Bill Clinton que já inoculou mais de 2 milhões de soldados. No documentário, vemos um membro do Exército que se recusou a ser vacinado, uma mulher, que foi subsequentemente julgada numa corte marcial e "dispensada com desonra". Existem outros casos parecidos. As vacinas são todas feitas por um único laboratório, e a justificativa para sua obrigatoriedade é que os soldados norte-americanos precisam se defender de uma ameaça real – ameaça essa produzida pelas forças militares do seu próprio país, em ao menos dois centros de pesquisa.

O biólogo molecular Jonathan King, do MIT, explica como as coisas funcionam, e ilustra com perfeição a simbiose entre a defesa e o ataque quando ambos se transformam em indústrias:

> A resposta aos ataques de antrax tem sido a criação de uma campanha nacional de bilhões de dólares para nos defender de terroristas conhecidos, mas o caráter desse programa é mais ou menos assim: "O que os terroristas vão aprontar, qual a substância mais nociva, mais perigosa, mais difícil de diagnosticar, qual o micro-organismo mais difícil de combater que podemos imaginar? Bem, então vamos trazer esse micro-organismo à existência pra que possamos descobrir como nos defender dele."

---

55 https://www.bbc.com/news/uk-48540653

56 https://en.wikipedia.org/wiki/Anthrax_Vaccine_Immunization_Program

Para King, esse programa de defesa biológica é impossível de ser distinguido de um programa de ataque biológico, porque os dois "fazem a mesma coisa".

EDWARD BERNAYS, A MANIPULAÇÃO DAS MASSAS E A MANUFATURA DE COSTUMES

De todos os assuntos que eu posso abordar neste artigo, poucos me agraciariam com mais descrédito do que o questionamento do uso de flúor na água. Basta falar "flúor" que você é imediatamente classificado como conspiracionista – mas só na melhor das hipóteses. Na pior das hipóteses, você acaba sendo enquadrado em vários outros crimes, todos intrinsecamente ligados, ainda que não tenham absolutamente nenhuma relação um com o outro.

Ilações são exercícios racionais de extrapolação, e ligar os pontos é um ofício de toda mente lógica. Mas algumas premissas vêm sendo deturpadas de tal forma que você começa num lugar e nunca sabe aonde vai chegar. Eu presenciei um exemplo disso, uma situação quase tragicômica de tão absurda.

Fui abordada por uma vizinha que veio até mim procurando meu agradecimento por ela ter diminuído o uso do *seu* incenso que empesteava a *minha* casa. Eu agradeci da forma mais sincera e efusiva possível, mas ela queria conversar. Em nome de um ar mais respirável, aguentei educadamente, e fiquei ali deixando as inanidades entrar por um lado e sair pelo outro.

Até que, naquela avalanche de assuntos, ela soltou um "entregador preto", e eu só me dei conta daquelas palavras porque ela interrompeu a si mesma bruscamente, assustada com a desnecessária identificação étnica. Antes que ela completasse o pedido de desculpas e inventasse um novo assunto, eu a interrompi e disse "eu não ligo pra isso não, termina a história", mas em vez de aquilo ser seguido por um "obrigada pelo bom senso", ela completou com um "claro que você não liga, você é racista, *não se vacinou*".

Não tenho a excelência literária para descrever o meu espavento, mas enquanto meus olhos ainda estavam arregalados, o rapaz gay que estava ao lado da minha vizinha veio em meu socorro com um *arjumento* ainda mais assustador. Apontando para minha camiseta do Pink Floyd com a capa do *Dark Side of the Moon* (que mostra a luz se fragmentando em um arco-íris), o rapaz me defendeu dizendo que "é claro que ela não é racista, olha a camisa LGBT".

Oremos.

Pois bem, assim como não se vacinar pode transformar você em racista, e gostar de Pink Floyd pode inocentar você, o flúor também pode levar a uma ilação de Escher em que você começa com ciência e acaba acusado de ser *macho branco tóxico*, ainda que você seja mulher, bege e excelente para a saúde. Mas essa tortuosidade lógica não é tão ilógica assim. Ela existe porque o questionamento de qualquer decreto da corporatocracia passou a ser propositalmente associado com "coisa de maluco". Nem preciso falar, mas vou falar mesmo assim, citando Krishnamurti: "Não é nenhum sinal de saúde estar bem ajustado a uma sociedade profundamente doente".

Mas de onde surgiu essa associação entre o questionamento e a insanidade mental? Será que essa inferência é natural? Claro que não. Essa associação forçada foi planejada nos mais escuros porões do governo e nos bem iluminados escritórios de "relações públicas". A própria expressão "relações públicas" é um *case* de sucesso, um eufemismo criado pelas agências de relações públicas para disfarçar a palavra "propaganda". E um dos mestres dessa arte de manipular foi Edward Bernays. E Bernays, quem diria, está também no cerne da transformação do flúor. Produzido como dejeto nuclear poluente e praticamente indescartável, o flúor transicionou e se identifica hoje como produto para a higiene bucal.

Edward Bernays, para quem não sabe, era sobrinho de Sigmund Freud, e foi responsável pela propaganda do governo norte-americano na Primeira Guerra Mundial.[57] Com conhecimento de propaganda e psicologia, assim que a guerra terminou, Bernays passou a trabalhar para os verdadeiros donos dos Estados Unidos, exatamente aqueles que incitavam o país a participar de guerras: os

---

57 https://www.nytimes.com/1995/03/10/obituaries/edward-bernays-father-public-relations-leader-opinion-making-dies-103.html

industrialistas. Quem diz que foram os industrialistas que levaram os EUA à guerra não sou eu, mas Smedley Butler, na época o general mais condecorado da história do país e autor do livro *War is a Racket.* Até hoje é assim, e isso é muito bem explicado no livro *The Shock Doctrine: the Rise of Disaster Capitalism*[58] (Doutrina de choque, a ascenção do capitalismo de desastre), de Naomi Klein.

Um dos trabalhos mais bem-sucedidos de Bernays foi aumentar o consumo de cigarro, convencendo mulheres que se acreditavam independentes e feministas de que fumar era uma questão de igualdade de gênero. Isso começou com um golpe publicitário no domingo de Páscoa, em 1929. Nesse dia, Bernays foi atrás de algumas mulheres e conseguiu convencê-las a marchar pelo seu direito de fumar. Inocentes, bem-intencionadas e devidamente manipuladas por um homem, essas mulheres saíram pelas ruas de Nova York empunhando cigarros acesos, nomeados pelo gênio da propaganda de "tochas da liberdade". Ele nunca contou a elas que estava trabalhando para a American Tobacco Company.[59]

Outro truque de Bernays, magistralmente bem contado no imperdível documentário *Century of the Self,*[60] foi aplicado para aumentar as vendas da mistura pronta para bolo da marca Betty Crocker.[61] Fácil de fazer, a mistura pronta era pronta até demais, e exigia só a adição de água, subtraindo da experiência a sensação de tarefa cumprida e utilidade pessoal. As vendas então começaram a cair, mas Bernays reverteu a queda quando teve a ideia de mudar a fórmula, obrigando a dona de casa a adicionar um ovo à mistura pronta. Agora sim, satisfação garantida.

Outro caso conhecido foi o das redes de cabelo. Como conta um obituário do *New York Times,*[62] Bernays foi contratado pela marca Venida, porque a moda estava mudando e as mulheres estavam deixando de usar rede no cabelo. Então Bernays fez com que artistas famosos elogiassem o "estilo grego de cabelo" que

---

58 https://www.amazon.com/The-Shock-Doctrine-Naomi-Klein-audiobook/dp/B000WDS62O/ref=sr_1_1?keywords=disaster+capitalism+naomi+klein&qid=1660178409&sprefix=disaster+ca%2Caps%2C209&sr=8-1

59 https://www.newyorker.com/magazine/1998/07/06/the-spin-myth

60 https://www.imdb.com/title/tt0432232/

61 https://www.psychologytoday.com/us/blog/the-secular-shepherd/201604/edward-bernays-uncle-freud-and-betty-crocker

62 https://www.nytimes.com/1995/03/10/obituaries/edward-bernays-father-public-relations-leader-opinion-making-dies-103.html

se via em quem usava a rede. Ele também conseguiu que um especialista em questões trabalhistas "saísse pelo país insistindo que mulheres que trabalhavam perto de máquinas usassem redes no cabelo para sua proteção". O sucesso de Bernays vinha principalmente do fato de que sua propaganda era feita de forma oblíqua – algo que hoje reconhecemos como manipulação. A "ênfase", como diz o *New York Times*, "era nas redes de cabelo, não na marca Venida. Na verdade, Venida raramente era mencionada".

Uma dessas manipulações surgiu para aumentar as vendas do cigarro Lucky Strike. Segundo pesquisas de mercado, as mulheres evitavam fumar Lucky Strike porque o maço de cor verde não combinava com suas roupas.

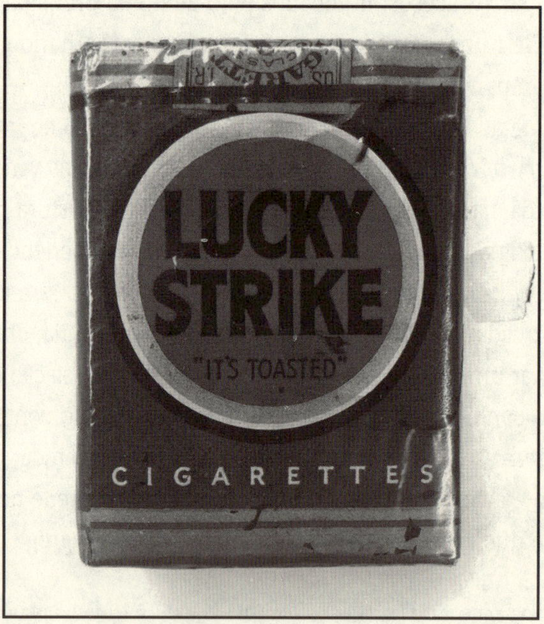

Bernays, então, embarcou na missão de fazer do verde a cor da moda. Ele lançou "almoços verdes", "bailes verdes" (onde as mulheres tinham que se vestir naquela cor), e fez com que lojas e vitrines passassem a expor vestidos e conjuntinhos verdes). A campanha foi um sucesso.

Ao promover a venda de produtos de forma enviesada, Bernays fazia mais do que vender uma marca – ele influenciava os costumes e mudava os hábitos da sociedade por anos, às vezes décadas, sem que a sociedade se desse conta da manipulação. Algum dia pretendo mostrar como a adição do flúor à água de reservatórios públicos ocorreu muito mais por interesses comerciais do que por qualquer razão de saúde.

O GRANDE ABATE DE BÚFALOS E OS 500 MILHÕES DE HUMANOS

Existe um documentário do reino animal feito pela Disney que tem um trecho de cortar o coração. Nos seus três minutos e meio, o segmento mostra lemingues cometendo suicídio em bando. É possível ver dezenas deles se jogando do precipício, rolando pedra abaixo. Os que sobrevivem à queda decidem entrar no mar, e vão nadando em direção ao fundo até encontrar a morte por afogamento.

Esse fenômeno aparentemente tão antinatural seria fruto de uma inteligência evolutiva. O lemingue, numa sabedoria introjetada geneticamente pelo tempo, mataria a si próprio, como indivíduo, para permitir a sobrevivência do grupo, como espécie. É altruísmo para ninguém botar defeito. Só tem um problema com essa história: ela foi totalmente fabricada,[63] e os lemingues foram lançados do penhasco pela própria Disney.

O documentário *White Wilderness* (Selva branca) é um bom exemplo de como é fácil disfarçar falsidades com a aparência de realidade. Mas sua premiação com o Oscar de melhor documentário em 1958 é um exemplo de como é fácil fazer com que essa falsidade seja corroborada e perpetuada. Levou mais de vinte anos para que a verdade viesse à tona, graças a um programa da TV canadense CBC.[64] O documentário *Câmera Cruel, Animais em Filmes* conseguiu entrevistar Roy Disney, sobrinho do fundador Walt. E ele confessa que a cena foi fabricada, filmada em uma região de Alberta, no Canadá, e não no Oceano Ártico.

---

63 https://travellemming.com/disney-lemming-suicide-myth/

64 https://www.youtube.com/watch?t=1238&v=DG4jnhrSukQ&feature=youtu.be

A região onde foi feita a filmagem não tem nem mesmo acesso ao mar, e lá não existem lemingues. Os animais foram encomendados de uma outra região, caçados por crianças nativas, que receberam 25 centavos por cada lemingue capturado. Depois de transportados à locação, eles foram jogados do penhasco com a ajuda de uma plataforma giratória. Alguns lemingues morreram, admite o sobrinho de Walt Disney, "mas eles provavelmente teriam morrido de qualquer jeito".

As imagens do documentário não foram as únicas coisas falsificadas nessa história – o altruísmo suicida dos lemingues também é uma mentira, como explica um artigo publicado pelo Departamento de Pesca e Caça do Governo do Alaska.[65] A ideia de suicídio no reino animal sempre me fascinou porque nunca me pareceu natural. Ainda que eu considere o suicídio um direito moral e metafísico entre os humanos, ele me parece contrário a qualquer princípio evolutivo, uma afronta aos instintos mais enraizados. Mas Roy Disney não admitiu que essa parte foi fabricada. Durante a entrevista ele insiste que o "documentário" só inventou as imagens. Os lemingues, segundo Roy, eram sensíveis o suficiente para entender que "proliferam demais", e de sete em sete anos fazem o que deve ser feito.

Existe outro animal que prolifera demais: o ser humano. Ao contrário dos lemingues fictícios, contudo, o homem médio não está ciente disso, e não se oferece para o sacrifício. Ainda bem que temos uma elite de seres superiores pensando por nós, e ela já deixou claro que está buscando soluções. E a grande solução é a redução da população, um dos tópicos mais badalados no WEF, ou Fórum Econômico Mundial, o governo supranacional que reúne as pessoas mais poderosas do mundo, e empresas com dinheiro suficiente para comprar países inteiros – ou ao menos comprar integrantes dos governos. Aproveito aqui para mandar minha vaia metafórica a todas as pessoas que achavam estar "defendendo a liberdade" quando diziam que não deveria haver limite ao poder financeiro de um grupo, uma estultice estúpida demais para eu criticar agora.

A concentração de renda nas mãos de poucos criou monstros econômicos capazes de comprar todas as agências das Nações Unidas e supremas cortes do mundo. Uma dessas deformidades é a BlackRock, uma firma de investimento que, em 2021, tinha um portfólio avaliado em 9,5 trilhões de dólares, segundo a CNBC.[66] Para

65 https://www.adfg.alaska.gov/index.cfm?adfg=wildlifenews.view_article&articles_id=56
66 https://www.youtube.com/watch?t=6&v=ga_we_sOopk&feature=youtu.be

efeitos de comparação, o orçamento da Organização Mundial de Saúde em 2022-23 é de 6,72 bilhões,[67] ou 0,07% do valor do portfólio da BlackRock. Para quem quiser saber um pouco mais sobre essa empresa, recomendo o documentário legendado em português *Monopoly*.[68] Na sua simplicidade, ele revela mais sobre a BlackRock do que muito jornal que depende de anúncios. Isso é compreensível, claro, porque jornal que fala mal de anunciante é a versão jornalística do lemingue-suicida, e deve ser difícil achar alguma grande empresa onde a BlackRock não tenha o dedo.

Voltando à população proliferante, sua diminuição é defendida no WEF de forma aberta, sem o menor constrangimento, ao contrário: ser a favor do controle populacional é quase um pré-requisito para estar no clube dos bilionários, uma sinalização de virtude imprescindível. Vejamos o que diz Sadhguru, palestrante do Fórum Econômico Mundial e líder espiritual indiano, no que foi chamado de "conversa com o místico".[69]

Ele começa com uma frase de impacto: "Quando eu vejo clínicas de fertilidade, o meu coração afunda". Para ele, ter filhos é uma excrescência, um retrocesso espiritual, porque a "dimensão humana" não inclui a biologia, mas a consciência. Sadhguru está até pensando em criar "um prêmio para todas as mulheres que são sadias, capazes de ter um filho, mas decidem não ter nenhum [aplausos]". Ele termina a breve conversa com um veredicto: "Você acha que o problema é vaga para estacionar; você acha que o problema é o lixo; você acha que o problema é a saúde pública. Não. O problema é a população. Não existe outro problema."

E qual seria a solução proposta por Sadhguru? Fui procurar saber e encontrei um vídeo do líder *yogi* falando no próprio Fórum Econômico Mundial,[70] possivelmente o lugar menos espiritual do mundo. Ele mostra que entendeu que "O solo, a comida, a água e o ar [estão sendo vistos] como *commodities* que você pode comprar e vender" (ponto para o guru por essa fala sincera). Mas a solução que ele propõe não é o fim da comodificação desses recursos naturais, e sim "menos almas no planeta".

---

67 https://www.who.int/about/accountability/budget/

68 https://rumble.com/vs3c73-monopoly-who-owns-the-world-by-tim-gielen.html

69 https://www.youtube.com/watch?v=u53dATti0gk

70 https://www.youtube.com/watch?v=GkWFCy3xWFw

Em outro vídeo, também no WEF, a antropóloga e primatóloga Jane Goodall diz que o crescimento populacional está por trás de muitos males no mundo.[71] "Todas essas coisas das quais nós falamos não seriam problema se a população estivesse no mesmo tamanho que estava há quinhentos anos". Segundo uma página da Wikipedia[72] que compila estimativas de várias instituições diferentes, inclusive da ONU, a população mundial no ano de 1500 estava em torno de 500 milhões. Considerando que somos quase 8 bilhões na Terra, vai dar trabalho essa limpeza.

Não é só Goodall que considera esse número ideal. Nas Pedras Guias da Geórgia, um monumento de origem obscura que foi destruído com uma explosão[73] na madrugada de 6 de julho, um texto esculpido em granito em vários idiomas lista dez mandamentos para o mundo. O primeiro deles é exatamente "manter a humanidade abaixo de 500 milhões, em equilíbrio perpétuo com a natureza". O último mandamento é "Não seja um câncer na Terra – Deixe espaço para a natureza".

Mas a natureza, coitada, tem importância ainda menor que o ser humano, e não precisamos da Disney para entender isso. Pouca gente sabe, mas em 1868, políticos e militares norte-americanos decidiram matar búfalos indiscriminadamente. A intenção não era acabar com os búfalos, mas controlar a população indígena por meio da fome e destruição de seu sustento. Um artigo do *The Atlantic* conta como uma manada de 30 milhões de búfalos (ou bisões) foi reduzida a 25 mil cabeças.[74] E tudo isso foi feito, vejam só, com a ajuda imprescindível de uma elite entediada, tão cheia de dinheiro quanto era vazia de substância. Enquanto políticos e militares decidiam a estratégia de maneira informal, investidores de Wall Street ajudavam na caça aos búfalos em áreas indígenas com a ajuda de um guia muito especial: William Cody, também conhecido como Buffalo Bill. "Mate todo búfalo que puder!", disse um coronel para um caçador cheio de dinheiro, que demonstrava uma certa culpa pelo ato. "Cada búfalo morto é um índio que se vai."

71 https://www.youtube.com/watch?v=gdJ7wqJHbCo

72 https://en.wikipedia.org/wiki/Estimates_of_historical_world_population#Before_1950

73 https://www.reuters.com/world/us/explosion-rocks-georgia-guidestones-dubbed-americas-stonehenge-2022-07-07/

74 https://www.theatlantic.com/national/archive/2016/05/the-buffalo-killers/482349/

Segundo o artigo, quando mineradores descobriram ouro em Montana, em um dos melhores campos de caça no país, os índios Sioux lutaram contra os colonizadores que vinham para extrair mais uma fonte rentável da sua terra. Aquilo teria provocado uma pequena guerra (Fetterman Fight), em que os índios mataram o capitão Fetterman e oitenta dos seus homens. Um tratado foi assinado, e ele permitia que os índios caçassem búfalos na área do Rio Platte.

A solução proposta pelo major-general William Sherman foi eliminar os búfalos, porque ele sabia que os índios Sioux "jamais se entregariam a uma vida no cabo da enxada". Em outubro de 1868, o militar Phillip Sheridan, encarregado de empurrar os índios para as reservas, escreveu para o major-general Sherman dizendo que a melhor solução era "deixar os índios pobres com a destruição do seu gado e assentá-los nas terras reservadas para eles". Sherman concordava, claro. "Seria interessante convidar todos os esportistas da Inglaterra e América para uma Grande Caçada ao Búfalo e limpar a área."

Uma das fontes do artigo é Andrew Isenberg, historiador da Universidade Princeton e autor do livro *The Destruction of the Bison – An Environmental History, 1750-1920* (A destruição do bisão – uma história do meio ambiente, 1750-1920). Segundo o *The Atlantic*, na década seguinte, quase todo búfalo foi eliminado na região, e os animais que antes eram vistos por todo lado foram substituídos por carcaças. De acordo com relato escrito pelo coronel Dodge, "o ar estava fétido com um cheiro nauseante, e a vasta planície, que doze meses atrás estava viva com vida animal, agora virou um deserto morto e solitário".

Na seca a coisa piorava.

> Sem búfalos para caças, os colonos e os americanos nativos caçavam seus ossos, vendendo o que achavam como fertilizante. No livro de Isenberg, ele fala de um repórter que perguntou a um funcionário da ferrovia "Os índios conseguem viver catando ossos?". Sim, respondeu o trabalhador da ferrovia, "Mas é uma bênção que eles não consigam comer os ossos. A gente jamais conseguiria controlar esses selvagens até que seu suprimento de carne fosse completamente cortado."

Por falar em cortar o suprimento de carne, você viu na imprensa brasileira alguma notícia sobre como os governos da Holanda, Austrália e Canadá estão obrigando fazendeiros a matar seu próprio gado ou diminuir a produção de alimentos supostamente para reduzir a emissão de poluentes? Nem eu.

EUGENIA *"MADE IN USA"*

Este artigo não tem nada a ver com covid, mas rima com pandemia. Vou falar sobre a eugenia, mais especificamente a eugenia nazista, e como ela teve origem não na Alemanha de Hitler, onde adquiriu a devida notoriedade, mas no berço da democracia moderna, os Estados Unidos da América. Parece mentira, mas várias das atrocidades morais que se materializaram no Terceiro Reich foram "criadas nos EUA, e cultivadas na Califórnia, décadas antes de Hitler chegar ao poder".

Quem escreveu essa frase foi Edwin Black, autor de vários livros de não-ficção na lista de best-sellers do *New York Times*, incluindo o já clássico *IBM e o Holocausto – A Aliança Estratégica entre a Alemanha Nazista e as Empresas Mais Poderosas da América*. Black também é autor de *A Guerra Contra os Fracos – a Eugenia e a Campanha Americana para Criar uma Raça Superior*. Nele, o autor conta que nos EUA

> [...] a batalha para eliminar grupos étnicos não foi feita com exércitos, nem com armas e nem com seitas de ódio agindo nas margens. Em vez disso, essa perniciosa guerra de luvas brancas foi executada por estimados professores, universidades de elite, industrialistas abastados e oficiais do governo conluiados em um movimento racista e pseudocientífico chamado Eugenia.

As vítimas desse movimento eram "moradores pobres de áreas urbanas e 'brancos-lixo' [*white trash*] de New England à Califórnia, imigrantes europeus, negros, judeus, mexicanos, indígenas nativos dos EUA, epiléticos, alcoólatras, contraventores, doentes mentais".

Para quem não quer ou não pode ler o livro, recomendo o artigo "As horríveis raízes americanas da eugenia nazista",[75] assinado por Black e publicado no jornal de viés esquerdista *Alternet.* No artigo, o filho de poloneses sobreviventes do Holocausto conta como "elementos da filosofia [nazista] foram consagrados como política pública nacional pela esterilização forçada e leis de segregação aplicadas em 27 estados" norte-americanos, culminando na esterilização forçada de 60 mil pessoas (ou 70 mil pessoas, segundo artigo recente do *Newstatesman*).[76]

Eugenia é a redução da população ou a suposta "depuração" da espécie humana através da eliminação de características indesejáveis, e do favorecimento de características que se quer salientar, um processo geralmente realizado através de engenharia genética ou da esterilização de "espécimes inferiores". "O conceito de uma raça nórdica branca, loira, de olhos azuis, não se originou com Hitler", mas na Califórnia, "o epicentro do movimento eugenista norte-americano", diz Edwin Black.

Para ele,

> [...] a eugenia teria sido só uma conversa de salão bizarra não tivesse sido o financiamento extensivo feito por filantropias corporativas, especificamente o Carnegie Institution, a Fundação Rockefeller e a fortuna das ferrovias Harriman. Todos eles estavam mancomunados com os cientistas mais respeitados dos EUA, vindos de universidades de prestígio como Stanford, Yale, Harvard e Princeton. Esses acadêmicos defendiam a teoria e a ciência raciais, e depois falsificavam e retorciam dados para servir aos objetivos racistas da eugenia.

Teria sido o próprio reitor da Stanford, David Starr Jordan, que "deu origem à noção de 'raça e sangue' na sua epístola racial 'Sangue de uma Nação', na qual ele declarava que qualidades e condições humanas como o talento e a pobreza eram passados através do sangue".

Mas se Jordan contribuiu com a teoria, a Carnegie Institution foi ainda mais longe, e "estabeleceu um complexo laboratorial em Long Island que armazenou milhões de cartões indexadores de americanos comuns, enquanto pesquisadores cuidadosamente planejavam a remoção de famílias, linhas

75 https://www.alternet.org/2020/12/josef-mengele

76 https://www.newstatesman.com/culture/books/2022/02/the-sinister-return-of-eugenics

hereditárias e povos inteiros". De lá, defensores da eugenia pressionavam "as casas legislativas, assim como as agências de serviço social e associações nacionais". A fortuna das ferrovias Harriman pagava instituições de caridade locais para "ir atrás de judeus, italianos e outros imigrantes em Nova York e outras cidades populosas, e sujeitá-los a deportação, confinamento ou esterilização forçada". A Fundação Rockefeller "ajudou a fundar o programa de eugenia alemão, e até fundou o programa no qual Josef Mengele trabalhou antes de ir para Auschwitz".

No centro da eugenia está um conceito que é difícil abordar sem desconforto: a noção de ser humano "*unfit*", ou imprestável, ou inadequado. Segundo Edwin Black, o movimento eugenista

> [...] tinha a intenção de subtrair negros emancipados, trabalhadores imigrantes asiáticos, indígenas nativos, povos hispânicos, europeus do Leste, judeus, homens de cabelo escuro das montanhas, pessoas pobres, os enfermos e realmente qualquer um que ficasse fora da classificação de linha genética nobre definida pelos raciologistas americanos.

Para isso, "18 soluções foram exploradas num relatório financiado por Carnegie em 1911: 'Relatório Preliminar do Comitê da Seção de Eugenia da Associação Americana de Criadores para Estudar e Divulgar os Melhores Meios Práticos para Cortar Fora o Germoplasma Defeituoso na População Humana'". Como conta Black, a solução número 8 era a eutanásia.

"O método mais comum sugerido de eugenicídio na América era a 'câmara letal', ou câmaras de gás operadas localmente. Em 1918, [Paul] Popenoe, o especialista em doenças venéreas do Exército [americano] durante a Primeira Guerra Mundial, foi coautor de um livro-texto largamente usado, *Eugenia Aplicada*", que tinha um capítulo "dedicado à 'Seleção Letal', que funcionava 'através da destruição do indivíduo por alguma função adversa do meio ambiente, como frio excessivo, bactéria ou deficiência fisiológica".

Ainda segundo Black,

> [...] muitas instituições mentais e médicos praticavam letalidade médica improvisada e eutanásia passiva. Uma instituição em Lincoln,

> Illinois, dava aos seus pacientes leite de vacas com tuberculose acreditando que um indivíduo eugenicamente forte estaria imune. [...] Outros médicos praticavam o eugenicídio passivo em bebês, um por um. Outros praticavam a negligência letal.

Porém, mais do que apenas "prover um mapa científico, os EUA financiaram as instituições eugênicas da Alemanha. Até 1926, Rockefeller tinha doado cerca de 410 mil dólares para centenas de pesquisadores alemães", e em maio daquele ano "doou 250 mil dólares para o Instituto Alemão de Psiquiatria do Instituto Kaiser Wilhelm. Entre os principais psiquiatras do instituto estava Ernst Rüdin, que veio a se tornar o arquiteto da repressão médica sistemática de Hitler". O Instituto Para Pesquisa do Cérebro tinha, até 1915, funcionado numa sala. "Tudo mudou quando dinheiro de Rockefeller chegou em 1929 [...]" O instituto continuou recebendo dinheiro da Fundação Rockefeller pelos sete anos seguintes.[77] Na direção estava mais uma vez Ernst Rüdin, que conduziu "experimentos assassinos e pesquisa em judeus, ciganos e outros".

Em março de 2003, o governador da Califórnia Gray Davies fez um pedido formal de desculpas às vítimas e às suas famílias:[78] "Nossos corações estão pesados pela dor causada pela eugenia. Isso foi um capítulo triste e lamentável". Segundo o jornal *Los Angeles Times*, a eugenia foi praticada nos EUA em 32 estados em vários momentos de 1909 a 1964. O próprio jornal conta em reportagem que ele, *LA Times*, foi "persuadido a publicar uma série de artigos favoráveis sobre eugenia na sua revista de domingo". Em seu pedido de desculpas, o então governador disse que a eugenia nunca mais iria se repetir, mas o título do artigo no centenário e respeitado jornal *Newstateman*, publicado no dia 9 de fevereiro de 2022, não é nada promissor: "O Sinistro Retorno da Eugenia."[79]

Nele, o jornal conta que a eugenia foi apoiada pelos primeiros-ministros britânicos Winston Churchill e Arthur Balfour, assim como vários intelectuais, como Bertrand Russell. E se foi possível estar tão errado naquela época, pergunta o autor do artigo, qual a garantia de que não estaríamos igualmente errados

---

77 https://www.timesofisrael.com/german-institute-finds-brain-parts-used-by-nazis-for-research-during-and-after-wwii/

78 https://www.latimes.com/archives/la-xpm-2003-mar-12-me-sterile12-story.html

79 https://www.newstatesman.com/culture/books/2022/02/the-sinister-return-of-eugenics

agora na "era da Big Tech", quando seres humanos podem ser produzidos por engenharia genética?

Porém, a eugenia não trata apenas da engenharia da raça humana, mas também da sua redução. Três anos depois que o governador da Califórnia avisou que a eugenia não iria se repetir, a BBC publicou o primeiro de uma série de artigos sobre o meio ambiente.[80] Para isso, ela entrevistou o renomado cientista Chris Rapley, dono de um currículo incomparável. Uma das medidas que Rapley considera mais importantes para a proteção da Terra é "o combate à superpopulação do planeta". Ele acredita que se isso não for enfrentado, "o bem-estar e a qualidade de vida das gerações futuras vão sofrer conseqüências".

Isso é interessante, porque existe um vídeo do então primeiro-ministro da Malásia circulando por aí que parece menos absurdo diante dessa preocupação populacional sancionada pela BBC. Eu consegui achar o vídeo original de sete horas. Em 2015, numa conferência chamada "A Nova Ordem Mundial – Receita para Guerra ou Paz", Mahatir Mohamad diz que a tal "Nova Ordem Mundial" é, na verdade, bem velha.[81] E que quando ela foi enunciada, "a população deste mundo era de 3 bilhões. A intenção era reduzir a população para 1 bilhão. Agora a população do mundo é de 7 bilhões. Haverá a necessidade de matar bilhões de pessoas, ou fazê-las morrer de fome, ou impedi-las de procriar".

A BBC em português explica:

> Para o professor Rapley, o tamanho da população atual da Terra, acima de 6,5 bilhões de pessoas, já é insustentavelmente grande. Ele afirma ainda que a uma taxa de 76 milhões de pessoas a mais por ano, em média, não há como combater os atuais problemas ambientais apenas com propostas para o controle de emissão de gases e a racionalização do consumo.

Bill Gates também já falou disso algumas vezes, inclusive em palestra do TED, em que ele diz que as vacinas que ele vende podem ajudar a diminuir a população: "Se nós fizermos um ótimo trabalho com novas vacinas,

---

80 https://www.bbc.com/portuguese/ciencia/story/2006/01/060106_populacaomundoebc

81 https://www.youtube.com/watch?v=1-2V3F4AQF8&t=2128s

atendimento de saúde e serviços de saúde reprodutiva, poderemos reduzir [a população] em 10% ou 15%".[82]

Gates depois tentou explicar por que o uso de vacinas iria ajudar a diminuir a população: segundo ele, as vacinas vão salvar tantas vidas que permitirão às pessoas extremamente pobres da África – aquelas que têm uma carrada de filhos – que finalmente tenham menos filhos, porque elas vão calcular as chances de perder filhos e, sabendo que perderão menos, vão também ter menos interesse em reproduzir tanto. Em outras palavras, segundo a lógica de Bill Gates, pobres na África que têm muitos filhos só os têm porque eles sabem que uma porcentagem alta da prole vai morrer ainda criança, então, fazendo um planejamento familiar básico que dispensa calculadora, eles aumentam o número de filhos para no final chegar num número ideal.

Para o cientista Rapley, entrevistado pela BBC, "a questão da população é um assunto muito difícil, uma espécie de tabu para os movimentos ambientais". Não para ele, obviamente. A BBC explicou que Rapley admite "que a questão é espinhosa, porque envolve considerações sobre o controle de natalidade compulsório e até eugenia". Segundo a BBC, o cientista "evita fazer recomendações sobre como controlar a atual tendência de crescimento que deve elevar a população da Terra a 8 bilhões ou 9 bilhões até 2050". Ao menos em público.

A EUTANÁSIA CANADENSE, O SER E O NÃO TER

Eu só fiquei sabendo da existência de Amir Farsoud porque ele decidiu deixar de existir. Há poucas semanas, o imigrante iraniano de 54 anos estava com medo de ir morar nas ruas. O auxílio estatal que ele recebia não iria mais lhe assegurar um teto, e a fila de espera para uma nova casa podia chegar a sete anos. Amir então resolveu aceitar uma última ajuda do governo canadense: a morte assistida.

Incapaz de melhorar a vida, o governo de Justin Trudeau decidiu abreviá-la. Ou assim parece a quem observa da superfície. Mas *incapacidade* não é a razão

82 https://www.youtube.com/watch?t=236&v=JaF-fq2Zn7I&feature=youtu.be

dessa ajuda. O governo do Canadá gastou bilhões com uma vacina não imunizante, e pagou um preço maior do que muitos outros países (em um contrato que a rádio e TV pública CBC classificou de "pesadamente censurado,"[83] com várias passagens omitidas). Ele também gastou mais outra fortuna tentando obrigar as pessoas a se vacinar, e depois jogou fora milhões de doses da vacina.[84] Governar é eleger prioridades, e a morte passou a ser uma delas. Em alguns casos, a redução da população é um projeto explícito.

Um dos livros mais curtos de Kurt Vonnegut, um dos meus autores favoritos, se chama *2 B R 0 2 B*, um título que deve ser lido como "*to be or naught to be*" (ser ou nada ser). O código alfanumérico é "o número de telefone da câmara de gás municipal do Departamento Federal de Finalização". Quem telefona buscando os serviços do departamento é recebido com muita gratidão: "Sua cidade agradece; seu país agradece, seu planeta agradece. Mas o agradecimento mais profundo de todos é aquele das gerações futuras".

Conhecida desde 2016 como MAID (assistência médica para a morte, ou Medical Assistance in Dying), a cortesia estatal canadense foi expandida em 2021[85] para incluir mesmo as pessoas que não têm doença fatal ou irreversível. Em 2023, a ajuda irá expandir ainda mais,[86] e vai contemplar pessoas com doenças mentais – uma categoria ampla o suficiente para permitir o suicídio assistido a praticamente qualquer um cuja tristeza seja considerada "depressão".

O debate sobre o suicídio é um prato cheio para pensadores e filósofos[87], porque envolve um direito que libertários como eu consideram quase tão sagrado quanto a vida: o direito à morte. Mas isso não significa transformar esse direito em programa de governo, financiado com o dinheiro público e aplicado pela burocracia estatal. A sistematização da morte faz diferença na vida, e sua escala também. Como diz uma frase cujo autor desconheço, "a quantidade tem

83 https://www.cbc.ca/news/politics/canada-vaccine-contracts-1.6063776

84 https://www.thestar.com/news/canada/2022/04/18/how-much-covid-19-vaccine-is-canada-throwing-out-secrecy-surrounds-the-real-answer.html

85 https://www.canada.ca/en/health-canada/services/health-services-benefits/medical-assistance-dying.html

86 https://healthydebate.ca/2022/05/topic/maid-mental-illness/

87 https://www.armstrongeconomics.com/world-news/corruption/too-poor-to-continue-living-with-dignity-canadian-eugenics/

uma qualidade própria". E como disse Terry Pratchet: "O mal começa quando você passa a tratar as pessoas como coisas".

Mas no caminho de sua coisificação, Amir encontrou uma pedra, várias delas: pessoas que ficaram sabendo da sua história e fizeram uma vaquinha para ajudá-lo. Isso ocorreu depois que o jornal canadense *CityNews*, de Ottawa, publicou uma reportagem sobre a ampliação da MAID, e citou Amir como exemplo de pessoa que estava optando pelo suicídio por falta de dinheiro.[88]

Com sorriso calmo, triste mas resignado, Amir contou que já tinha obtido a autorização de um médico – só lhe faltava mais uma assinatura. Dali a noventa dias, ele poderia conseguir a segunda assinatura e finalmente atingir a esperada inexistência – aquele estado que só se parece com o paraíso porque a existência se assemelha ao inferno. Até que a vida de Amir mudou.

"Eu sou uma pessoa diferente", ele disse à repórter. "Na primeira vez que nos falamos, eu não tinha nada além da escuridão, tristeza, estresse e desesperança. Agora tenho o oposto de tudo isso", afirmou. Amir comparou aquele momento de alívio com o que sentiu ao desembarcar na França depois de fugir da revolução islâmica no Irã ainda menino. "Quando saímos do avião [...] eu me dobrei de joelhos e beijei o chão, porque ninguém iria atirar em mim [...] e eu iria acordar de manhã, sabendo que não estaria morto à noite."

Falta de dinheiro não deveria ser uma das razões para o uso do auxílio ao suicídio, mas está sendo, como disse Karry Bowman, especialista em bioética pela Universidade de Toronto. "Casos como o de Amir estão surgindo com maior frequência por todo o país." Mas o próprio Amir explica que sua escolha fazia sentido – não como opção, mas como aceitação de uma ausência de escolha: "As pessoas usando o MAID são consideradas rejeitos. Se a sociedade não se incomoda em dar-lhes dignidade em vida, então o mínimo que ela pode fazer é dar-lhes cinco minutos de dignidade antes da morte".

---

88 https://toronto.citynews.ca/2022/10/13/medical-assistance-death-maid-canada/?utm_source=citynews%20ottawa&utm_campaign=citynews%20ottawa%3A%20outbound&utm_medium=referral

A OBEDIÊNCIA CONTAGIANTE E A BLUSINHA QUE MAIS SAI

Comportamentos mimetizados em grupo são caminho para a tirania

A tarefa de comprar roupas é uma das mais desagradáveis para mim, e, portanto, a amostragem do que vou dizer a seguir é muito reduzida, mas quase 100% das vezes em que eu me atrevo a procurar algo para substituir roupa rasgada, eu ouço das vendedoras o mesmo tipo de argumento: "Essa blusinha está saindo muito"; "Essa cor está vendendo bastante". Na cabeça dessas pessoas, a única justificativa necessária para que eu me vista de certa maneira é o fato de todo mundo estar se vestindo do mesmo jeito. Isso me lembra uma publicidade de uma marca famosa que vi um tempo atrás. O slogan era "Seja diferente", e em publicidade, isso significa "seja igual a todos que escolhem essa mesma marca".

Quem cresceu com uma dose mínima de curiosidade deve ter se perguntado em algum momento da adolescência: como a moda acontece? Como é possível acharmos bonito aquilo que ontem achávamos horroroso? Como são escolhidas as cores da estação? Quem decide isso? Baseado em quê? Acima de tudo: por que devo aceitar que um grupo de pessoas que eu nem conheço – e, portanto, pessoas por quem eu não tenho nenhuma admiração – decidam o que eu devo considerar belo?

Nem todo mimetismo vem do espírito de rebanho, ou da falta de autoconfiança, ou do excesso de covardia. Descobri isso por experiência própria. Na minha época em Beirute, existia um mercado que não se recomenda para turistas. Lá era possível encontrar de tudo, inclusive filmes de Hollywood que ainda nem tinham sido lançados comercialmente. Eles vinham com uma inscrição na parte inferior da tela, uma espécie de marca d'água dizendo "esta cópia é propriedade da Academia de Motion Pictures" e não pode ser compartilhada, distribuída, você vai ser preso, ficar cego etc.

Aquilo era um material de primeira, contrabandeado ou vazado por pessoas de um grupo bem seleto – integrantes da academia de cinema que tinham o privilégio de assistir ao filme antes de todo mundo. Quem comprava aquele produto exclusivo estava comprando uma "cópia original". Já as cópias inferiores, não originais, eram feitas no cinema, um filme do filme capturado por uma pessoa assistindo ao vivo, na plateia. De vez em quando, dava até para ver alguém se levantando para ir ao banheiro e passando na frente da tela. Era um saco ver vídeo assim, cheio de distrações e com áudio ruim, mas um dia eu me dei conta de uma coisa: eu dava muito mais risada com comédia gravada assim, no cinema, mesmo quando era uma comédia boba. É óbvio o que vou dizer, mas digo assim mesmo: eu ria mais porque todo mundo ria também.

Todos sabem que o bocejo é contagioso, mas eu entendo que essa "imitação" parece ter fundo mais neurológico, reflexivo – eu bocejo quando vejo alguém bocejar, sem que eu sinta necessariamente o mesmo sono. No caso das risadas do cinema, contudo, eu não estava apenas reflexivamente dando mais risadas – acredito que, de fato, eu passava a achar tudo mais engraçado. Em outras palavras, eu não estava sendo levada a imitar o que via, mas a *sentir* o que outros sentiam.

Existem várias emoções passadas assim, de uma pessoa para outra, que vão espalhando o sentimento de forma exponencial como uma doença respiratória. E durante a pandemia, nada foi espalhado com tanta eficiência e transmitido com mais rapidez do que o medo. Na psicose em massa que testemunhamos, o medo foi bem mais contagioso do que o próprio vírus. O medo pega.

Mas houve ainda um outro sentimento que se acoplou ao medo, e que serviu como um segundo alçapão para quem conseguiu escapar do primeiro: a sinalização de virtude. De forma inédita na história, o medo foi elevado à condição de valor moral, e quem não sentiu medo por fraqueza passou a sentir por nobreza, ou para pertencer ao grupo dos verificados. O medo foi "a blusinha que tá saindo muito", a paleta de cor que escolheram para essa estação. O problema com essa moda, porém – além da mediocridade intrínseca a indivíduos que só se reconhecem em grupo –, é que esse coletivismo de sentimento, essa massificação do medo em uma hipnose coletiva, é um dos instrumentos mais eficientes na eliminação da democracia. Essa eliminação foi sendo feita da forma mais aterradora possível, porque ela não estava sendo imposta por uma ditadura, mas por uma tirania. Numa ditadura, as pessoas têm medo do governo autoritário. Numa tirania, as pessoas têm medo umas das outras.

Essa tirania foi acontecendo através de uma espécie de pirâmide do controle social, uma hierarquia tácita explicada em forma de meme por um pensador anônimo com uma maravilhosa capacidade de concisão. Esse meme mostra como é fácil controlar populações inteiras com apenas uns poucos soldados, bem como acontece num formigueiro:

- 1% das pessoas controlam o mundo;
- 4% das pessoas se venderam para os controladores;
- 5% das pessoas estão despertas, e sabem o que está acontecendo;
- 90% das pessoas estão dormindo;
- o 1% paga os 4% para não deixar que os 5% despertem os 90%.

No artigo "O Controle da Maioria, a Censura e o Script Obrigatório"[89] eu falo um pouco mais sobre o controle das massas, e de como existem níveis diferentes de participação na formação da psicose coletiva. Existem também diferentes intenções – alguns mentem por interesse próprio. Em casos raros, uns mentem por altruísmo. Outros ainda mentem por acreditar que estão falando a verdade.

Todo mundo já notou uma coisa comum a muitos dos que pregavam o "fique em casa" – a coincidência de terem sido pegos desprevenidos na rua festando, fazendo compras, deitados na piscina, passando férias em Noronha, jogando futebol. Em um vídeo do programa *Morning Show*,[90] por exemplo, um semi-intelectual disse que deixar as pessoas irem trabalhar era equivalente a querer matá-las. Mas em vídeo gravado por ele próprio[91] para outro episódio do *Morning Show*, é possível ver essa pessoa seguramente "ficando em casa", enquanto sua empregada deixou sua própria casa pra trabalhar na dele.

Esse é apenas um de milhares de exemplos, e faço questão de não mencionar o nome de nenhum hipócrita em particular porque existem muitos. Existem inúmeros exemplos de contradição entre o que se dizia e o que se fazia, um

89 https://www.poder360.com.br/opiniao/o-controle-da-maioria-a-censura-e-o-script-obrigatorio-escreve-paula-schmitt/

90 https://twitter.com/acrobr_/status/1499458837182623755?s=20&t=ywh9MaRXD2vUUoaHBvDeCA

91 https://twitter.com/Saldanha_BrasiI/status/1499406957786107905?s=20&t=ywh9MaRXD2vUUoaHBvDeCA

cinismo ilustrado de forma perfeita pelo governador de São Paulo em sua viagem a Miami, enquanto seus súditos foram obrigados a ficar em casa e perder seu sustento. Doria chegou a ser fotografado dentro de uma loja, sem a máscara. Depois de descoberto, ele pediu desculpas. No Rio de Janeiro, tivemos a obscenidade lógica de ter praias fechadas – com pessoas proibidas de tomar sol, produzir vitamina D, respirar ar puro, nadar no mar – enquanto pobres eram obrigados a usar transporte público lotado, e mais lotado ainda porque o número de veículos tinha sido reduzido.

A morte da democracia – e sua reencarnação em forma de tirania – foi sendo mais culpa dos inocentes do que dos próprios culpados. Paradoxalmente, eram as vítimas que foram voluntariamente dando poder aos seus algozes. Para citar o grande Stanley Milgram – psicólogo especialista na submissão voluntária a pessoas sem autoridade nenhuma –, "quando você pensa na longa e sombria história do homem, você vai ver que houve mais crimes hediondos cometidos em nome da obediência do que cometidos em nome da rebeldia".

A CONJE E O FEMINISMO

Em fevereiro de 2022, Rosangela Wolff fez ondinha na banheira das notícias irrelevantes. Você provavelmente não sabe de quem estou falando, mas saberá assim que eu adicionar o sobrenome que ela nunca abrevia, ao contrário do Wolff, que é frequentemente espremido entre o primeiro e o último nome: Rosângela W. Moro.

Sim, Rosangela é casada com Sergio Moro, e ela quer que você saiba disso, ou não teria se apresentado no Instagram com a seguinte biografia, na seguinte ordem de prioridades: "Casada com Sergio Moro, mãe, advogada." Mesmo assim, Rosangela se declarou publicamente entristecida – sniff sniff – quando a revista *Veja* a descreveu como "mulher de Moro". A história foi muito bem contada em um artigo do *Poder360*.[92]

92 https://www.poder360.com.br/brasil/rosangela-reclama-de-ser-chamada-de-mulher-de-moro/

Nada contra mulher que se define pelo *conje*, como a versão anterior de Rosangela. E também nada contra mulher que se recusa a ser associada com o marido, como a versão atualizada de Rosangela. Tudo contra, porém, o uso da hipocrisia para subir no banquinho da virtude que você não pratica. Mas eu já escrevi sobre isso,[93] sobre a maneira como a virtude foi substituída pela autodeclaração de virtude, algo como um selo SIF carimbado pela própria vaca. O que quero abordar neste artigo, entre outras coisas, é a maneira como o feminismo vem sendo usado para oprimir exatamente quem ele finge defender, e como ele frequentemente é usado para enfraquecer, e não empoderar, a mulher. Na verdade, o feminismo vem sendo outro instrumento de controle social – antes feito pelo marido, ele agora é feito pelo Estado e por agências de publicidade. No artigo "O politicamente correto e o intelectualmente raso"[94], eu falo um pouco mais sobre como o identitarismo é uma invenção publicitária.

Antes de continuar, quero admitir com a devida humildade que não tenho "lugar de fala" para tratar da fraqueza e submissão feminina. Entendo do assunto mais por observação, e por algumas participações das quais não me orgulho, ainda que delas não me arrependa. Duas dessas eu já conto agora para me despir antecipadamente do manto de esperança que meus leitores mais zelosos vão usar para cobrir a nudez da minha sinceridade. A nudez que vai constranger meus leitores é esta: me falta empatia com certo tipo de problema feminino. Digo isso com pesar.

Acho a empatia um dos sentimentos mais importantes que existem, se não o mais importante. Ter a capacidade de se colocar no lugar do outro é quase um dom divino, uma qualidade de santos, de poder transformador inigualável neste nosso mundo de humanos imperfeitos. Por isso defendo a leitura de memórias ou bons livros de ficção para a formação do caráter: porque poucos exercícios conseguem nos distanciar de nós mesmos e nos fazer sentir e entender a verdade do outro. Quando você se desloca daquele centro do mundo que começa e termina no seu umbigo, você aprende a ter empatia e ver o mundo de mil ângulos, que são os ângulos do mundo. Levado ao extremo, esse exercício também pode

93 https://www.poder360.com.br/opiniao/a-cor-da-virtude-o-valor-que-vem-do-berco-e-o-selo-verificador-por-paula-schmitt/

94 https://www.poder360.com.br/opiniao/o-politicamente-correto-e-o-intelectualmente-raso-por-paula-schmitt/

deixar você louco quando não conseguir mais fugir da frase "tudo entender é tudo perdoar".

Pois eu devo ter deixado alguns aprendizados de fora exatamente para não perdoar tudo, porque acredito que o perdão absoluto e antecipado é um passe livre para a repetição do erro. Eu dei mostras suficientes disso quando respondi a mesmíssima coisa para duas amigas diferentes, que sofriam o mesmo problema em duas partes do mundo, Florianópolis e Cairo, com mais de dez anos de distância entre os casos. Tanto L. quanto R. apanharam do namorado, e ambas acharam que o lugar mais seguro para se esconder e ser protegida era a minha casa. De fato, eu acolhi as duas com carinho, fiz até chá, mas a elas eu disse a mesma coisa enquanto as lágrimas ainda rolavam do olho roxo: "Hoje você é bem-vinda aqui, e pode ficar até se sentir melhor. Mas não volte se apanhar uma segunda vez do mesmo cara".

Isso lembra aquela frase superconhecida em inglês que eu traduzo da seguinte maneira: "Me enganou uma vez? Que vergonha para você. Me enganou duas vezes? Que vergonha para mim". Essa frase perdeu o sentido depois do advento da vacina-de-mil-doses e do *booster* que não impede a morte, mas prometo não tocar nesse assunto agora. Vou voltar à minha ausência de lugar de fala para assuntos sobre a fragilidade feminina: Eu nem tinha "ficado mocinha" ainda e troquei o balé pelo caratê, porque achei que aquilo me seria mais útil na vida. Mas útil para quê? Essa pergunta merece ser feita, porque mulheres têm mil e uma utilidades. E uma delas é servir ao poder enquanto acredita que o está combatendo. E aqui entra a superioridade intelectual sobre a superioridade física.

Antes de continuar, um outro aviso: o assunto *feminismo* não é a minha praia, e confesso ter pouquíssimo interesse por ele. Para mim, o feminismo perdeu bastante da sua motivação quando a pólvora foi inventada. A partir do momento em que a arma de fogo passou a existir, o poder dos sexos foi, ou deveria ter sido, equalizado. Passei anos em conflito de sentimentos pelas mulheres do Afeganistão, porque não conseguia entender como não havia uma epidemia de assassinatos de marido abusivo quando tantas mulheres podiam esconder uma faca sob a burca. Nem vou entrar em discussão imaginária com quem quer a paz – eu também quero, amigo, e já separei algumas brigas em Ipanema e Copacabana, duas delas de faca e com sangue, uma com hospital. Usei meu legendário sorriso e alguns argumentos como ferramenta, mas, até hoje, nada foi tão eficiente em manter a paz quanto a capacidade de pulverizar o inimigo. Aí está o Conselho de Segurança da ONU que não me deixa mentir. Vai ver quem são os membros do conselho que manda no mundo – só tem país com *cojones* nucleares.

Sobra, portanto, às mulheres desarmadas praticamente apenas o cérebro, aquele órgão que encolhe mais a cada nova geração, e que pessoas como a Rosangela do começo deste texto não estão fazendo nada para estimular – primeiro porque ao contradizer suas palavras a conja mostrou que não acredita no próprio argumento. Mas acima de tudo, porque, ao fazer biquinho fingindo de que não quer ser definida pelo marido, foi exatamente isso que ela fez.

Rosangela atualizou seu posicionamento como um sistema operacional que sofre atualização obrigatória, controlado remotamente. Isso não é um fenômeno que só acontece entre mulheres. Homens, mulheres, LGBTQCRAP, todos estão cada vez mais padronizados, mais programáveis, com comportamento facilmente previsível, exatamente como a minha máquina de lavar roupa. Essa máquina, que aliás não recomendo, é supercomplexa, no sentido de ter mais modos de utilização e mais especificações de fábrica – mas ela continua sendo perfeitamente programável, e com comportamento facilmente calculável. Essa talvez seja uma das nossas grandes tragédias e decepções: passamos anos achando que os robôs iriam virar humanos, mas o que temos é o contrário: são os humanos que estão ficando cada dia mais parecidos com os robôs.

Conheço muitas mulheres que, de fato, estão substituindo os homens, mas não do jeito que se esperava. Elas não foram promovidas porque são melhores que os homens – elas foram promovidas exatamente porque se provaram tão ruins ou piores do que eles. Madeleine Albright, Condoleezza Rice, Christine Lagarde, Sheryl Sandberg... A lista é infinita. Tem que ter inteligência de artrópode para acreditar que nomear uma mulher para um cargo representa por si só benefício para as mulheres ou para a humanidade. Nisso a natureza merece até os parabéns: a mesquinhez do ser humano foi igualmente distribuída.

Há mulher que persegue mulheres que usam o véu islâmico que cobre o cabelo (por alguma razão, pouco se vê a mesma indignação contra judias que raspam a cabeça e passam a usar peruca). Algumas chegaram a aplaudir policiais franceses que forçavam mulheres muçulmanas na praia a desnudar sua modéstia[95] e pagar multa por não usar o traje de banho sancionado por lei. Raras vezes vi algo mais obsceno do que aquilo, e olha que tenho o RedTube nos meus *bookmarks*.

A grande tragédia disso tudo é que grande parte das feministas são – lamento dizer – mulheres mandadas que acham que ser controlada pelo Estado ou por agências de publicidade é menos indigno do que ser controlada pelo marido. Pergunte à sua feminista de estimação se ela sabe que um dos maiores ícones feministas do mundo, a escritora Gloria Steinem, foi empregada da CIA nas décadas dos anos 1950 e 1960. Como diz um artigo adulatório do *Sacramento Bee*, reproduzido no *Chicago Tribune* "parece estranho, mas as opiniões pessoais de Steinem e os objetivos políticos da CIA se alinhavam. Sua marca de revolução social, promovida com dinheiro de impostos norte-americanos, tinha o objetivo de combater a mensagem revolucionária patrocinada pela União Soviética".

Simone de Beauvoir, outro ícone do feminismo de opressão, também se metia na vida dos outros, e disse em entrevista à feminista Betty Friedan para *The Saturday Review* algo que fica pior na boca de uma mulher do que de homem: "Nenhuma mulher deveria ser autorizada a ficar em casa e criar seus filhos. A sociedade deveria ser totalmente diferente. Mulheres não deveriam ter essa escolha, precisamente porque, se houver essa escolha, muitas mulheres vão optar por ela."

Simone sabia do que estava falando, porque uma vez ela revelou em carta a um amante que estava tão louca de amor, tão tomada pela fusão da Pomba-Gira com a Amélia, que tinha prazer em ficar costurando as meias do cara. Quando eu li aquilo, há muitos anos, tive um mini-AVC cognitivo. Mas a pergunta que agora faço é: E por que não? Simoninha foi mais uma que se revelou através do velho ditado "quem desdenha quer comprar".

Nossa Beauvoir foi provavelmente uma refém da manada. Existem várias manadas, e muitos fazem questão de pertencer a alguma. Asch já explicou isso com seu experimento de conformidade.[96] Essa fraqueza do indivíduo vem bem a calhar, porque manadas facilitam o controle social.

---

95 https://duckduckgo.com/?q=france+burkini+beach+police&t=h_&iax=images&ia=images

96 https://pt.wikipedia.org/wiki/Experimentos_de_conformidade_de_Asch

Às vezes não é necessário nem homem para isso. Existem várias maneiras de manter a mulher no seu lugar. Em alguns países, elas são subjugadas pelo véu, ou pela peruca que cobre a cabeça que não pertence a ela, mas ao seu marido. Em outros lugares, elas se submetem fazendo branqueamento anal e se entupindo de silicone. Eu particularmente acho o *hijab* menos aleijante do que o salto alto, que impede a mulher de correr em caso de necessidade. Existem outras invenções "sofisticadas" – ou imbecilizadas – que mantêm a mulher bem-comportada sem que uma única ordem precise ser dada, tipo aquela bolsa "dozinferno" conhecida em inglês como *clutch-bag*, uma bolsinha que a mulher precisa passar a noite inteira segurando na mão porque aquele troço não tem nem alça. Imagina que beleza: um produto que a mulher acha que possui, mas, na verdade, *ele* é que possui a mulher, porque um dos dois únicos braços que ela tem fica ocupado a noite inteira. Que milagre acontece com os homens que estão com as mãos livres e não precisam carregar nada?

A mulher tem tido um papel – biológico ou não, eu não saberia dizer – de passividade inclusive no amor. Ela frequentemente prefere ser desejada do que desejar; ser escolhida do que escolher. E para isso, muitas se submetem a todo tipo de procedimento para manter seu poder de atração. Não tenho nada contra essa vontade, e até admito que isso é um tipo de poder: quem controla um homem poderoso, poderosa é. E se a mulher quiser usar salto alto, e carregar a bolsinha, e usar aquelas unhas absurdamente longas que dificultam todo tipo de movimento e não servem nem como defesa pessoal, por que não? Eu desejo que todas tenham até esse direito – o direito de se submeter aos desejos de quem quiser, e costurar suas meias, e ter dificuldade pra digitar no celular porque ela prefere achar que está bonita a estar confortável, e ter o direito de querer ser chamada de mulher de alguém, ou mulher de ninguém. Mas acima de tudo, desejo que toda mulher seja inteligente e forte o suficiente para que palavras de terceiros, ditas sem intenção de machucar, não tenham o poder de feri-la.

O POLITICAMENTE CORRETO E O INTELECTUALMENTE RASO

Em 1929, algo interessante aconteceu em Nova York. Na tradicional passeata em celebração da Páscoa, um grupo de mulheres destoava do resto. Com a mão levantada e um cigarro entre os dedos, elas desafiavam a sociedade e clamavam pelos seus direitos – mais especificamente, o direito de fumar em público. Apoiadas por feministas, as mulheres erguiam com orgulho os seus cigarros, símbolos de sua emancipação, rebatizados de "tochas da liberdade". Essa história pode até parecer inspiradora – se você ignorar que tal demonstração de empoderamento foi planejada pelo pai das relações públicas, Edward Bernays, numa campanha paga pela Companhia Americana de Tabaco.

Hoje, já evoluídas, as mulheres não são apenas alvos de manipulação, *no, sir*: elas próprias manipulam, *thank you very much*. O bacanal foi democratizado, e a igualdade de gênero chegou ao topo, inclusive na área mais fortemente controlada pelo *macho branco*: a indústria de armamentos. O poder maligno e desmesurado desse setor foi exposto décadas atrás em um alerta feito pelo presidente americano Dwight Eisenhower. Em seu último discurso como presidente, o general cinco estrelas deu o nome de "complexo militar-industrial" à relação corrupta entre a indústria de armamento e o governo, e explicou em poucas e assustadoras palavras a maneira como interesses comerciais influenciam a política e fomentam a guerra. E vejam só que orgulho, meninas: somos nós, mulheres, que ocupamos as cadeiras de CEO e presidente das maiores empresas dessa indústria! Vamos poder apertar aquele botão vermelho – mas só se a unha de acrílico não estiver longa demais, ok? *Girl power!*

Quem diria que a política identitária iria tão longe, não é mesmo? Que conquista, amigas! Agora já podemos usar aquele top justinho com os dizeres "Mate como uma garota". Mas vale também fazer uso daquele pouco usado suporte capilar e se perguntar: o que mais a política identitária e o politicamente correto estão ajudando a matar? Se balançar bem o cabelo, a resposta aparece, mas as cabeças que não precisam pegar no tranco já sabem: a grande vítima da política identitária é o bom senso – e os grandes vencedores são os canalhas.

As contradições da ideologia identitária são tantas e tão absurdas que elas seriam risíveis – se não fossem tão nefastas. Como entender que o mesmo grupo que considera que uma fantasia de Hitler no Halloween é ofensiva (porque é uma homenagem a um monstro) seja o mesmo grupo que considera uma fantasia de índio ofensiva (porque é uma ridicularização do índio)? Por que a primeira é considerada homenagem, e a segunda, uma zombaria? Quem determina que um ser humano só pode ser digno de um sentimento? Quem aí de fato reverencia um e menospreza o outro?

Nos EUA, um homem foi condenado a quinze anos de prisão por (roubar e) queimar uma bandeira. Se fosse a bandeira americana, não lhe faltaria advogado *pro bono* defendendo seu direito legítimo de livre expressão, garantido pela lei. Mas a bandeira que ele queimou foi a bandeira LGBT, do arco-íris. Foi por isso que sua pena foi ainda maior – porque o juiz supostamente encontrou um componente de ódio.

No Brasil, Karol Eller, a lésbica que dizia que havia muita gente desonesta falsamente alegando homofobia para triunfar em vitimização, comprovou seu próprio argumento fazendo exatamente isso. Basta ver a primeira página de uma pesquisa no DuckDuckGo com as palavras Karol Eller. Vocês vão notar que a maior parte dos primeiros artigos são sobre Eller ter sofrido um ataque homofóbico. O que é mais difícil achar são artigos que corrigem a mentira.

E por falar em lésbica e vitimização, vocês viram o artigo da *Economist* dizendo que lésbicas têm salário médio mais alto do que mulheres heterossexuais?[97]

Toda lei de princípio subjetivo é instrumento da tirania. O politicamente correto, ou a política identitária, são ferramentas perfeitas para julgamentos arbitrários, porque eles permitem o enquadramento de qualquer pessoa baseado unicamente no sentimento da suposta vítima. Em outras palavras: para você condenar um inimigo como algoz, basta se autointitular vítima. Imagine as distorções morais em uma sociedade em que tal poder existe – em que ser vítima de agressão é o caminho para a vitória. Que tipo de pessoas e líderes são moldados sob essa lógica?

No Twitter, por exemplo, vemos Jean Wyllys tão empoderado em seu vitimismo que ele nem precisa ser insultado – basta ele simplesmente ser

97 https://www.economist.com/the-economist-explains/2016/02/15/why-lesbians-tend-to-earn-more-than-heterosexual-women

homossexual para considerar qualquer interlocutor como homofóbico. Chamado de "xarope" por um jornalista, ele responde: "Quanto a me chamar de 'xarope', está claro que esse insulto é o que lhe resta de controle de sua homofobia social, mal disfarçada, que lhe impede de me xingar de viado. Sou viado mesmo. Com orgulho, fique sabendo".[98]

É isso mesmo que vocês leram: na ausência de um xingamento homofóbico, Wyllys chama a si mesmo de *viado*, e imputa ao outro o xingamento nunca feito.

A canalhice de Wyllys não tem fronteiras, e uso essa caricatura política como exemplo (fácil, eu admito), porque ele é um ótimo representante do identitarismo levado ao fundo do poço. Por um lado, ele tem a coragem de dizer "Se eu fosse um político heterossexual e branco, talvez as pessoas me ouvissem mais" (quando todos sabem que provavelmente ele só é ouvido exatamente por não ser heterossexual e branco); por outro, ele faz uso de outras identidades e se *apropria* delas (pra usar um termo que a política identitária adora) para se safar de críticas. Em outro tweet, Wyllys associa a inspiração da sua famosa cuspida à nova categoria em que ele decidiu se enquadrar, "menina baiana": "Aprendi a lutar como uma menina. E mais: aprendi a lutar como uma menina baiana, e toda menina baiana tem um santo que Deus dá. O meu Oxóssi. Lutar como uma menina me trouxe aqui, presidente, e faz, de mim, o cuspe em sua cara que lhe incomoda e que nenhum tempo vai enxugar".[99]

Os exemplos graciosamente providos por Wyllys são muitos, e não é minha intenção ridicularizá-lo – isso ele já faz muito bem. O problema é que isso tudo não é apenas ridículo – isso é nefasto, e nocivo à democracia. E os efeitos podem ser muito maiores, mais profundos e duradouros do que as mentes menos pensantes imaginam. Vale aqui um alerta: o identitarismo se finge de sofisticado, e seus seguidores se acreditam assim, porque ele requer conhecimento e atualização constantes: É necessário estar sempre bem informado sobre quais palavras são permitidas, e quais deixaram de ser. O identitarismo é um tipo de elitismo que contém em si próprio a eliminação do pobre, dos que não leem jornal e dos que não frequentam a universidade, mas ele é de uma superficialidade constrangedora. Um apresentador de rádio ilustrou isso muito bem no dia da Consciência Negra de 2019. Ao entrevistar artistas negros, ele perguntou: quais

98 https://twitter.com/jeanwyllys_real/status/1132358726000795651?lang=de

99 https://twitter.com/jeanwyllys_real/status/1141532090661556224

as palavras que não podem ser ditas? Isso reflete a essência do politicamente correto – uma brincadeira de crianças crescidas, loucas para seguir regras e mostrar que as conhecem. Seria patético, não fosse tão pernicioso. Para o desgosto do entrevistador, contudo, os negros entrevistados eram mais inteligentes do que ele quis que fossem, e se recusaram a responder, destruindo a lógica daquela pergunta com uma elegância desconcertante.

Em muitos casos, as vítimas da política identitária são exatamente as pessoas que essa política finge proteger. Vejam o episódio de Fabiana Cozza, a cantora escolhida para interpretar dona Ivone Lara em um musical. Cozza foi trucidada por uma manada salivante de puristas raciais que dariam orgulho a Hitler. A pressão foi tanta que Cozza desistiu do papel. Um detalhe que deixa perfeitamente claro o racismo da política identitária: foi a própria Ivone Lara e sua família que escolheram Cozza para interpretar a diva do samba.

E Marielle Franco, que antes de morrer certamente fez um trabalho relevante o suficiente a ponto de ser alvo de assassinato de motivação política? Por que ela era desconhecida de tanta gente? Os tweets de Marcelo Freixo, colega de partido e amigo próximo da deputada, dão uma pista. Em um tweet publicado menos de duas semanas antes do assassinato, Marielle é confinada à sua condição nata, sem nenhuma menção ao mérito do seu trabalho.[100] Servindo como adereço à política identitária de um homem branco, Marielle foi hashtageada como #MulheresDaEquipeFreixo.

Quando militantes atribuem a morte da vereadora ao fato de ela ser negra e mulher, eles deixam de lado um trabalho de luta e coragem. Marielle não escolheu nascer negra e mulher, mas escolheu lutar por direitos, e mobilizou parte significativa da sociedade em sua luta. Essa escolha, esse mérito individual, é obliterado pela etnia de Marielle – exatamente como pregava Hitler, que acreditava que a raça precede e suplanta o indivíduo.

Mas as consequências mais drásticas da política identitária não são as tragédias individuais, e sim o que essa ideologia tem impedido que seja feito coletivamente.

Poucas coisas têm sido tão eficientes quanto o identitarismo em separar as pessoas e enfraquecer "o povo", aquela entidade amorfa e legítima da qual nunca mais se ouviu falar. Pensem por um momento: num mundo em que tudo pode

---

100 https://twitter.com/schmittpaula/status/976571606976860161

viralizar, em que reivindicações podem ganhar o peso dos números e as causas justas podem arrebanhar a pressão das massas, uma ideologia conseguiu o feito inacreditável de separar pessoas que têm demandas universais em fragmentos de necessidades simbólicas. Isso vem sendo feito com um poder de convencimento que só a religião consegue ter, e com dogmas e intolerância igualmente irredutíveis. Pensem nas milhares de pessoas trabalhando em tecnologia, por exemplo. Que capacidade enorme elas poderiam ter, como grupo coeso, de demandar e definir salários, horas de trabalho, férias, estabilidade. Pensem nos entregadores e empacotadores da Amazon, a força que teriam se fossem unidos. Pensem nos brasileiros que precisam de esgoto. Essas pessoas como grupo não existem mais. Elas foram separadas por uma taxonomia que conseguiu eliminar o que elas têm em comum – mas nunca, é bom lembrar, o suficiente para transformá-las em indivíduos. Esse ponto é crucial: na política identitária, o indivíduo morreu. Ele se desmanchou num grupo em que as demandas raramente ameaçam os grandes poderes, ao contrário – elas ameaçam mais frequentemente os vizinhos, os colegas de trabalho, os parentes. Na política identitária, o inimigo é o outro.

Existe uma porcentagem irrisória de bilionários no mundo, mas existem bilhões de trabalhadores, e quase 3 bilhões de pessoas vivem com menos de 2 dólares por dia. Imaginem o poder de pressão dessa massa, apoiada que deveria ser por outros bilhões que precisam de transporte público decente, esgoto, educação de qualidade, hospitais. Não é preciso muito pra entender que a ideologia mais útil a esses poucos bilionários é aquela que impede o agrupamento de inimigos. E se essa ideologia prejudicar a luta por aumento de salário, e de quebra ainda ajudar a aumentar o consumo, bingo.

É essa ideologia que ajudou a eleger a direita, e que foi instrumental na eleição de Trump e Bolsonaro como suas supostas antíteses. Para quem não sabe, Trump já se posicionava como o inimigo da política identitária há décadas, e isso era conhecido entre os que temiam essa ideologia. Em 2004, em um dos episódios do seu programa *The Apprentice*, Trump demitiu sumariamente um candidato antes mesmo de chegar a hora da demissão. O motivo foi que esse candidato, branco, se definiu jocosamente como "*white trash*", a maneira pejorativa como brancos pobres são descritos nos EUA, sem o menor risco de prisão por preconceito ou ódio racial. Mas Trump não gostou, e disse que não admitiria aquele tipo de autodegradação, demitindo o candidato, Derek Arteta.

Aqui no Brasil, de tudo que ajudou a eleger Jair Bolsonaro, poucos fatores foram tão cruciais como a tirania do politicamente correto e identitarismo. Várias coisas tiveram papel importante, como a corrupção, a economia em frangalhos e a violência, mas nenhum desses problemas tinha em Bolsonaro um inimigo mais explícito do que o politicamente correto. Alguns eleitores do próprio Bolsonaro duvidavam que ele fosse incorruptível; outros tantos duvidavam que ele entendesse alguma coisa de economia, ou mesmo que tivesse uma linha econômica definida. Até seu militarismo e linha-dura contra o crime estavam sob suspeita, apoiador que sempre foi dos milicianos – aqueles criminosos-em-dobro, militares e policiais que se corromperam e envergonham a farda de qualquer soldado que se preze. O que levou Bolsonaro ao pódio, e o elevou acima de pessoas superiores a ele, não foi tanto a polícia que ele prometeu ajudar, mas a polícia que ele tacitamente prometeu combater: a do pensamento.

O CONTROLE DA MENTE E O X DA PERSUASÃO

A pandemia revelou algo mais pavoroso do que qualquer governo tirânico: um povo que obedece mais do que o tirano exige. Nunca a subserviência foi tão natural e tão obscena. Os mais fracos desse lodo moral, contudo, vão além, ou mais abaixo, e tentam se destacar perseguindo quem não se dobra, capatazes obsequiosos que disfarçam sua mediania sendo pior que os ruins. Mas será que essas pessoas são más? Será que é a crueldade o que lhes dá ímpeto? Vamos especular sobre a conivência dos bons, tão perfeitamente descrita no artigo "O dia que eu entendi o 'bom alemão'",[101] e sobre como é possível que a maldade seja aplicada em larga escala sem que a grande maioria seja de fato má.

Em um debate num grupo do qual faço parte (formado por cientistas, médicos e matemáticos inteligentíssimos, com exceção de uns poucos que entraram

101 https://filiperafaeli.substack.com/p/o-dia-que-eu-entendi-o-bom-alemao?s=r&utm_campaign=post&utm_medium=email

pela quota, como eu), a discussão girava em torno da seguinte questão: como é possível que pessoas boas permitam que o mal se alastre? Eu acredito que é necessário só uma pequena minoria de pessoas malignas para que a maldade seja aplicada em cascata sobre uma população inteira.

Os experimentos de Milgram mostraram que o ser humano é essencialmente um animal obediente, que se rende à autoridade mesmo quando essa autoridade não tem poder nenhum sobre ele. Para quem não conhece, resumo aqui o experimento: o psicólogo Stanley Milgram recrutou pessoas (que ele chamou de "professores") para fazer perguntas a um aluno. O aluno é um ator, um colaborador do experimento, mas os professores não sabem disso, e acreditam que o "aluno" está de fato passando por um teste de conhecimento. O "professor" é então instruído a fazer uma pergunta ao aluno, e a cada resposta errada, ele deve administrar um choque elétrico, cuja voltagem ele tem que aumentar a cada novo erro. O professor não vê o aluno porque ele está atrás de uma divisão, mas consegue ouvir gritos de dor quando o aluno leva o choque.

Para a surpresa e o terror de Milgram, a maioria das pessoas continuou o teste, fazendo mal a terceiros *sem receber nenhum pagamento para isso, tampouco sendo objeto de qualquer ameaça.* É constrangedor notar a simplicidade dos comandos de voz que transformaram pessoas normais em carrascos. A primeira frase que Milgram usava para convencer pessoas relutantes era: "Por favor, continue". O "por favor" era suficiente para fazer várias pessoas obedecerem. Se essa frase não funcionasse, a próxima era: "O experimento requer que você continue". A frase seguinte era: "É absolutamente essencial que você continue". Finalmente, o último comando era: "Você não tem outra escolha; você deve continuar". A maioria das pessoas nem precisou ouvir todas as frases para chegar até o fim da tarefa e dar o choque de voltagem mais alta.

Mas se Milgram atestou que o ser humano é geralmente subserviente, ele também mostrou que o ser humano não é malvado. No livro *Maquiavel Pedagogo*, Pascal Bernardin conta um detalhe importante sobre o experimento:

> Houve quem considerasse a hipótese de que, em tais experimentos, os professores davam livre curso a pulsões sádicas. Mas essa hipótese é falsa. Se o pesquisador [Milgram] se afasta ou deixa

> o local de experiência, o professor logo diminui a voltagem das descargas. Quando podem escolher livremente a voltagem, a maioria dos professores emite a voltagem mais baixa possível.

O experimento de Asch também trata da persuasão que convence sem punição nem recompensa, mas ele foi ainda mais longe: Solomon Asch conseguiu provar que não é preciso haver um comando para que as pessoas obedeçam. Basta que elas vejam a maioria obedecendo, e seu comportamento se ajusta – *mesmo que a pessoa saiba que esse comportamento está errado.* Não é à toa que ambos os experimentos foram feitos por judeus contemporâneos do Holocausto – uma tragédia que só existiu por causa da conivência da maioria. Eu explico detalhes do experimento de Asch no artigo "A unanimidade burra e o controle inteligente".[102]

O desejo de não destoar da maioria e se conformar a ela é tão evidente que dispensa experimentos científicos. Vemos todos os anos esse tipo de fraqueza nas pessoas que seguem fielmente a moda, aquelas que hoje acham bonito o que ontem lhes parecia feio só porque a revista *Vogue* assim decidiu. No caso da moda, claro, o ser humano é convencido de algo muito menos substancial, com menos consequências do que propuseram os experimentos que eu citei acima. Por outro lado, é fascinante que algo tão supostamente pessoal e intransferível como o gosto estético seja completamente anulado e refeito a cada ano só com base na necessidade de pertencimento. Eu pessoalmente acho isso aberrante, e falei um pouco sobre o assunto no artigo "A blusinha que mais sai".

Um dos fatores que determinam a credulidade, mas que é menos explorado, é a *vontade* de acreditar. Se quem nos convence é alguém que amamos, por exemplo, passa a ser do nosso interesse que essa pessoa esteja dizendo a verdade, porque se ela estiver mentindo, nosso sentimento é colocado em xeque. Igualmente, se a afirmação na qual devemos acreditar vier de uma pessoa que respeitamos ou obedecemos, existe aí também um desejo implícito e bastante humano em crer no que é dito, porque descrer de um superior pode significar crer ainda menos em nós mesmos, os "inferiores".

---

102 https://www.poder360.com.br/opiniao/a-unanimidade-burra-e-o-controle-inteligente-escreve-paula-schmitt/

Mas *querer acreditar* não é uma vontade advinda só do amor, ou da admiração – ela pode vir de vários lugares, inclusive do bolso. Por exemplo: quem paga uma fortuna para ver o show de um hipnotizador tem mais incentivo para acreditar no que vê, porque ele precisa acreditar também que o preço do ingresso foi justificado. Já quem não pagou nada pela experiência pode considerar o show uma porcaria sem medo de se considerar um trouxa.

Deve ser por isso que quando assisti ao vídeo gratuito do famoso "mentalista" Derren Brown, eu identifiquei sem o menor esforço o truque que ele faz ao final do vídeo para "adivinhar" quantos grãos de arroz tem na mão. Aliás, o show de Derren Brown é uma ilustração perfeita disso que falei acima: da mente que engana a si mesma, ou, em outras palavras, a mente que, tendo sido enganada uma vez e se sentindo devidamente estúpida por isso, escolhe ser enganada uma segunda vez para ver se esse engodo suplanta o anterior. Ficou confuso, mas eu explico.

Eu fiquei sabendo da existência de Derren Brown quando esbarrei num artigo da *New Yorker* (revista de "gente sofisticada," não esqueça) cujo título me intrigou: "Como Derren Brown transformou a telepatia para céticos".

"Para céticos?!", exclamei. "Caraca, eu sou cética! Quero conhecer esse Derren!"

Achei que aquele artigo tinha sido escrito para mim. Eu já fui assinante de revista sobre o ceticismo, já doei dinheiro para sociedades céticas e entrevistei, em Nova York, Michael Shermer, diretor da Skeptics Society. Deixo na nota de rodapé o link para a entrevista, caso alguém se interesse.[103] Essa entrevista foi filha única de um projeto que eu tinha de longas entrevistas. A intenção era satisfazer minha curiosidade com um debate honesto, mas acima de tudo, eu queria reverter uma velha prática do jornalismo pela qual o entrevistador faz as perguntas mais capciosas, besuntando o entrevistado com todo tipo de elogio, pegadinha e falácia para conseguir a resposta que espera, e daí, na hora de publicar a entrevista, o "jornas" edita a pergunta para ela ficar bem bonitinha e civilizada, sem nenhum sinal de sicofância ou sacanagem, enquanto a resposta do entrevistado é mantida intacta em todo seu esplendor de feiura. O nome do projeto era Deeper Slower Harder, e, determinada que sou, ele foi como um sonho que eu tive numa noite e esqueci assim que acordei.

---

103 https://paulaschmitt.blogspot.com/2014/04/interview-with-michael-shermer-founder.html

Voltando a Derren, o transformador de céticos, deixo na nota de rodapé o link para quem quiser ver,[104] mas dou um *spoiler* que mostra que a credulidade da plateia foi totalmente voluntária, e dispensou manipulação. Nesse número, Darren mostra como consegue montar um cubo de Rubik, e a galera fica extasiada, ex-ta-si-a-da. Mas sabe como ele "monta" o cubo? Pelas costas, sem que ele veja. Mas adivinha quem também não vê o cubo ser montado: a plateia! É isso mesmo. E a galera urra, como se ele tivesse montado o cubo. Legal, né?

Isso me lembra a piada do português e do alemão, que é muito melhor ao vivo. O português vai ao aquário municipal e vê um alemão na frente de um peixe. O alemão vira a cabeça pra direita, e o peixe se move pra direita. O alemão vira a cabeça pra esquerda, e o peixe se move pra esquerda. O português fica fascinado com aquilo, e pergunta como o alemão consegue. "É fácil", diz o Fritz, "a mente mais forte controla a mais fraca". "Vou tentaire isso", pensa o português. No dia seguinte, o alemão volta ao aquário e vê o português na frente do peixe, abrindo e fechando a boca como quem solta bolhas d'água.

Pois eis que eu também já obedeci ordem de peixe, não vou negar, e me vi presa de uma noção que eu mesma sabia ser absurda. Uso este exemplo para mostrar que mesmo eu, considerada muito inteligente por mim mesma, já fui persuadida pela ausência de lógica. Eu tinha recebido em casa a visita de uma amiga iraniana. Quando ela foi à cozinha e viu uma tesoura pendurada na parede, deu um pequeno grito e perguntou se eu estava louca em deixar aquela tesoura aberta. Segundo ela, a tesoura tem que estar fechada, porque a tesoura aberta impede a pessoa de ganhar dinheiro. Expliquei pra ela que eu não era supersticiosa, e que achava aquilo uma besteira extrema. Porém, a verdade é que, nos dias seguintes, toda vez que eu olhava para aquela m. de tesoura aberta, eu lembrava da minha falta de dinheiro, e em alguma camada dos sedimentos da minha mente, eu provavelmente questionava se não podia ao menos fechar aquela coisa e dar uma forcinha extra pro universo. Em outras palavras, eu não acreditava naquela tolice, mas a tesoura aberta adquiriu uma materialidade que antes ela não tinha, e discretamente, sem ninguém notar, fui ali e fechei a tesoura.

Isso foi decepcionante para o meu brio – eu, que sou a notória inventora do método de controle mental conhecido como Mão de Fátima. Essa era uma

104 https://www.youtube.com/watch?t=3991&v=E6ix1UmrFTI&feature=youtu.be

técnica que eu usava em Beirute, no Líbano, quando tinha que atravessar uma avenida de várias pistas cuja passarela ficava longe demais para o meu conforto. A técnica é de uma puerilidade desconcertante, admito, mas funcionava todas as vezes: eu simplesmente descia do canteiro e me metia na avenida com o braço esticado e a mão aberta em forma de "PARE", e todos os carros paravam, sem nem buzinar. Era algo incrível, e faço questão de contar que mesmo com a tesoura ocasionalmente aberta, eu ganhei dinheiro apostando com amigo que eu conseguia atravessar sem acidente e sem buzina.

Por falar em aposta e persuasão, um exemplo final de como a mente funciona. Uma vez, em São Paulo, fui jogar sinuca com um amigo, que, por acaso, era dono de uma marca de roupa. Jogo sem risco raramente me interessa, então sugeri uma aposta com o ZL: se eu ganhasse, ele teria que me dar dez peças de roupas exclusivas (não aprovadas para a coleção e nunca repetidas); se ele ganhasse, eu iria trabalhar como secretária dele por uma semana. Ele falou que aquela aposta era absurda porque eu certamente seria a pior secretária do mundo e ele perderia até se ganhasse, mas no fim, ele acabou aceitando.

O cara era bom na sinuca, bem melhor que eu, mas naquela noite, a nossa diferença era maior porque eu tinha uma desvantagem advinda de substâncias naturais não compartilhadas pelo gosto civilizado do ZL. Era um *handicap*, não havia dúvida, e achei que aquele *doping* ao contrário não era justo. Então, tive uma ideia. Toda vez que ZL mirava o taco em alguma bola, eu ia atrás da bola, me agachava na altura da mesa e fazia um X com os braços, e dizia "ZL, esse X vai te impedir de acertar essa bola". Adivinha quem ganhou o jogo.

SAÚDE PÚBLICA

O ESTUDO DE MANAUS, AS 22 MORTES E OS RESULTADOS PREVISÍVEIS

Fossem as circunstâncias diferentes, a morte do indígena Ozaniel Almeida Rosa não teria passado em branco. Ozaniel foi o segundo índio brasileiro a morrer com covid, e uma das primeiras vítimas fatais da doença em todo o estado do Amazonas.

Morte de índio é prato cheio para os propagandistas de plantão, e uma oportunidade dessas não teria sido desprezada pelas carpideiras bem pagas da imprensa nacional. Mas Ozaniel foi sem choro. Para seu azar, ele morreu exatamente nas mãos de quem contrata as carpideiras, e foi privado do privilégio póstumo de ter sua dor comodificada. Incapaz de se decompor como mais um cadáver no colo do grande culpado pela pandemia mundial, Jair Bolsonavírus, Ozaniel não virou capa de revista. Em vez disso, ele foi enterrado na vala comum dos crimes sem culpado.

Mas junto com ele foi enterrado também um dos casos mais vergonhosos na história da ciência: o "estudo" da cloroquina em Manaus. Agora, graças ao jornalista David Ágape e sua reportagem no jornal *Gazeta do Povo*,[1] é possível conhecer alguns detalhes do horror que esteve virtualmente ausente dos jornais por mais de dois anos.

Ozaniel tinha feito dois testes para a covid, segundo sua família, e ambos deram negativo. Ele foi ao hospital porque estava com tosse, como me explicou Ágape, mas segundo seus familiares, ele se sentia bem e estava saudável no alto de seus 55 anos. Só que uma tomografia teria identificado uma tuberculose, e a equipe médica recomendou que ele ficasse no hospital. Ozaniel não sairia de lá vivo.

"Ele havia esquecido o celular em casa e me pediu para buscá-lo. Disse que iria ficar me aguardando na recepção. A gente se abraçou na despedida", conta a sua mulher, Norma Maria Cunha, servidora pública.

1 https://www.gazetadopovo.com.br/vida-e-cidadania/cloroquina-em-manaus-parentes-de-2-pacientes-que-morreram-denunciam-superdosagem/

> Na volta, Norma descobriu que não poderia mais ver nem falar com ele, pois não era permitida a entrada de celular. O contato com o marido foi ficando cada vez mais difícil depois que ele foi para a chamada "Sala Rosa". Essa sala era onde ficavam em observação os pacientes infectados com covid. Para a esposa, foi ali que Almeida Rosa contraiu o vírus. Nesse momento ela conta que lhe informaram que ele havia sido escolhido para participar de um estudo sobre cloroquina, mas conta que em nenhum momento pediram a autorização da sua família.

Foi só depois da morte de Ozaniel que sua família recebeu um pedido de autorização para que ele participasse do experimento que iria matar outros 21 supostos voluntários.

Outra das vítimas fatais foi o músico amazonense Robson de Souza Lopes, conhecido como Binho, de 43 anos. Segundo sua cunhada Lucia Noronha de Azevedo, que acompanhou toda a internação,

> [...] desde o primeiro dia ele ficou intubado. Lucia afirma que Binho não tinha comorbidades, era saudável e que em nenhum dia passou mal. Ela explica que Binho tomou a dose mais alta de cloroquina e que, para ela, foi isso que o levou ao óbito. "Dia 27 falei com ele no leito, ele estava intubado. Porém, pedi para ele mexer a cabeça se estivesse ouvindo, e ele mexeu. Aí não acreditei. Pedi para mexer os pés, ele mexeu os dois. Eu orei e cantei com ele e ele começou a chorar", lamenta. Três dias depois, a família recebeu a notícia de que ele estava reagindo bem aos medicamentos e que seria o primeiro a receber alta. Mas, no final do mesmo dia, 30 de março, veio a notícia de que ele havia falecido, deixando a família em choque.

O "estudo" de Manaus, conhecido como Clorocovid e publicado na prestigiada revista médica *JAMA* (*Journal of the American Medical Association*), foi conduzido no hospital que leva o nome de Delphina Aziz, mãe do senador Omar Aziz, presidente da CPI da Covid. O estudo contou com a participação de "setenta pesquisadores de diversas instituições e universidades, como a Fundação de Medicina Tropical Dr. Heitor Vieira Dourado, a Universidade do Estado do Amazonas e a Universidade de São Paulo", e foi liderado pelo médico e pesquisador Marcus Vinícius Guimarães Lacerda, da Fundação de Medicina Tropical Dr. Heitor Vieira Dourado, e especialista em Saúde Pública da Fundação Oswaldo Cruz Amazonas (Fiocruz/AM).

Segundo a própria Fiocruz, a pesquisa foi "financiada pelo Governo do Estado do Amazonas, Superintendência da Zona Franca de Manaus, Coordenação de Aperfeiçoamento de Pessoal de Nível Superior, Fundação de Amparo à Pesquisa do Estado do Amazonas, e fundos federais facilitados pelo Senado brasileiro". Uma das cientistas que coassinam o estudo é Ludhmila Hajjar, brevemente cotada para assumir o Ministério da Saúde em um dos intervalos do rodízio na pasta.

O estudo tinha dois objetivos declarados: testar a eficácia e a segurança da cloroquina no tratamento da covid. Mas fica difícil acreditar que houve intenção de testar a eficácia quando se sabe que o estudo não contou com um grupo de placebo. Sem o placebo, ou seja, sem um grupo que não tenha tomado a cloroquina, como seria possível comparar o efeito dela com o efeito da ausência dela? Já a intenção de provar que a cloroquina não é segura ficou clara desde o começo, e o próprio Marcus Lacerda deixou isso explícito. Em entrevista à *Gazeta do Povo*, ele diz que era "preciso mostrar que isso seria inseguro para a covid". E de fato foi.

Nunca antes dose tão alta foi usada em um estudo, nem recomendada por qualquer jornal científico. Para ignorantes como eu, seria como fazer um experimento tentando provar que o sal mata. Vai ter uma hora que vai ser encontrada a "dose fatal". Segundo os familiares entrevistados por David Ágape, eles foram induzidos a assinar permissão para a dose mais baixa, mas seus parentes foram tratados com a dose mais alta.

Para Francisco Cardoso, médico infectologista que prestou esclarecimentos sobre o tratamento precoce na CPI da Covid, houve uma confusão entre as formulações da cloroquina no estudo de Manaus, e no estudo chinês citado por Lacerda como referência. "No estudo de Manaus eles deram 1.200 mg de cloroquina base, calculado em fosfato – dá cerca de 2 mil mg por dia para os pacientes. A própria bula da cloroquina fala que deve-se evitar dar mais de 1.500 mg em três dias seguidos. Eles [do "estudo" de Manaus] deram para esses pacientes 3.600 mg de cloroquina em três dias".

Como diz o pôster com anúncio de uma cartomante em Ipanema ("Tenha êxito em seus problemas!"), o problema de Lacerda teve êxito, porque, se ele queria encontrar uma dose letal da cloroquina, não há dúvida: ele conseguiu.

O REMÉDIO QUE PREVENIA AS MORTES POR HEMOFILIA – MAS NÃO DO JEITO QUE VOCÊ PENSA

No começo dos anos 1980, o mundo estava com medo da aids. A nova doença causava terror em muita gente, principalmente na comunidade gay e entre usuários de drogas injetáveis, dois dos grupos mais suscetíveis à contaminação. Mas em 1982, a doença também começou a matar hemofílicos – pessoas cujo sangue tem dificuldade em coagular e que, portanto, têm maior risco de morrer de hemorragia interna.

Até então ninguém suspeitava, mas o que estava matando esses hemofílicos não eram seus hábitos sexuais nem o compartilhamento de seringas. De fato, a culpa não era nem da própria hemofilia, a doença que eles herdaram geneticamente. O que começou a matar essas pessoas foi exatamente o remédio que lhes prometia salvar a vida, o Factor VIII, um concentrado de plasma sanguíneo exportado dos Estados Unidos com o vírus HIV.

Essa história – pouco conhecida e bem pouco divulgada pela mídia, principalmente a brasileira – tem detalhes que desafiam a credulidade. Um deles é o seguinte: a Bayer (dona do laboratório Cutter, fabricante do Factor VIII) continuou vendendo o produto fora dos Estados Unidos mesmo sabendo que ele estava contaminado com o vírus da aids, e mesmo tendo uma versão do produto que já não corria o risco de estar contaminada. Outro fato consegue ser ainda mais sórdido: funcionários do próprio governo norte-americano sabiam dessa atrocidade, e optaram por encobrir o crime e escondê-lo não só dos cidadãos que pagavam seus salários, mas também de deputados e senadores. Mas essa história contém uma lição talvez ainda mais relevante, e que precisa ser sempre lembrada: a de que a verdade às vezes leva muito tempo para ser revelada.

Foi só em 2003 – quase duas décadas depois do escândalo do plasma contaminado – que uma reportagem investigativa do *New York Times* conseguiu desenterrar documentos que revelavam os aspectos mais hediondos desse caso.[2] Nas palavras do jornal, os documentos mostram que funcionários da Bayer optaram por vender o plasma contaminado a fim de se livrar "de grandes estoques de um produto que se tornava cada vez menos vendável nos Estados Unidos e na Europa". Como conta a reportagem, "por mais de um ano, a empresa continuou vendendo a versão antiga do remédio no exterior". Isso foi feito de forma tão explícita que um "agente regulador dos Estados Unidos acusou o laboratório Cutter de quebrar sua promessa de parar de vender o produto".

O jornal conta que o laboratório da Bayer não só desovou estoques contaminados, como continuou produzindo o Factor VIII por meses sem o novo processo esterilizador porque assim era mais barato. "A empresa continuou fazendo o remédio antigo por mais vários meses. Um telegrama do Cutter para um distribuidor sugere uma das razões por trás dessa decisão: a empresa já tinha vários contratos com preço fixo e acreditava que o produto antigo custava menos para produzir."

O número de vítimas dessa tragédia humana, segundo o *New York Times*, é impossível de calcular. "Mas só em Hong Kong e Taiwan, mais de cem hemofílicos contraíram o HIV" usando o Factor VIII, "de acordo com registros e entrevistas. Muitos deles já morreram. O Cutter também continuou vendendo a versão antiga do plasma [o plasma não esterilizado] até depois de fevereiro de 1984 na Malásia, Singapura, Indonésia, Japão e Argentina". Segundo o jornal, "os documentos do Cutter, descobertos através de processos jurídicos abertos por hemofílicos americanos, passaram praticamente despercebidos até que o *New York Times* começasse a perguntar sobre eles".

Questionados sobre o caso, executivos da Bayer preferiram não dar entrevistas, mas responderam por escrito que o laboratório "agiu com responsabilidade, ética e humanamente" ao vender seus produtos no exterior. "Decisões tomadas há quase duas décadas foram baseadas na melhor informação científica da época, e foram consistentes com seus regulamentos", disseram os executivos. Mas as mortes não se restringiram a clientes no exterior – hemofílicos norte-americanos tampouco foram poupados do corte de custos e aumento dos lucros. Segundo a

2 https://www.nytimes.com/2003/05/22/business/2-paths-of-bayer-drug-in-80-s-riskier-one-steered-overseas.html

reportagem do *NYT*, "milhares de hemofílicos nos Estados Unidos foram contaminados, muitos dos quais morreram".

Apesar de negar responsabilidade, a Bayer pagou a algumas das vítimas norte-americanas um total de 600 milhões de dólares em indenização. Vale lembrar que essa quantia está longe de ser a maior indenização paga por uma empresa farmacêutica nos EUA. O recorde desse Guinness da vergonha é da Pfizer, que pagou a bagatela de 2,3 bilhões de dólares em 2009 por "marketing fraudulento", segundo o site do Departamento de Justiça dos EUA.[3] Um outro processo contra a Johnson & Johnson pode resultar em indenização ainda maior, já que por vários anos a empresa vendeu talco de bebê sabendo que ele continha amianto,[4] uma substância notoriamente cancerígena.

A reportagem do *NYT* menciona outras empresas que também venderam plasma sanguíneo não esterilizado, mas os detalhes desses casos não são conhecidos, porque não passaram pelos mesmos processos judiciais. A parte mais chocante da reportagem, contudo, é aquela que fala da reação do governo.

> Reguladores federais ajudaram a manter as exportações fora da vista do público, os documentos indicam. Em maio de 1985, acreditando que as empresas [farmacêuticas] tinham quebrado um acordo voluntário de retirar o medicamento do mercado, o responsável pela regulação de produtos sanguíneos da FDA, dr. Harry M. Meyer Jr., convocou executivos das empresas para um encontro e lhes ordenou que obedecessem. [...] Ainda assim, o dr. Meyer pediu que o caso "fosse silenciosamente resolvido sem alertar o Congresso, a comunidade médica e o público", de acordo com relatórios da reunião feitos pelo Cutter. O dr. Meyer depois disse que não conseguia se lembrar de ter feito tal declaração, mas um relatório de outra empresa de produtos sanguíneos também registrou que a FDA queria resolver o problema de forma "rápida e silenciosa".

O *NYT* diz que a própria Bayer, em comunicação interna, questionou se estava agindo eticamente: "'Podemos de boa-fé continuar enviando os produtos não esterilizados para o Japão?', perguntou uma força-tarefa da empresa em fevereiro

3 https://www.justice.gov/opa/pr/justice-department-announces-largest-health-care-fraud-settlement-its-history

4 https://www.reuters.com/investigates/special-report/johnsonandjohnson-cancer/

de 1985, temendo que alguns dos seus doadores de plasma fossem HIV positivo. A decisão, mostram os documentos, foi *sim.*" No final de 1984, documentos mostram que a Bayer queria "se livrar dos estoques" do medicamento não esterilizado antes de começar a vender o produto mais novo e mais seguro. "Meses depois, quando hemofílicos em Hong Kong começaram a testar positivo para o HIV, alguns médicos questionaram se o laboratório Cutter estava desovando medicamento 'contaminado com aids em países menos desenvolvidos." O laboratório, contudo, "assegurou ao distribuidor que seu produto [não esterilizado] não apresentava qualquer 'risco severo', e era o mesmo 'produto excelente que estamos produzindo por anos'".

Em outras palavras: *La garantia soy yo.* E hoje, senhores, o brasileiro não tem nem essa garantia de mentirinha.

Num momento em que a população ficou enfraquecida pela doença e paralisada pelo medo, o jornalismo nacional, de forma vergonhosa, ignorou um dos maiores escândalos comerciais da nossa história. Com exceção de alguns poucos veículos[5], quase nenhum jornal tradicional fez questão de informar o público – aquele público que os jornais fingem servir – que fomos submetidos a uma chantagem sem precedentes.

Foi graças ao jornalismo investigativo que veio de fora – cortesia do Bureau of Investigative Journalism – que ficamos sabendo de alguns detalhes sórdidos de um contrato que parece ter saído da série *Black Mirror*: o acordo da Pfizer com o governo brasileiro. O governo brasileiro divulgou o contrato on-line, mas a Pfizer conseguiu impedir a sua divulgação antes que jornalistas brasileiros pudessem fingir interesse no assunto.

O contrato celebra algo muito parecido com extorsão, um acordo perverso em que milhões de vidas só seriam salvas se o povo brasileiro oferecesse garantias de que essas vidas não mereciam compensação. Parece mentira o que vou dizer, mas a Pfizer exigiu bens estatais (como prédios de embaixadas e bases militares) como garantia para compra de vacinas contra a covid. A mesma exigência não foi feita no contrato com os EUA.

Segundo as reportagens, o contrato também estipulou que o povo brasileiro fosse o fiador do pagamento de futuros processos cíveis e criminais, e que o foro

---

5 https://www.poder360.com.br/coronavirus/pfizer-exigiu-de-paises-pobres-garantias-que-nao-pediu-dos-eua-diz-reportagem/

de disputa fosse os Estados Unidos, e não o Brasil. Numa inversão imoral do conceito de responsabilidade, erros, doenças e mortes advindas da vacina terão indenização paga pelas próprias vítimas.

No artigo "Preso à chantagem"[6], o Bureau de Jornalismo Investigativo dá mais detalhes. Recomendo a leitura. O tradicional jornal inglês *The Guardian* achou o caso tão digno de cobertura jornalística que se viu na obrigação de publicar a notícia, ainda que com seis meses de atraso. Enquanto isso, no jornalismo tradicional brasileiro, aquele silêncio inexplicável. Vou tentar explicar como se silenciam os bons, os maus e os covardes.[7]

A FABRICAÇÃO DO CONSENSO E A MEDIOCRACIA

Quando centenas de pessoas dizem que 2 + 2 = 4 não há nada a suspeitar, porque 4 é a resposta correta. Mas quando muita gente começa a dizer que 2 + 2 = 7, há que se perguntar como todos erraram com o mesmo número. Na minha época de escola, erros crassos cometidos em conjunto eram um sinal de que tinha gente colando na prova – e colando de alguém que não sabia o suficiente para ser copiado. Foi isso que vimos durante a pandemia – erros específicos, inexplicáveis pela matemática, pela lógica ou pela biologia, foram cometidos de forma estranhamente harmoniosa.

Eu chamo isso de Consenso Inc.: uma unanimidade fabricada, produzida por interesses velados e às vezes explícitos de empresas, governo e mídia, que erram juntos para acertar num objetivo comum. E não é necessária nenhuma conspiração secreta para que isso aconteça. Na maior parte das vezes, não é necessária nem mesmo a ordem de um superior. Quando o maestro é Mamon, a orquestra toca afinada sem precisar de partitura.

6 https://www.thebureauinvestigates.com/stories/2021-02-23/held-to-ransom-pfizer-demands-governments-gamble-with-state-assets-to-secure-vaccine-deal

7 https://www.theguardian.com/global-development/2021/sep/10/pfizer-accused-of-holding-brazil-to-ransom-over-vaccine-contract-demands

É importante lembrar que existem várias camadas na formação desse consenso, e a sua base é largamente composta de pessoas inocentes, bem-intencionadas, gente que às vezes é tão bondosa e pura que nem cogita a possibilidade de que esteja sendo manipulada a agir contra seus interesses. O poder sempre fez uso da manipulação, e isso é sabido e contado desde Gilgamesh até a Bíblia e *A Origem das Espécies.* Existem infinitos exemplos de manipulação até na natureza: animais que se fingem de mortos para comer os incautos que se aproximam; pássaros que sorrateiramente colocam seus ovos em ninhos de outros pássaros para não ter o trabalho de alimentar sua prole. Ainda assim, é cada vez mais comum ver gente deturpando conceitos básicos e desacreditando no que os olhos conseguem ver – como aqueles que passaram a acreditar que conflito de interesses é teoria da conspiração. Aquele neoliberal que até ontem vivia repetindo que não existe almoço grátis, hoje defende a distribuição estatal de absorventes higiênicos. E aquele esquerdista preocupado com o poderio financeiro e o capitalismo imperialista, hoje defende a pureza imaculada da indústria farmacêutica. Mas como dois grupos de ideologias tão distintas se uniram em torno de questões que contradizem suas próprias crenças? Como chegamos a esse estado de estupidez coletiva?[8]

Esses dois exemplos acima não aconteceram simultaneamente por acaso. Eles são resultado de um longo projeto para o estabelecimento da mediocracia – a ascensão do medíocre como exemplo a ser seguido. Esses medíocres, é bom ressaltar, não foram alçados ao topo do poder, mas bem abaixo dele. Eles são uma subelite que age como representante e porta-fezes de quem realmente manda, são semicelebridades cuja opinião é trocada por notoriedade ou por aceitação no mesmo clube dos medíocres em quem se espelham. Isso é um sistema de crédito social. Aqui temos um exemplo de como essa subelite trabalha a favor do Consenso Inc. Abrindo sua postagem com "Você já parou pra pensar nisso?", uma jornalista cita no Facebook uma pesquisa que mostra que "28% das mulheres brasileiras deixaram de ir à aula por não conseguirem comprar" absorvente higiênico.[9] Mas ela omite ao menos duas coisas importantes: o fato de que a pesquisa foi encomendada pela fabricante de absorventes Always, e o fato de que a declaração vem

8 https://www.poder360.com.br/opiniao/o-sangramento-coletivo-e-a-pobreza-mental-escreve-paula-schmitt/

9 https://www.gazetadopovo.com.br/vozes/bruna-frascolla/o-capitalismo-de-estado-da-pobreza-menstrual/

com a frase "em algum momento das suas vidas". Foi à farmácia e esqueceu a carteira em casa? Você está naqueles 28%.

Mas a postagem presta ainda outro serviço ao Consenso Inc., este muito mais eficiente e de fácil aplicação: a tentativa de despertencimento de quem não canta a mesma música. Mencionando artigo meu sem prover o link – e assim não correr o risco de apresentar meus argumentos e estimular o debate –, a jornalista tenta me desqualificar exatamente com o que ela sugere como minha única qualificação: ser mulher. Esse redutivismo – essa expectativa de homogenização do comportamento – não é por acaso. Isso é uma espécie de "gadificação" do ser humano, uma maneira de transformar indivíduos pensantes em rebanho e assim garantir que um grupo inteiro vai produzir o mesmo mugido.

Esse sistema vem sendo implantado pelo Consenso Inc. há anos, criando e estimulando um identitarismo cujo objetivo óbvio é a dissenção entre homens e mulheres, negros e brancos, gays e trans, jovens e idosos, e todo tipo de classificação que finge unir os fisicamente distantes enquanto separa os literalmente próximos, como vizinhos e colegas de trabalho. A técnica de "dividir para conquistar" é mais antiga que Sun Tzu, mas hoje ela é feita através do pertencimento a um grupo e da adoção de uma identidade que, para a surpresa de ninguém, anula o indivíduo e dilui a sua personalidade na supremacia do coletivo. É assim que 2 + 2 começa a ser igual a 7 sem que ninguém desconfie que o resultado está errado.

Um exemplo dessa perversão da lógica é a nova "verdade" da biologia: a imunidade natural praticamente deixou de existir. Dezenas de estudos mostram que a imunidade natural é mais robusta do que a imunidade supostamente adquirida pelas injeções da covid,[10] mas você não vai saber disso se depender da mídia tradicional – aquele grupo não eleito que há mais de um século detém o quase monopólio da interpretação da realidade, e que hoje se autoprotege perseguindo a mídia alternativa sob o pretexto de combater *fake news*. É exatamente graças a essa mídia alternativa que ficamos sabendo que, sim, ainda existe quem defenda a imunidade natural, e alguns deles são – quem diria – funcionários de um dos maiores fabricantes das injeções da covid, a Pfizer. Em vídeo publicado pelo Project Veritas e legendado em português,[11] funcionários da Pfizer admitem

---

10 https://brownstone.org/articles/research-studies-affirm-naturally-acquired-immunity/

11 https://rumble.com/vncq41-project-veritas-covidvaxexposed-parte-4-exposepfizer.html

privadamente que são contra a vacinação de adolescentes porque a imunidade natural funciona melhor do que a da vacina.

É interessante notar que pessoas com pouco ou nenhum estudo estão frequentemente mais cientes dessa verdade do que as que estudaram pela metade. Essas pessoas geralmente se valem da experiência e da intuição – aquela inteligência acumulada por milênios que age de forma rápida demais para ser explicada. É também no grupo de norte-americanos com menos estudo que encontramos a segunda maior proporção de gente que não quis se vacinar contra a covid. Essa proporção de pessoas relutantes a se vacinar só foi maior em outro grupo: o de pessoas com PhD. Para a surpresa de ninguém, o grupo em que menos se vê dúvida é o grupo do meio. A mediocracia funciona.

A "FARMÁFIA", O VALOR DA VIDA E AS OPORTUNIDADES IMPERDÍVEIS

Caso da Purdue e o analgésico Oxycontin é exemplo de captura regulatória – e de como bem-intencionados alimentam uma fraude

No meu livro *Eudemonia*, eu descrevo uma cena real que camuflei entre a folhagem da ficção porque é cínica demais até para os padrões deste coraçãozinho de pedra. Há muitos anos eu estava em um avião e o passageiro ao lado, simpático, puxando papo, me contou que era um cardiologista que virou proprietário de uma rede de *fast-food*. Eu devo tê-lo assustado mais que a turbulência, porque assim que ele terminou a frase eu arremeti: "Qual desses dois ramos é mais lucrativo: doença ou fome?". Naquela época eu não sabia, mas o mais lucrativo é a dor.

Pessoas com uma certa sagacidade já notaram que, cada vez mais, o jornalismo vem se encarregando de publicar ficção, enquanto a verdade consegue escapar da censura, se disfarçando de entretenimento em filmes de ação e romances policiais. A cobertura "jornalística" da pandemia do Sars-Cov é um exemplo disso: uma obra de ficção que, um dia, vai des-agraciar seus autores com o prêmio que eles merecem.

Mas enquanto esperamos a verdade sobre a covid, vale ver o que já foi revelado sobre outra pandemia inventada pelo homem: a crise dos opiáceos nos EUA. Para quem quer entender essa realidade de forma abrangente, com os vários tentáculos das suas repercussões e detalhes ausentes em muita reportagem jornalística, recomendo a série *Dopesick*, do Hulu, baseada no livro de não-ficção da jornalista Beth Macy, *Dopesick: Dealers, Doctors and the Drug Company that Addicted America* (Doença da droga: traficantes, médicos e o fabricante de remédio que viciou a América). As semelhanças desse caso com o que vivemos recentemente é algo que nem a ficção conseguiria inventar.

Depois de fazer muito dinheiro com o analgésico MS Contin, estava chegando a hora de a Purdue Pharma perder a patente do seu campeão de vendas. A empresa então fez o que muitos laboratórios fazem quando querem ganhar dinheiro além do limite de tempo determinado por lei: ela inventa uma suposta "melhora" no produto, criando uma característica suficientemente específica para justificar uma nova patente e fazer crer que o novo medicamento é melhor do que as versões genéricas com as quais a farmacêutica agora vai passar a competir. Depois é só convencer os médicos que já receitavam a versão anterior de que essa nova versão é aperfeiçoada, e assim começar tudo de novo sem precisar mudar de estrutura, mantendo as mesmas linhas de distribuição, marketing, os mesmos clientes e, acima de tudo, mantendo a margem de lucro mais alta, própria de um medicamento exclusivo, patenteado e sem concorrência.

Foi assim que a Purdue criou o sucessor do Contin e do MS Contin: o analgésico Oxycontin, uma droga que é liberada gradualmente no corpo por 12 horas depois da sua ingestão. Essa característica iria supostamente garantir duas coisas importantes: por um lado, a dor ficaria sob controle durante o sono, sem que o paciente precisasse acordar no meio da noite para tomar outra dose; por outro, esse sistema evitaria que o remédio fosse abusado como droga recreativa, porque ele não permitiria um pico de euforia.

A Purdue chegou a publicar um gráfico junto à FDA[12] confirmando o "efeito platô" do remédio no corpo, uma linha razoavelmente horizontal que indica a ausência de pico da droga no organismo. Para a infelicidade de centenas de

12 https://www.statnews.com/2019/12/03/oxycontin-history-told-through-purdue-pharma-documents/

milhares de famílias, contudo, ambas as alegações eram falsas, e o gráfico publicado pela FDA conseguiu enganar muita gente com o que em inglês é conhecido como *log scale manipulation*. Reportagens na web que mostravam o gráfico desapareceram, mas ainda é possível encontrar algumas amostras.

Na segunda metade dos anos 1990, promotores e policiais quebravam a cabeça tentando entender o aumento vertiginoso da criminalidade na região de Appalachia,[13] no estado de Kentucky. A renda média da população não tinha mudado, mas a criminalidade aumentara inexplicavelmente. Outros sinais de decadência social estavam se revelando: o número de crianças abandonadas triplicou, e orfanatos estavam batendo recorde de ocupação. A prostituição cresceu. O número de suicídios também. É raríssimo encontrar degeneração social tão alastrada que tenha uma causa única e específica, mas nesse caso, era exatamente isso que estava acontecendo. E o culpado era o Oxycontin.

No começo, o Oxycontin tinha pílulas de 10 mg, 20 mg e 40 mg, mas os médicos geralmente iniciavam a prescrição com a dose mais baixa. Feito com uma imitação sintética do ópio, o remédio era seguro porque, como era explicado pelos representantes de vendas da Purdue, "menos de 1% dos usuários ficam viciados no Oxycontin". Alguns médicos duvidavam da afirmação, mas os representantes de vendas apresentavam estudos que a corroboravam. O que até então os médicos não sabiam é que aquilo era parte de uma máquina de validação autocorroborativa, um ovo que dá à luz a galinha que vai chocá-lo.

O esquema vem funcionando dessa maneira há décadas, e o caso do Oxycontin não foi exceção. Para começar, a Purdue conseguiu um selo inédito que minimizava os efeitos do remédio e declarava que o Oxycontin era mais seguro que seus concorrentes. Quem deu o aval a essa afirmação foi a autoridade máxima do governo norte-americano para esses assuntos, a FDA, o órgão incumbido de regular a indústria farmacêutica.

Como conta uma longa reportagem da revista *The New Yorker*,[14] o funcionário da FDA que inventou o texto do selo que "garantiu" a segurança do Oxycontin foi Curtis Wright. Em menos de dois anos, Wright se tornaria um executivo

---

13 https://peoplestribune.org/2017/07/tragedy-appalachia-oxycontin-opportunities-simply-story-brother/

14 https://www.newyorker.com/magazine/2017/10/30/the-family-that-built-an-empire-of-pain

bem pago da Purdue, efetivando o que nos EUA é chamado de "porta giratória" – o conchavo no qual indústria e poder público se alternam, entrando por uma porta e saindo pela outra.

Alguns ainda acreditam que os EUA são um campo fértil para o livre mercado, mas essas pessoas estão muito mal-informadas. Os EUA hoje são um país que serve de exemplo para explicar a expressão "captura regulatória" – a maneira como agências reguladoras foram corrompidas exatamente pelas empresas e instituições que elas deveriam vigiar.

O caso do Oxycontin é educativo porque vemos que essa incestuosidade não se limita à relação do governo com empresas, mas também entre empresas, entidades "independentes" e institutos de verificação. A coisa funciona mais ou menos como um jornal que se autonomeia checador de notícias, ou como uma firma de auditoria que é paga para verificar que a empresa que a contratou não está mentindo quando diz que sua barragem em Brumadinho é segura.

No caso da Purdue, estudos garantindo a eficácia e segurança do Oxycontin foram encomendados por associações especializadas no gerenciamento da dor. Mas essas associações – oficialmente "sem fins lucrativos" – foram parcial ou totalmente financiadas pela própria Purdue Pharma. Médicos renomados também foram comprados, incluindo o especialista em dor Russell Portenoy, do respeitado hospital Sloan Kettering. São fantásticas as "verdades" que se conseguem fabricar com a aquisição de alguns médicos. Duas delas merecem menção especial.

Diante do questionamento genuíno de alguns médicos honestos sobre a segurança do Oxycontin, Portenoy conseguiu inventar a opiofobia – isso mesmo, o medo irracional do ópio e seus derivados. Outra invenção foi o "*pseudo-addiction*", ou "pseudovício". O médico que criou esse conceito, para a surpresa de ninguém, também acabou sendo contratado pela Purdue.

Segundo a *New Yorker* e a série *Dopesick*, alguns médicos vinham notando que seus pacientes começaram a apresentar sintomas de abstinência entre uma dose e outra: coceira, náusea, tremedeira. Mas David Haddox, inventor do "pseudovício", explicou por meio de um panfleto distribuído pela Purdue o que os médicos de pouca fé não entendiam: aquilo não era sintoma de abstinência, nem de vício, mas sinal de "dor não aliviada", e prova viva de que a dose deveria ser aumentada. "O mal entendimento desse fenômeno pode levar o médico a estigmatizar o paciente inapropriadamente com o rótulo de 'viciado'", quando, na verdade, ele deve fazer é "aumentar a dose do opiáceo". Isso é exatamente como o caso da vacina que, quanto menos funciona, mais é injetada.

No começo da pandemia, já se dizia que a arrecadação dos fabricantes de "vacinas" seria alto, sem precedentes na história da indústria farmacêutica. Mas só quem sabia quão ineficaz seria o experimento poderia ter conseguido estimar o tamanho fenomenal desse lucro. Imaginem a lógica deturpada de um produto que, quanto menos funciona, mais vende. Mas existe uma outra "coincidência" fascinante entre a vacina e a epidemia de overdoses, suicídios e crimes provocados pelo Oxycontin. Quem lê inglês deve ter deparado com o termo "*breakthrough infection*". Isso foi algo que os fabricantes de "vacinas" usaram para explicar por que seu produto não garantia a imunidade.

Para quem não sabe, imunidade era um conceito usado pela ciência na antiguidade. Segundo esse conceito, aplicado nos longínquos anos do século 20, estar imune era estar protegido contra uma infecção específica. Assim, quem tomava vacina contra a varíola estava imune à varíola. Quem tomava vacina contra a pólio estava imune à pólio. Catapora, rubéola, meningite, todas essas doenças podiam ser evitadas com a inoculação de uma vacina. Hoje, infelizmente, "imunidade" significa outra coisa. No caso das vacinas, ela significa que os fabricantes estão imunes a processos legais por danos, doenças e mortes. Eu conto um pouco dessa manobra no link da nota de rodapé.[15]

Durante a pandemia, quando pessoas vacinadas começaram a se contaminar exatamente com o vírus contra o qual elas foram supostamente inoculadas, a indústria farmacêutica lançou a expressão "*breakthrough infection*", ou "infecção oportunista" – uma infecção ultraesperta que consegue se desvencilhar das incríveis barreiras vacinais e infecta o vacinado. Assim também foi com o Oxycontin: quando ficou provado que a dose de 12 horas não conseguia conter a dor pelas 12 horas prometidas, o que foi feito? Admitiu-se a ineficácia do Oxycontin? Claro que não, de maneira nenhuma. Quando um produto não se ajusta à realidade, mudam-se as palavras que definem a realidade – jamais a garantia do produto. Exemplos disso abundam, e dou aqui só

---

15 https://www.poder360.com.br/opiniao/a-pfizer-e-a-imunidade-que-ela-nao-promete-mas-que-exige-de-todos-nos-por-paula-schmitt/

três palavras que mudaram de significado para se adequar a uma realidade fabricada pelos poderes mais ocultos e presentes neste mundo: mulher, imunidade, vacina.

O Oxycontin prometeu acabar com a dor, mas mesmo assim a dor voltou. Só que não, alto lá! Se foi prometido que a dor não voltaria, e ela voltou, então aquilo não era dor, mas uma "*breakthrough pain*", ou dor oportunista – uma dor que quer sacanear com a indústria farmacêutica e aparece só pra provocar a venda de mais remédio, exatamente como a *breakthrough infection* que atinge os vacinados imunizados contra a covid.

Para a sorte dos fabricantes, essa dor oportunista foi de fato uma grande oportunidade, e logo em seguida, a Purdue comemorou o lançamento de outro produto: o Oxycontin de 180 mg. É um sinal do sucesso de vendas da Purdue o fato de que prescrições do Oxycontin aumentaram vinte vezes em seis anos, enquanto as mortes por overdose, felizmente, só aumentaram quatro vezes, garantindo assim um número mínimo de clientes vivos suficiente para continuar comprando o remédio.[16]

A série e o livro *Dopesick* mostram como é fácil criar uma safadeza mundial em que a maioria dos envolvidos não sabe necessariamente que está participando de uma fraude. Quando o maestro é Mamon, a orquestra toca afinada sem precisar de partitura. Mas nem todos estão ali tocando para Mamon – alguns estão simplesmente dando vazão ao próprio ego, sendo negligentes, terceirizando seu conhecimento etc. Em outras palavras, os degraus que levaram ao lucro de motivo torpe foram construídos com muita fraqueza humana, mas com a maldade de apenas alguns poucos participantes.

Os chefes dos representantes de vendas eram convencidos de que estavam treinando funcionários para a venda de um produto que aumentaria a qualidade de vida de pessoas com dor. Eles foram influenciados porque viram os estudos de associações independentes. Os representantes de vendas queriam receber seus bônus, e prêmios por superação das expectativas: férias nas Bahamas, no Havaí etc. Mas eles também foram convencidos de que trabalhavam por um propósito louvável. Médicos que não eram especialistas em dor acreditaram nos colegas especialistas que deveriam saber mais e validaram as

16 https://www.cnbc.com/id/18591525

afirmações da Purdue. Usuários acreditaram na FDA, uma agência parcialmente financiada com os seus impostos. Pais e mães se culparam por considerar o filho um "viciado", quando finalmente foram ensinados por jornalistas crédulos e incompetentes que aquele era um estigma injusto, porque o filho não era um viciado – ele só não tinha tido sua dor aliviada com a dose adequada. Até hospitais se tornaram reféns desse esquema.

Hospitais se viram obrigados a apresentar a todo paciente internado um gráfico com código de dor, e empurrar a oferta de Oxycontin até para quem tinha só dor leve. Isso foi feito por meio do *lobby* da indústria farmacêutica e de sua nova criação científica: o quinto sinal vital. Esse detalhe ilustra a maneira como grandes indústrias criam uma máquina perfeitamente azeitada para poder agir em várias frentes, simultaneamente.

Nesse caso, a ação foi a seguinte: a medicina tem quatro sinais vitais, ou quatro elementos que identificam a saúde de um indivíduo: pressão sanguínea, temperatura corporal, batimento cardíaco e ritmo respiratório. Até que a American Pain Society (Associação Americana da Dor, "supostamente um grupo independente" que críticos afirmam que foi "capturado pela indústria das drogas e usado para aumentar as vendas de analgésicos narcóticos") decidiu promover o conceito do quinto sinal vital, a dor como indicador de saúde – ou da sua ausência. Nesse caso, a margem para manipulação é infinitamente superior à dos outros quatro sinais vitais, porque o batimento cardíaco e a temperatura corporal não podem ser alterados com a facilidade com que se pode influenciar a percepção da dor.

> Médicos contaram [ao *Guardian*][17] que essa política resultou em pacientes efetivamente fazendo suas próprias receitas médicas, porque médicos poderiam enfrentar ação disciplinar, incluindo audiências éticas, se eles não satisfizessem demandas para aliviar a dor mesmo em casos que colocassem os pacientes em risco.

Revistas científicas não ficaram de fora dessa fraude, e alguns casos seriam risíveis, não fosse o fato de que tanta gente morreu para satisfazer o lucro de uns poucos. Um desses exemplos eu precisei verificar de várias maneiras para

---

17 https://www.theguardian.com/us-news/2019/may/25/american-pain-society-doctors-painkillers

acreditar. Ele diz respeito a um estudo que teria mostrado que opiáceos não apresentavam risco sério de causar o vício. Segundo o *Business Insider*, o estudo conhecido como Porter-Jick foi citado num artigo da *Scientific American* como "um estudo extensivo", e na revista *Canadian Family Physician* ele foi considerado "persuasivo".[18] O Porter-Jick foi também mencionado pela revista *Time*, que o considerou um "estudo fundamental", que teria demonstrado que "o medo exagerado que pacientes têm de ficarem viciados" em opiáceos é "basicamente injustificado". O artigo foi parar até em livros escolares, como *Complications of Regional Anesthesia and Pain Medicine* (Complicações em anestesia regional e medicamentos para a dor). Só há um problema com esse estudo – ele nunca existiu. Ele foi nada mais que uma carta de leitor com apenas cinco frases publicada no *NEJM, New England Journal of Medicine.*[19]

Para terminar este artigo em uma nota mais positiva, vai aqui a boa notícia para a Farmáfia. A Purdue Pharma, que se comprometeu a pagar 8 bilhões de dólares[20] em indenizações por overdoses, suicídios e destruições de famílias inteiras, vai poder rever um pouco desse prejuízo, porque em 2018, a empresa conseguiu registrar a patente de um medicamento[21] que serve, entre outras coisas, para tratar o vício em... adivinha. Acertou quem disse Oxycontin.

A VERDADE NUA E GORDA

Em 1967, três cientistas da Universidade de Harvard publicaram uma análise científica que definiu a dieta norte-americana pelos cinquenta anos seguintes. Eles fizeram uma análise de vários estudos e artigos científicos sobre o açúcar, a gordura e as doenças cardíacas, e chegaram a uma conclusão categórica: o açúcar era muito menos maléfico para o coração do que a gordura saturada. Aquele

18 https://www.businessinsider.com/porter-and-jick-letter-launched-the-opioid-epidemic-2016-5?op=1

19 https://www.nejm.org/doi/full/10.1056/NEJM198001103020221

20 https://www.ft.com/content/8112c484-c8f9-49f8-8d6d-bffeff9ccb59

21 https://www.cbsnews.com/news/oxycontin-maker-receives-patent-for-drug-to-treat-opioid-addiction/

veredicto era extremamente relevante, porque doenças cardíacas são a "principal causa de morte entre norte-americanos", segundo o CDC[22] (Centro de Controle e Prevenção de Doenças, na sigla em inglês).

A análise que exonerou o açúcar e culpou a gordura tinha credenciais suficientes para que aquela ciência determinasse a pirâmide alimentar nos EUA por décadas. A descoberta serviu de base para políticas públicas que determinavam desde os ingredientes da merenda escolar até a alimentação em hospitais, assim como impostos punitivos contra alimentos gordurosos, e campanhas para o consumo de calorias "menos nocivas" ao coração, como o açúcar.

O estudo – publicado no prestigiado jornal científico *New England Journal of Medicine* – também serviu para definir recomendações médicas por décadas, adquirindo com o passar do tempo o caráter de verdade inquestionável.

Aquela nova verdade também resultou numa abundância de produtos *low-fat* (baixa gordura), criando uma indústria que vendia a substituição da gordura animal pela gordura processada em uma fábrica: sai a manteiga, entra a margarina. O que não se sabia até 2016, contudo, é que toda essa nova "realidade científica" foi criada por empresários, e nunca foi real.

A descoberta foi feita por Cristin E. Kearns quase por acaso, enquanto vasculhava os arquivos de Harvard para o seu doutorado na Universidade da Califórnia, em São Francisco. Através de documentos que se mantiveram enterrados em arquivos empoeirados por meio século, Cristin revelou que a demonização da gordura e redenção do açúcar não era ciência, mas pura propaganda, encomendada e devidamente paga pela Fundação de Pesquisa do Açúcar. No artigo que Cristin e coautores publicaram em 2016[23] no JAMA Internal Medicine revelando sua descoberta, eles contam que a Fundação de Pesquisa do Açúcar pagou o que hoje seria equivalente a 50 mil dólares – ou seja, pouco menos de R$ 250 mil – para os cientistas da universidade. Esses cientistas, por sua vez, fizeram o trabalho para o qual foram pagos, e escolheram estudos que corroboravam a conclusão predeterminada pela indústria, enquanto ignoraram estudos que a contradiziam.

Esses cientistas de Harvard não eram meros Atílio Melânio Philárdias de Twitter, pagos para defender o Consenso Inc. e espalhar o que seus superiores na

---

22 https://www.cdc.gov/heartdisease/facts.htm

23 https://jamanetwork.com/journals/jamainternalmedicine/article-abstract/2548255

hierarquia científica decidiram. Não – eles foram os próprios criadores desse novo consenso, e do alto de seu cume acadêmico fabricaram uma "ciência" decidida antecipadamente por empresários e investidores. Um documentário feito no Brasil e disponível no YouTube conta um pouco sobre esse caso.[24]

Um dos cientistas comprados pela indústria do açúcar era ninguém menos que o chefe do departamento de nutrição de Harvard. Outro foi D. Mark Hegsted, que acabou sendo nomeado chefe de nutrição do Departamento de Agricultura dos Estados Unidos e, em 1977, ajudou a decidir quais alimentos deveriam formar a pirâmide nutricional da dieta norte-americana.

Segundo a NPR[25] (National Public Radio), em 1954 o presidente da Fundação de Pesquisa do Açúcar fez um discurso falando de novas oportunidades de negócios: "Se os americanos pudessem ser persuadidos a comer uma dieta baixa em gordura – por causa da saúde – eles iriam ter que substituir aquela gordura [por outras calorias]".

Nas correspondências e atas de reuniões desenterradas, Cristin descobriu que, em 1964, um dos maiores executivos da indústria açucareira, John Hickson, se reuniu com outros empresários para mudar a opinião pública. Naquela época, alguns estudos indicavam que o aumento de doenças cardíacas estava associado ao consumo de açúcar. Hickson então contratou os cientistas de Harvard para um estudo com uma conclusão sob medida.

A técnica usada naquela falcatrua é antiga – os cientistas deveriam escolher estudos e experimentos que validassem o que queriam validar, e ignorar aqueles que os contradissessem. Com essa seletividade predeterminada, qualquer resultado era possível, inclusive um resultado falso. E assim foi.

Como conta a NPR, "artigos eram selecionados à mão", deixando de lado o que não interessava. Mas esse processo acabou levando mais tempo do que o esperado, porque novos artigos estavam sendo publicados "sugerindo um link entre consumo de açúcar e doenças coronárias". Assim, foi necessário esperar tempo suficiente para que novos artigos dissessem o contrário, até que essas exceções exonerando o açúcar pudessem ser acumuladas em número suficiente para se fingirem de regra.

---

24 https://www.youtube.com/watch?v=88NwvMf94zE

25 https://www.npr.org/sections/thetwo-way/2016/09/13/493739074/50-years-ago-sugar-industry-quietly-paid-scientists-to-point-blame-at-fat

Durante esse processo de garimpagem acadêmica, os "cientistas" de Harvard iam mantendo Hickson informado. Em uma das correspondências, o chefe da fundação açucareira mostra sua satisfação com seus contratados: "Isso é bem o que tínhamos em mente", ele diz.

A produção artificial da conclusão do estudo não se deu apenas ignorando artigos desfavoráveis, mas aplicando o que a NPR chama de "padrões diferentes" para desmerecer estudos que culpavam o açúcar, e valorizar aqueles que culpavam a gordura – exatamente como hoje é feito por médicos e cientistas que se esganiçam histericamente questionando a segurança comprovada de medicamentos considerados essenciais pela OMS (Organização Mundial da Saúde), usados por meio século com efeitos colaterais devidamente testados pelo tempo, enquanto ignoram a insegurança de terapias genéticas cujos testes não acabaram ainda, e cujos efeitos colaterais de longo prazo não tiveram tempo de vir à tona.

Na reportagem em que conta a história dessa fraude, o *New York Times* diz que esse caso não é isolado: "A Coca-Cola pagou milhões de dólares em estudos para pesquisadores que procuraram minimizar a relação entre bebidas açucaradas e obesidade".[26] O mesmo artigo cita outra reportagem, desta vez da *Associated Press*, revelando que "fabricantes de doces financiaram estudos que alegavam que crianças que comem doce tendem a ser menos obesas do que crianças que não comem doces".

Uma fraude científica ainda maior foi criada para justificar a substituição do açúcar por adoçantes artificiais como o aspartame, declarado seguro por cientistas que foram direta ou indiretamente financiados pela indústria que fabrica o produto. Esse é um assunto que merece um artigo exclusivo, mas por enquanto deixo alguns links nas notas deste livro que mostram o "efeito paradoxalmente negativo do aspartame nos níveis de glucose"[27] e obesidade; outro que trata de "evidência consistente do potencial carcinogênico"[28] do aspartame; ou mais um, de 2021, sem financiamento da indústria, com o título "Aspartame e câncer – nova evidência de causação".[29]

---

26 https://www.nytimes.com/2016/09/13/well/eat/how-the-sugar-industry-shifted-blame-to-fat.html

27 https://www.ncbi.nlm.nih.gov/pmc/articles/PMC7014832/

28 https://pubmed.ncbi.nlm.nih.gov/24436139/

29 https://www.ncbi.nlm.nih.gov/pmc/articles/PMC8042911/

Um dos problemas enfrentados pelos pesquisadores que revelaram o conflito de interesse entre a ciência e a indústria do açúcar foi que a maioria das pessoas envolvidas já estavam mortas, convenientemente incapazes de responder pelo que fizeram. Isso me lembra outro aspecto da realidade em que vivemos.

Em um pedido oficial para a revelação dos documentos da Pfizer sobre os estudos de segurança da sua vacina em poder do FDA (Food and Drug Administration), o órgão alegou que precisaria de 75 anos para cumprir esse pedido. É isso mesmo: a vacina que não imuniza totalmente, aplicada em milhões de pessoas no mundo todo, de bebê a idoso, e aplicada várias vezes – ao contrário do que tinha sido prometido – só teria seus estudos revelados quando a maioria dos envolvidos (tanto os beneficiados como eventuais vítimas) já estivessem mortos.

O pedido de informação sobre os estudos da Pfizer foi feito através do mecanismo conhecido como FOIA, ou Freedom of Information Act, um instrumento legal que obriga órgãos do governo a revelar parcial ou completamente documentos importantes para o cidadão norte-americano depois da requisição oficial. Esse FOIA foi requerido por médicos e advogados, e a resposta da FDA foi um tapa na cara de qualquer cidadão que se respeite, algo que deveria ter ocupado a capa de todos os jornais: o órgão "regulador" alegou que precisaria de 75 anos para revelar os documentos. É inacreditável, mas é verdade: as vacinas foram feitas em tempo recorde,[30] algo sem precedente na história da ciência, mas a revelação de como essas vacinas foram feitas iria levar 75 anos.

Para a sorte da transparência, da verdade e da justiça, o juiz Mark Pittman, do Texas, se recusou a aceitar a resposta da FDA, e exigiu que os documentos da Pfizer fossem revelados agora.[31] Que os Mark Pittmans deste mundo não sejam esquecidos, e que indivíduos com coragem e decência lembrem que podem, sim, fazer muita diferença.

---

30 https://www.poder360.com.br/brasil/covid-19-como-as-vacinas-ja-desenvolvidas-podem-acelerar-a-imunizacao/

31 https://www.reuters.com/legal/government/paramount-importance-judge-orders-fda-hasten-release-pfizer-vaccine-docs-2022-01-07/

INTERVENÇÃO NA NATUREZA TEM SEU PREÇO

Quem já deparou com a teoria de que o mundo é controlado pelos Illuminati (ou satanistas, pedófilos, Bilderberg, Rothschilds, jesuítas, Bohemian Grove, Skull & Bones, ou todos eles juntos) deve ter notado que, apesar de tanto poder sobre os desígnios da Terra, os membros do grupo não sabem quem são seus coleguinhas. Por isso eles usam símbolos identificadores – é uma piscadinha aqui, uma mão com o indicador e o mindinho levantados, uma espiral meio triangular como pingente. Até o príncipe Harry já se revelou para os colegas da confraria (e para nós, *outsiders* privilegiados, agora providos de informações sigilosas). Existem várias fotos mostrando celebridades no suposto momento em que sinalizam sua participação no governo do mundo.[32]

Esse truque das teorias conspiratórias é interessante porque ele não falha nunca: praticamente qualquer coisa que se queira ver será vista, se a amostragem e o tempo de análise forem grandes o suficiente. Dedo apontado pra cima? Temos. Dedo apontado para baixo? Também temos. É como fazer previsões – faça ao longo de muito tempo, e com bastante frequência, que uma hora você acerta.

Não estou falando isso para que deixem de acreditar nessa ou em qualquer outra teoria. Algumas delas podem ser verdadeiras. Outras já até foram confirmadas. Outras ainda são mantidas sob um manto de mistério, como se fossem apenas teorias, mas são decepcionantemente visíveis a céu aberto. Até eu ler (e verificar) a ficção *O Símbolo Perdido*,[33] de Dan Brown (não confundir com *Em Busca do Tempo Perdido*, de Marcel Proust...), eu não tinha ideia do poder da maçonaria na construção de Washington — DC.

Este artigo, é bom esclarecer, não tem nenhuma intenção de demover ninguém da sua fé, e conspiracionistas são, acima de tudo, crentes. Eles se creem questionadores, mas jamais questionam sua teoria de estimação. Eles são como

32 https://duckduckgo.com/?q=illuminati+hand+signal+celebrity&t=h_&iax=images&ia=images

33 https://www.washingtonpost.com/wp-srv/special/artsandliving/danbrownlostsymbol/

pessoas fervorosamente religiosas, ou como fanáticos políticos, que transformam ideias e seres humanos em ícones de certeza neste nosso mundo de Heisenberg. Mas pessoas que refutam toda teoria conspiratória como bobagem são igualmente crentes. Elas veneram e se sentem seguras na oficialidade – venha ela do governo, da mídia, ou do consenso. Como já disseram por aí, às vezes um conspiracionista é apenas alguém que sabe mais do que você.

De qualquer forma, as teorias da conspiração mais convincentes se valem de técnicas comum a todas elas: a seleção cuidadosa de fatos, a ligação dos pontos – e apenas daqueles pontos – que interessam à narrativa, e a escolha arbitrária de detalhes cuja incidência ao longo do tempo vai inevitavelmente servir para confirmar o que foi prenunciado.

Pois bem, agora que superamos esse preâmbulo, aproveito para selecionar alguns fatos, ligar apenas pontos que interessam a essa quase narrativa, e mostrar alguns detalhes cuja incidência ao longo do tempo pode vir a confirmar o que foi prenunciado. Vou começar com o livro de Dean Koontz, que deu origem a muita conspiração e paranoia.

Assim que Wuhan ficou conhecida como epicentro da pandemia do coronavírus, o livro *Os Olhos da Escuridão*, de Koontz, começou a circular novamente. Nessa obra de ficção, publicada em 1981, cientistas chineses inventam um vírus mortal e se unem a agentes secretos norte-americanos para construir uma arma biológica. O vírus é chamado no livro de Wuhan-400, e se você só sabe isso – e teorias da conspiração se valem muito do meio-saber – a história parece suspeita. Mas se você procurar mais um pouco, descobrirá que no livro original de 1981, assinado com pseudônimo, o vírus era chamado Gorki-400 e vinha da União Soviética, então inimiga maior dos EUA. Foi apenas em 1989, quando a guerra fria já tinha acabado, que Koontz reeditou[34] o livro, revelando seu nome como autor – e com um inimigo chinês, mais plausível.

Mas se essa coincidência é tão fácil de desconsiderar, um artigo científico na revista *Nature*[35] não é tão menosprezável. Publicado em novembro de 2015, ele foi intitulado "Um aglomerado como Sars de coronavírus de morcego mostra potencial para o aparecimento em humanos".

---

34 https://www.scmp.com/lifestyle/arts-culture/article/3051619/china-wasnt-original-villain-book-predicting-coronavirus

35 https://www.nature.com/articles/nm.3985#ref-CR2

Nem vou entrar no mérito da escolha das palavras "mostra potencial", com seu aspecto positivo, em vez das palavras "apresentam risco", por exemplo, apesar de eu achar, sim, interessante. O que de fato importa é que o artigo trata de uma espécie de *frankenvirus*, uma criatura feita pelo homem ao misturar diferentes espécies de vírus que, unidas, formam um único "vírus quimérico". Para leigos como eu, tudo ali soa assustador. Mas eu conversei informalmente com alguns cientistas, e eles acreditam que experimentos daquele tipo apresentam, sim, riscos incalculáveis. Vejam só o que o resumo diz:

> O aparecimento da síndrome aguda respiratória do coronavírus (Sars-CoV) e Mers enfatiza a ameaça de eventos de transmissão através de espécies, causando surtos em humanos. Aqui nós examinamos o potencial de doença de um vírus como Sars, que está atualmente circulando em populações de morcegos chineses. Usando o sistema de reversão genética do Sars-CoV, nós geramos e caracterizamos um vírus quimérico [...] que vai usar a enzima conversora de angiotensina (ACE2) [os receptores humanos penetrados pela covid-19].[36]

Já na parte principal do artigo, os cientistas dizem que estão estudando o sequenciamento de alguns vírus, mas que isso não é suficiente para preparar para uma futura pandemia. "Portanto", eles explicam, "para examinar o potencial de emergência [ou seja, o potencial de contaminar humanos] dos CoVs em morcegos, nós construímos um vírus quimérico codificando uma nova proteína *spike* zoonótica" (*spike protein* é a proteína usada pelo vírus para penetrar em hospedeiros).

Eu não entendi quase nada do resto, mas a *Nature* publicou um adendo que eu entendi direitinho. Em uma espécie de errata, a revista declara que "na versão deste artigo inicialmente publicada on-line, os autores omitiram o reconhecimento de uma fonte financiadora, Usaid".

Qualquer pessoa que morou no Oriente Médio sabe o que é a Usaid – oficialmente, a "Agência dos Estados Unidos para o Desenvolvimento Internacional". Mas o que ela faz talvez com mais afinco é ser o braço financiador da política externa norte-americana, e também uma fachada para a CIA. Para quem

36 https://www.nature.com/articles/s41569-020-0360-5

se interessar pelo assunto, vale a pena ler os artigos nos links da nota de rodapé.[37] Para quem prefere fontes mais tradicionalmente "à direita", um artigo em que Jeff Stein, correspondente da Casa Branca para o *Washington Post*, explica que "no sul do Vietnã, a Usaid forneceu fachada para agentes da CIA tão frequentemente que as duas (agências) se tornaram quase sinônimas".[38]

E o que dizer do Departamento de Justiça norte-americano, que anunciou em janeiro de 2022 a prisão do chefe do Departamento de Química e Biologia Química da Universidade Harvard, Charles Lieber, por mentir sobre suposta ajuda indevida que teria dado a pesquisadores na China?[39] Segundo o documento, "desde 2008 Lieber era o Investigador Principal do Grupo de Pesquisa Lieber na Universidade Harvard, especializado na área de nanociência," e recebeu 15 milhões de dólares em fundos do Instituto Nacional de Saúde e do – olha quem tá aqui – Departamento de Defesa Americano. Essa ajuda proibiria o cientista de receber fundos de país estrangeiro, por representar conflito de interesse. Mesmo assim, desde 2001, Lieber teria sido um "Cientista Estratégico na Universidade de Tecnologia de Wuhan, na China" e participante do "Plano de Mil Talentos", um suposto esquema chinês para "atrair chineses vivendo no exterior e especialistas estrangeiros" e premiá-los por "roubar informação (confidencial) de patentes". Foram presos também Yanqing Ye, acusada de espionagem, e Zaosong Zheng, que entrou nos EUA para conduzir pesquisa sobre células cancerosas e teria depois tentado contrabandear para a China 21 frascos com material biológico. Ele foi preso no aeroporto, onde os frascos foram encontrados escondidos na sua meia.

Muitos cientistas sérios negam que o coronavírus tenha sido feito pelo homem. Mas não existe dúvida de que vírus são feitos pelo homem. E sabemos que existem armas biológicas. Não sabemos, contudo, todas as consequências possíveis dessas intervenções na natureza, nem temos como garantir o impedimento de coisas obviamente previsíveis como acidentes, vazamentos, contaminação de cientistas.

---

37 https://www.telesurenglish.net/opinion/USAID-or-US-CIA-20160919-0013.html ; https://www.pando.com/2014/04/08/the-murderous-history-of-usaid-the-us-government-agency-behind-cubas-fake-twitter-clone ; https://www.democracynow.org/2014/4/4/is_usaid_the_new_cia_agency

38 https://www.washingtonpost.com/

39 https://www.justice.gov/opa/pr/harvard-university-professor-and-two-chinese-nationals-charged-three-separate-china-related

No caso de intervenção humana radical na natureza, previsões de acidentes não são adivinhações, mas mera probabilidade estatística. Apenas alguns meses antes do que é considerado o começo da pandemia na China, eu publiquei um tweet sobre um experimento conduzido em laboratório chinês que tem tudo para dar errado – se é que ainda não deu. "A equipe do pesquisador Juan Carlos Izpisúa conseguiu criar, pela primeira vez, uma quimera — um ser híbrido entre humano e macaco num laboratório da China, dando um importante passo para seu objetivo final de transformar animais de outras espécies em fábricas de órgãos para transplantes".

Não se sabe ainda de onde veio o coronavírus, mas sabemos que quando interferimos radicalmente na natureza, ela reage. E isso não é crença apenas de quem acredita na Hipótese de Gaia – a teoria pela qual a natureza seria algo próximo de um ser vivo, em que suas partes interagem e interdependem. O que sabemos é que a natureza evoluiu ao longo de tempo incalculável, pelo qual infinitas variáveis foram se ajustando. Qualquer alteração brusca em uma dessas variáveis, interligada em incontáveis conexões, pode ter efeito trágico em cadeia. Nessas horas, vale lembrar o que aconteceu quando vacas foram alimentadas com carne de vaca – tal aberração deu início à doença da vaca louca. Qualquer fazendeiro tradicional, que ama o que faz, teria pressentido que aquilo era arriscado – sem nunca ter precisado estudar ciência.

CORRUPÇÃO

O DESCANSO DE LULA E A CORRUPÇÃO RELATIVA

Depois de uma eleição cansativa, desprovida da energia humana que vem do apoio popular das ruas, Lula escolheu uma mansão na Bahia para o merecido descanso. Nada de mais, claro. Se eu, que almejo uma vida de Diógenes, adoraria tirar férias numa mansão à beira-mar, o que dizer de um ex-pobre que se orgulha de ser "refinado", e não um "capiau do interior de São Paulo"?[1]

O dono da mansão que hospedou Lula é Ronaldo Carletto, deputado federal pelo PP da Bahia e empresário, que tem "excelentes relações com Jaques Wagner e o governador da Bahia, Rui Costa".[2] As relações devem ser boas mesmo. Vale a pena dar uma lida na história sobre uma licitação do governo baiano com uma empresa que não se encontrava em funcionamento no dia 2 de fevereiro de 2018, data do leilão, como informa reportagem do *Bahia Notícias*.[3]

Eu nunca tinha ouvido falar da ITmov, mas seus planos parecem ambiciosos – e seus preços, mais ainda. O site da empresa[4] indica que ela tem a intenção de competir com a Uber, e as similaridades são óbvias. O transporte funciona através de um aplicativo, e tanto o usuário como o motorista são avaliados, gerando no próprio aplicativo uma espécie de x-9 virtual em que o comportamento de ambos pode ser sigilosamente denunciado. Em alguns anos, estaremos vivendo o pesadelo descrito no episódio "Nosedive" da série *Black Mirror*, em que todo o comportamento humano é avaliado, coletado e tabulado para o crédito social (ou descrédito, no meu caso). Eu me recuso a dar qualquer nota abaixo de 5 para os motoristas de Uber, mesmo aos que não merecem. Se eu tiver algum problema,

---

1 https://www.poder360.com.br/eleicoes/lula-chama-bolsonaro-de-chucrao-e-se-diz-socialista-refinado/

2 https://www.poder360.com.br/governo/lula-escolhe-praia-onde-cabral-chegou-para-3-dias-de-descanso/

3 https://www.bahianoticias.com.br/noticia/233909-tj-ba-suspende-contrato-do-governo-do-estado-com-a-itmov.html

4 https://itmov.com.br/

prefiro tratar diretamente com a pessoa, em homenagem à antiga arte das relações intra-humanas que dispensam intermediação algorítmica. Mas eu digresso.

A ITmov ganhou a licitação porque ela supostamente ofereceu "o menor valor por quilômetro".[5] Isso é muito importante, porque a empresa pode vir a ser a única responsável pelo transporte de todos os funcionários públicos lotados nos órgãos do Centro Administrativo da Bahia (CAB). O valor cobrado pela ITmov era de R$ 3,08 por quilômetro. Fiz um cálculo rápido usando o aplicativo da Uber e vi que ela estava me cobrando, no dia 3 de novembro, às 13h de uma 4ª feira no Rio de Janeiro, o valor de R$ 1,06 – quase um terço do preço que seria cobrado pela empresa do anfitrião de Lula.

A ITmov também foi parar nos jornais em outubro de 2021, porque, segundo delação premiada da desembargadora Sandra Inês Rusciolelli, Ronaldo Carletto estaria envolvido no pagamento de propina para obtenção de uma sentença.[6] Essa delação foi parte da Operação Faroeste, e foi homologada por Og Fernandes, ministro do Superior Tribunal de Justiça. Ronaldo Carletto, que é deputado federal, nega ter qualquer relação com a empresa ITmov. Diz que a declaração da desembargadora Sandra Inês Rusciolelli não condiz com a verdade.

Alguns dizem que Lula é incorrigível, e já começou mal. Eu vejo a coisa por outro lado: finalmente o jornalismo brasileiro vai poder mostrar serviço, e produzir reportagens dignas de leitura. O cartel midiático brasileiro passou anos vasculhando as gavetas de Jair Bolsonaro, e os resultados foram patéticos, decepcionantes, eu diria. Praticamente nada foi encontrado além da Val do Açaí e imóveis comprados e vendidos ao longo de mais de trinta anos por todos os membros da família (e até não-membros, como a ex-sogra). Será que foi corrupção? Não sei. Mas e se fosse, como eu me sentiria? Depende. No contexto nacional, isso é praticamente um atestado de idoneidade.

Antes de eu continuar, mensagem importante: não pensem que eu relativizo a corrupção – tenham *certeza* de que a relativizo. Sou bem ruinzinha em matemática, mas sei o suficiente para entender a diferença entre um soco e cem, a morte de um e a morte de 1 milhão, e o roubo de uma máquina de lavar ou de uma casa

---

5 https://jornalgrandebahia.com.br/2019/03/empresa-itmov-vence-licitacao-para-prestar-novo-servico-de-transporte-no-centro-administrativo-da-bahia/

6 https://www.bahianoticias.com.br/justica/noticia/64931-delacao-dos-rusciolelli-cita-carletto-e-kertzman-em-esquema-com-sentencas.html

inteira. Eu relativizo a corrupção porque relativizo todos os crimes com vítima, e todos os crimes quantificáveis, e é inteligente e econômico que eu pense assim. Se a lei prometesse a mesma punição para quem mata uma pessoa ou quem mata mil, a lei estaria, de fato, premiando quem mata mais, porque sua punição seria relativamente menor por vítima. A matemática moral disso é irrefutável.

Mas existem outros problemas. Se a pena fosse a mesma para quem comete um homicídio ou mil, a lei estaria, na prática, incentivando a morte, porque estaria dizendo que o homicida só tem que se preocupar em não matar uma primeira pessoa. Depois dessa primeira vítima, a lei complacente diz que o assassino já perdeu seu hímen, e a pena não aumenta mais. Em outras palavras, depois do primeiro homicídio, todos os outros são "de graça", porque não acarretam nenhuma punição extra: nem um ano a mais na cadeia, nem uma hora a menos de sol. Por isso sou contra qualquer pena máxima, porque uma punição que tem limite finge que o Mal não tem.

Existe ainda uma terceira consequência dessa equalização moral forçada que é um verdadeiro absurdo da engenharia social. Raramente percebido pelas pessoas que deveriam estar pensando num Brasil melhor, o segredo é velho conhecido de bandidos e advogados. A pegadinha é a seguinte: se você, Zé Leitor, matou um cara numa briga de bar e, portanto, passou a ser passível de condenação à pena máxima (trinta anos de prisão, que frequentemente se transformam em 12), você passa a ter emprego garantido "botando outros assassinatos nas costas". É isso mesmo. Não só você não corre o risco de ficar mais de trinta anos na cadeia pelos homicídios extras como ainda tem a vantagem de fazer da sua pena máxima uma bela fonte de renda.

Quando fiz meu trabalho de conclusão de jornalismo no Carandiru, conheci alguns prisioneiros que admitiam que só tinham matado um certo número de pessoas, mas botaram outros homicídios "nas costas" como favor a alguém, ou sob ameaça, ou até como fonte de renda.

Em 2015, eu entrevistei Fernando Gabeira para um jornaleco digital em língua inglesa que, descobri depois, ganhava dinheiro do governo do PT em forma de publicidade, como outros jornais da mesma lista, publicada no blog do jornalista Fernando Rodrigues no UOL.[7] Eu não cobrei nada pela entrevista – era do

7 https://fernandorodrigues.blogosfera.uol.com.br/2015/07/02/publicidade-federal-para-midia-alternativa-vai-a-r-92-milhoes-em-2014/

meu interesse entender o que motivou Gabeira a fazer uma jornada que o transformou de revolucionário esquerdista a crítico contumaz do governo do PT. A entrevista foi republicada no *Medium*,[8] no original em inglês.

Mas existia uma outra coisa que me interessava debater com o escritor e político a quem eu tanto admirava: a questão filosófica e moral do escândalo dos bilhetes de avião, quando vários congressistas foram pegos fazendo uso privado de passagens aéreas dedicadas ao trabalho legislativo.[9] No caso de Gabeira, ele se manifestou antes de ser identificado, e admitiu publicamente que poderia, sim, ter dado duas passagens para sua filha. A vergonha demonstrada por Gabeira foi inversamente proporcional ao tamanho do seu erro, e considero essa inversão uma boa medida de caráter.

Acho fascinante ver como tantas pessoas fingem – ou pior, de fato acreditam – que a corrupção é uma só, um mesmo problema independente da dimensão, da profundidade e do valor. Gostaria de fazer negócio com essas pessoas, porque suspeito que meu lucro seria astronômico. Como pagadora de impostos, é óbvio que faz enorme diferença para mim ser roubada em milhões de reais ou em bilhões. O fato de isso precisar ser explicado é mais um sinal da simplicidade intelectual no meio jornalístico, que raramente se dá ao trabalho de sequer fazer as comparações necessárias para que a vítima pagante de impostos entenda o tamanho do roubo.

Claro que, se eu estivesse examinando a questão como quesito para analisar um pretendente, a barra de medição seria outra, e nesse caso talvez fosse uma questão binária, sim ou não, 0 ou 1. Mas políticos não são namorados, nem amigos, e, portanto, o que rouba menos me incomoda menos. Tem gente na imprensa que faz questão de fingir que corrupção é binária, 8 ou 80, porque isso serve para atenuar a culpa do que roubou 80 (que foi parça e roubou o suficiente para dividir com os amigos, quem sabe até alguns na imprensa), enquanto aumenta a culpa do que só roubou 8 e não dividiu com ninguém.

---

8 https://paulaschmitt.medium.com/interview-with-fernando-gabeira-june-2015-rio-c2834fdc4b2c

9 https://www.estadao.com.br/politica/gabeira-admite-que-pode-ter-usado-passagens-para-filha/

IMPRENSA

A PUREZA IDEOLÓGICA E A MORTE DA RAZÃO

Em 24 de maio de 2022, a TV brasileira foi palco de um dos espetáculos mais grotescos que eu já vi. Pode parecer exagero, mas me sinto credenciada para avaliação tão implacável, porque já testemunhei muitas outras demonstrações de putrefação humana – assisti a *Faces da Morte*, vi *Saló* no cinema, cobri guerra, visitei campos de refugiados, entrevistei advogado de terroristas e os políticos que os financiam, passei uma semana no IML (Instituto Médico Legal) e peguei sarna de presidiário que dividia a solitária com ratos e baratas. Esse episódio foi diferente e mais degradante, porque eu nunca tinha visto tamanha anulação voluntária da dignidade humana.

A cena ocorreu na *Globo News*[1] durante um daqueles tediosos debates-de-mentirinha em que todos os "debatedores" são jornalistas pagos pelo mesmo patrão. Boiando naquela água parada, o animador de plateia, Marcelo Cosme, resolve fazer ondinha e transformar aquele teatro da confirmação mútua em um coliseu perverso. Para isso, ele joga aos leões a única mulher do painel. A cena é constrangedora ao extremo e causa desconforto até nos estômagos mais resistentes:

> – "Há pouco você usou uma palavra que a gente não usa mais" – disse para Carol Cimenti o picador Cosme, híbrido trans-humano de um instrumento covarde que serve apenas para atiçar a fera, jamais para enfrentá-la.
>
> – "Eu falei denegrir" – ela se adianta, balançando a cabeça em consentimento antecipado, ansiosa por mostrar que antes mesmo de ser avisada, ela já sabia que tinha pecado.
>
> – "Denegrir" – ele diz para a arquibancada.
>
> – "Exatamente, eu falei e pensei nisso, perdão" – ela suplica, tentando provar que seu reflexo condicionado funcionou sem precisar do choque, humana de Pavlov que introjetou a própria punição.

---

1 https://twitter.com/schmittpaula/status/1529872262677118976?s=20&t=a51VDNlL JBMjMfFjFBIIwg

– "Por isso que eu quis te chamar atenção, *para que você mesma pudesse se desculpar e a gente possa seguir*" – explica o carrasco de auditório para benefício da plateia.

– "Não, não se usa mais essa palavra" – a pecadora repete, o sorriso encobrindo a vergonha. – "Eu queria, na verdade, dizer que é como se essas acusações quisessem diminuir ou manchar a imagem desse homem. Usei uma palavra que é claramente racista" – ela insiste. – "Peço perdão por isso" – ela implora.

Só depois de 40 excruciantes segundos, uma eternidade no jornalismo de televisão, Carol é finalmente perdoada ao vivo. "É a gente que tá aqui para isso que te agradece por você ter corrigido", decreta Cosme, jogando o manto de falsa empatia sobre a mulher que ele desnudou.

Já faz tempo que a televisão serve como uma janela para o esgoto do mundo, uma Caixa de Pandora em que aberrações são artificialmente concentradas para que um simples gole consiga matar a sede de *schadenfreude*, crueldade e outras perversões humanas. Mas o episódio da *Globo News* tem um ângulo muito mais nefasto do que é sugerido apenas pela fraqueza de caráter. Aquilo não foi meramente um ato de autodegradação em que uma mulher se despe de respeito próprio para aceitar a humilhação de um ser com menos altitude moral do que ela. Aquilo foi uma mortificação da carne, um exercício de autoflagelo que tem efeito parecido com o das sessões de autoenvergonhamento na China maoísta. A revista *The Economist* descreveu aquelas sessões como "pouco mais que teatro judicial com o objetivo de educar o público".[2] Em outras palavras, o capataz obediente coagiu a servente a confessar um crime que não cometeu – e assim será feito por todos que entenderam a mensagem.

Eu venho há tempos me perguntando se vale a pena dar audiência a esse tipo de inanição intelectual, a essa chacota lógica que é o julgamento pela linguagem. Hoje em dia, tanto os que praticam tal besteira quanto os que a criticam estão se beneficiando da sua existência, vendendo livros contra e a favor. Foi criado um nicho para esse tipo de dogma, um novo mercado que dá lucro tanto a quem o exalta quanto a quem o condena. Eu não quero ser instrumento para a elevação de assunto tão baixo. Mas elevado ele já foi. E a prova disso é que ele chegou

2 https:/www.economist.com/analects/2014/08/15/shaming-an-internet-celebrity

à *Globo News*, e empoderou um homem branco – para usar os critérios desses teoristas da redução – a interpelar uma mulher ao vivo e coagi-la a se desculpar em público por um crime que não cometeu.

Notem as implicações disso: se uma jornalista é coagida publicamente a confessar um crime que não cometeu só para manter o emprego, e seus colegas jornalistas presenciam aquela injustiça ao vivo sem dar um pio – ou um mugido, como uma vaca teria feito ao ver outra vaca ser maltratada –, o que vai sobrar para os mortais que sofrerão abuso de outros alpinistas profissionais sem escrúpulos, e sem a vigilância de uma câmera? Que tipo de confissão vão exigir de outras pessoas? Que tipo de tortura será justificada em nome de uma falsa ideia de inclusão? Que outros hipócritas além de Cosme vão poder ameaçar pessoas e fazê-las ajoelhar no milho para evitar o linchamento social? E se Carol Cimenti aceitou aquela submissão de fato para salvar o emprego, que outras chantagens serão normalizadas, que outras verdades vamos ter que negar, depois que a *Globo News* redefiniu o limite do fundo do poço da desonra?

Existem várias coisas a ser discutidas sobre essa vergonha exposta em rede nacional. Uma delas é bastante óbvia: se Carol está certa, e disse uma palavra racista, ela não deveria ser punida criminalmente? O racismo não é crime? Eu não acho que Carol foi racista, e não acharia nem se a etimologia da palavra denegrir fosse "racista" – e não é, e qualquer pessoa com dois neurônios e uma conexão com a internet consegue descobrir isso em segundos. Me recuso aqui a falar da etimologia, porque isso é outro absurdo: o lugar de onde a palavra veio é infinitamente menos importante do que o lugar para onde a palavra vai. A origem importa muito menos do que a intenção. Linguistas, professores de Letras e psicólogos passam anos estudando o contexto e a intenção das palavras, mas no mundo do julgamento sumário, isso perdeu o valor. O que importa agora é que existam instrumentos para condenar uma pessoa em questão de segundos, sem a necessidade de contexto, com um veredicto emitido pelo juiz mais autoritário numa tirania: a massa de pessoas semipensantes que se sentem suficientemente inteligentes ao aprender pouco pela metade.

É necessário um cérebro bastante limitado para cair no conto do identitarismo e do politicamente correto. Ninguém com um mínimo de inteligência falharia em notar a discrepância lógica desse culto. Nem as religiões mais fanáticas se contradizem com tanta obviedade como uma seita que considera fantasia de

Hitler no Halloween inadmissível (porque denota admiração a um monstro), enquanto considera fantasia de indígena igualmente inadmissível (porque denota desrespeito). Eu tenho um pé de babosa em casa que tem capacidade intelectual suficiente para entender a farsa do identitarismo e se perguntar: quem de fato está fazendo reverência ao mal? O cara que se vestiu de Hitler ou aquele que só consegue ver admiração naquela fantasia? E quem de fato tem desprezo pelo indígena? O cara que se vestiu de indígena ou aquele que só consegue ver aquela homenagem como insulto?

O mais engraçado e triste é que segundo a "lógica" da pecadora e do seu exorcista – os dois antagonistas que se merecem –, Carol teria cometido vários outros exemplos de "racismo" ou "preconceito" naqueles mesmos 40 segundos. Se, de acordo com aquela mente cimentada, a palavra "denegrir" denigre negros, então a palavra "diminuir" diminui anões, e a palavra "manchar" insulta aqueles com manchas na pele. E a expressão "claramente", associada a elucidação de algo, é obviamente uma apologia à raça ariana.

É um exercício ingrato para uma inteligência acima da média ter que mergulhar no buraco negro imperscrutável de uma mente que acredita que a cor preta – ou a ausência de cor e luz – refletem a essência da pessoa negra. Eu teria que me colocar no lugar da minha babosa para conseguir adequar meu cérebro a esse tipo de raciocínio. Aliás, assim que aprendeu italiano, minha babosa falou para eu jamais confiar em Carol, porque o sobrenome Cimenti vem das palavras italianas "*ci menti*" ou "mente para nós". Nada como a etimologia para a gente entender o verdadeiro significado das coisas! Obrigada, Babosa, por falar italiano.

Não obstante as infinitas piadas inspiradas por pessoas de mente simplória, existe um lado bem mais sinistro nesse episódio, porque ele é, na prática, um ritual público de assassinato da razão e exaltação da pureza ideológica. Naquele teatro do absurdo, 2 + 2 é igual a 5, e Carol Cimenti mostrou sua lealdade empregatícia e submissão quando escolheu fingir que acredita nisso, e que mereceria ser punida por ter esquecido a nova matemática. Eliane Cantanhêde[3] já tinha dado demonstração pública de renúncia à irracionalidade um tempo atrás, e quem vem abaixo dela na cadeia alimentícia não poderia ter agido diferente.

---

3 https://www.poder360.com.br/opiniao/o-antirracismo-e-a-lei-dos-piores-por-paula-schmitt/

É por isso que tenho dificuldade em ter empatia com seres que se arrastam e se humilham por erros que não cometeram – porque eles não servem como exceção, como o bode sacrificado em nome de todos os outros. Ao contrário: eles passam a servir como o modelo de bode a ser seguido.

MK-ULTRA E O BALAIO DE BESTEIRAS

Em 1951, a charmosa vila de Pont Saint-Esprit, no sul da França, viveu um fenômeno inusitado e assustador. De um dia para o outro, moradores começaram a ter alucinações e sintomas psicóticos. Alguns pularam de janelas, outros tentaram botar fogo no próprio corpo. Uns ouviam vozes, outros sentiam que a boca estava cheia de cabelo. Outros ainda perderam o equilíbrio e não conseguiam controlar seus movimentos. Dezenas de moradores foram internados em hospícios e colocados em camisa de força. Ao menos cinco morreram.

Uma reportagem do jornal inglês *The Telegraph* descreve alguns dos sintomas e cita artigo da revista *Time* publicado na época do ocorrido:[4]

> Um homem tentou se afogar, gritando que sua barriga estava sendo comida por cobras. Um menino de 11 anos tentou estrangular sua avó. Outro homem gritou: "Eu sou um avião", pouco antes de pular de uma janela. [...] Pacientes se debatiam violentamente em suas camas, gritando que flores vermelhas estavam brotando dos seus corpos, que suas cabeças estavam virando chumbo derretido.

Por décadas, suspeitou-se que o problema teria vindo de um fungo alucinógeno que contaminou a massa de pão de uma padaria local. Hoje, contudo, ao menos dois livros propõem uma teoria muito mais macabra – e bastante plausível – sobre o que ocorreu em Pont Saint-Esprit: seus moradores teriam

4 https:/www.telegraph.co.uk/news/worldnews/europe/france/7415082/French-bread-spiked-with-LSD-in-CIA-experiment.html

sido intoxicados propositalmente com LSD em um experimento da CIA conhecido como MK-Ultra. O que fundamentou ambos os livros foram documentos secretos da própria CIA, até então desconhecidos, obtidos através do mecanismo de acesso a informação conhecido como FOIA (Freedom of Information Act). Um desses livros é *A Terrible Mistake*[5] (Um terrível engano), do jornalista investigativo norte-americano Hank Albarelli. O outro livro é *The CIA Doctor's*[6] (Os médicos da CIA), de autoria do especialista em psiquiatria e manipulação mental Colin Ross.

Apesar de virtualmente desconhecido no Brasil, o MK-Ultra é um dos experimentos mais infames do mundo. O seu objetivo principal era descobrir o quanto seria possível controlar a mente humana e comandar pessoas a cumprir ordens contra a sua própria vontade. Vários foram os métodos usados para esse controle da mente e lavagem cerebral: tortura, drogas, choques elétricos, eletrodos subcutâneos, privação sensorial, hipnose. Um dos métodos foi o uso de LSD, ou ácido lisérgico, um alucinógeno que foi administrado sem o consentimento das cobaias humanas. Ele foi testado inclusive em soldados do Exército norte-americano.

No aterrador e obrigatório livro *A Doutrina do Choque – A Ascenção do Capitalismo do Desastre*,[7] Naomi Klein conta como a CIA ordenou a destruição de todos os documentos do MK-Ultra. Isso teria ocorrido especialmente para acobertar o envolvimento do chefe do programa, Sydney Gottlieb,[8] na morte de um agente da CIA, Frank Olson. Eu contarei um pouco mais sobre Frank Olson. Guardem esse nome.

Apesar da ordem de destruição, alguns dos arquivos do MK-Ultra escaparam, e servem hoje para dar uma ideia do tipo de atrocidade que foi quase completamente eliminada da história oficial. O documentário *Os Experimentos Secretos da CIA* fala de alguns desses documentos, e mostra imagens mantidas

5 https://www.amazon.com/Terrible-Mistake-Murder-Secret-Experiments-ebook/dp/B0040ZNFNA/ref=sr_1_3?crid=CR0BYKDRRAT1&keywords=hank+albarelli&qid=1649267565&sprefix=hank+albarelli%2Caps%2C211&sr=8-3

6 https://www.amazon.com/-/es/Colin-Ross/dp/0976550806

7 https://www.amazon.com.br/Doutrina-Choque-Ascens%C3%A3o-Capitalismo-Desastre/dp/8520920713

8 https://www.nytimes.com/1975/07/18/archives/destruction-of-lsd-data-laid-to-cia-aide-in-73-destruction-of-lsd.html

em segredo por décadas. Não são apenas animais – touros e macacos, por exemplo – que são torturados em frente às câmeras. É possível também ver pessoas sendo submetidas a experimentos que dariam inveja a Joseph Mengele. O documentário mostra alguns sobreviventes prestando depoimentos à Comissão Rockefeller,[9] encarregada, em 1975, de investigar atividades da CIA depois que uma reportagem do *The New York Times* revelou atividades ilegais da agência.

Uma das sobreviventes do MK-Ultra, Karen Wetmore, descreve coisas quase inimagináveis, como a eliminação de memórias através de choques químicos para que a CIA conseguisse trabalhar no seu cérebro como uma tábula rasa – um lugar onde o seu passado e história pessoal pudessem ser fabricados. Ela escreveu um livro contando suas experiências: *Surviving Evil – CIA Mind Control Experiments in Vermont*[10] (Sobrevivendo ao mal – os experimentos de controle da mente da CIA em Vermont). Karen foi por anos considerada louca, mentirosa, fantasiosa. Muitos custaram a acreditar que ela foi internada no hospital psiquiátrico contra a sua vontade, e sem ter qualquer problema mental. Como ela diz nas suas memórias, ao ser internada à força, "a primeira coisa que tiram de você é a credibilidade". Mas o governo acabou pagando uma indenização para Karen, e isso serviu mais do que uma compensação financeira – serviu também como confirmação dos seus relatos.

Em outubro de 1995, o presidente Bill Clinton fez um pedido público de desculpas por experimentos científicos conduzidos pelo governo americano, e executados por algumas das instituições mais respeitadas do país. Nesse discurso,[11] Clinton se referia principalmente a experimentos radioativos, e sua sinceridade é quase constrangedora.

> Milhares de experimentos patrocinados pelo governo aconteceram em hospitais, universidades e bases militares [...]. Alguns

9 https://archive.org/details/Rockefeller-commission-report-to-the-president-by-the-commission-on-cia-activiti

10 https://www.amazon.com/Suviving-Evil-Control-Experiments-Vermont-ebook/dp/B0786SVQC2/ref=sr_1_1?crid=3RWXT5NH07ZE4&keywords=karen+wetmore&qid=1649280478&sprefix=karen+wetmore%2Caps%2C228&sr=8-1

11 https://www.presidency.ucsb.edu/documents/remarks-accepting-the-report-the-advisory-committee-human-radiation-experiments

desses experimentos foram antiéticos, não apenas pelos padrões de hoje mas pelos padrões do tempo em que foram realizados. Eles falharam tanto no teste dos nossos valores nacionais como no teste de humanidade. Em um experimento, cientistas injetaram plutônio em dezoito pacientes sem o seu conhecimento. Em outro, médicos expuseram pacientes indigentes com câncer a doses excessivas de radiação, um tratamento do qual seria virtualmente impossível que eles pudessem se beneficiar. O relatório também demonstra que esses e outros experimentos foram aplicados precisamente nos cidadãos que mais contavam com a ajuda do governo – os destituídos e os gravemente doentes. Mas os indigentes não foram os únicos. Integrantes do Exército – exatamente aquelas pessoas com as quais nosso governo mais conta – também foram usados como objetos de teste.

Clinton admite que em muitos casos – ou melhor, em "casos demais" ("*too many cases*") –, as cobaias humanas foram privadas até do direito ao consentimento informado. "Americanos foram mantidos no escuro sobre os efeitos do que estava sendo feito com eles. Esse engodo foi além dos objetos de teste [cobaias] propriamente ditos, e incluiu suas famílias e o povo norte-americano como um todo, pois esses experimentos foram mantidos em segredo." O presidente vai ainda mais longe no pedido de desculpas, e diz que não houve razão de segurança nacional que justificasse aquele sigilo. Segundo Bill Clinton, os experimentos foram encobertos "pelo simples medo da vergonha".

A destruição dos documentos do MK-Ultra, contudo, não parece ter sido fruto apenas da vergonha, mas pode ter tido uma razão ainda mais nefasta no poço sem fundo da sordidez moral. É sabido que o LSD foi usado em guerra biológica, e em artigo que fala do caso de Pont Saint-Esprit, a BBC menciona isso como fato estabelecido: "É bastante sabido que cientistas de guerra biológica em todo o mundo, inclusive na Grã-Bretanha, estavam fazendo experimentos com LSD no começo da década de 1950 – uma época de conflito na Coreia e aumento das tensões da guerra fria".[12] Mas um dos documentos que sobreviveram ao apagão da CIA sugere que a ordem de destruição tinha o objetivo de esconder algo que nunca foi explorado na Comissão Rockefeller, porque só veio à tona em 2009.

---

12 https://www.bbc.com/news/world-10996838

Como conta a BBC, um dos documentos da CIA obtidos através da lei de acesso à informação tinha um título excessivamente sugestivo: "Pont Sain-Esprit e Arquivos de F.Olson. SO Span/Operação França, inclusive Olson. Arquivos de inteligência. Carregar à mão para Belin – dizer a ele que se certifique de que isso será enterrado". Suspeita-se que esse "Belin" seja David Belin, membro da Comissão Rockefeller e da Comissão Warren, que investigou o assassinato de John Kennedy. Belin morreu aos setenta anos em uma suposta queda em um quarto de hotel, conforme uma nota do *New York Times*.[13]

Frank Olson também morreu numa queda, mas do décimo andar. Havia outro homem com ele no quarto quando Olson supostamente cometeu suicídio. Em um artigo do *New York Times*, o conhecido colunista Michael Ignatieff elucubra sobre a morte de Olson, baseada em testemunhos do filho do então agente da CIA. A série *Wormwood*, dirigida pelo documentarista Errol Morris, também trata desse suposto suicídio.

Para o jornalista Albarelli, o surto psicótico que contaminou a vila na França resultou de um experimento secreto da CIA e do departamento do Exército norte-americano SOD, ou Divisão de Operações Especiais, sediado em Maryland, no Fort Detrick. Frank Olson trabalhava no SOD. Quem quiser saber mais sobre Fort Detrick, eu falo dele no artigo "As Armas Biológicas e a Defesa que Mata".

E quem quiser saber mais sobre o MK-Ultra, recomendo jornais estrangeiros. Com exceção de uma louvável reportagem da Editora Abril,[14] o assunto é quase inexistente na mídia tradicional, não obstante sua óbvia relevância. Fiz uma pesquisa na *Folha de S.Paulo* com o termo "MK-Ultra", e escolhi incluir todas as datas, e todas as editorias do jornal. Consegui dois resultados: um era um artigo sobre a série de ficção *Stranger Things*; o outro, um artigo que mostra como a CIA ensina mulheres "a trapacearem sem ser pegas".[15]

---

13 https://www.nytimes.com/1999/01/18/us/david-w-belin-warren-commission-lawyer-dies-at-70.html?pagewanted=all&src=pm

14 https://super.abril.com.br/ciencia/mk-ultra-o-projeto-de-controle-da-mente/

15 https://www1.folha.uol.com.br/folha/livrariadafolha/795587-manual-oficial-da-cia-ensina-mulheres-a-trapacearem-sem-serem-pegas-leia-trecho.shtml

> Como uma mulher deve utilizar seus bolsos para furtar objetos sem ser percebida? O movimento das mãos é importante na arte da espionagem? Há certos truques específicos que só as garotas podem usufruir? Esse balaio de curiosidades pode ser esclarecido com o livro *CIA: Manual Oficial de Truques e Espionagem*.

Já esse balaio de besteiras, publicado pela *Folha de S.Paulo*, é o que se conhece no mundo do jornalismo honesto como *blowjob*. Deixo a tradução do termo por conta do leitor.

O ROTEIRO INTERATIVO E A RENÚNCIA À RAZÃO

Anos atrás, o apresentador de notícias William Bonner avisou com seriedade, em pleno horário nobre, algo que até para os padrões da Globo parece piada. A notícia tem o rigor científico de quem prega que a humanidade é controlada por répteis. Sem enrubescer ou gargalhar, Bonner profere palavras inimagináveis em qualquer mídia de respeito, excretando o argumento mais estapafúrdio já usado para justificar uma guerra, tudo da forma mais solene possível:[16]

> O que está escrito na terra, também está escrito no céu, e Nostradamus previu tudo isso há quatro séculos. De acordo com Nostradamus, justamente na véspera do ano 2000 haveria uma grande invasão maometana sob a liderança do sétimo anticristo. O primeiro foi Nero, na Roma antiga, e o mais importante até agora foi Hitler, na Alemanha nazista. Este novo anticristo já foi confundido com o Ayatollah Khomeini, mas parece se encaixar melhor na figura de Saddam Hussein. Nostradamus previu ainda que haveria um eclipse solar antes do momento do conflito. E amanhã, no dia seguinte ao prazo para o início da guerra no Golfo, vai haver um eclipse solar. E o deserto, vai ficar à sombra.

16 https://revistaforum.com.br/midia/2022/2/26/video-internautas-lembram-que-bonner-atribuiu-nostradamus-guerra-do-golfo-110726.html

Fiel àquela palhaçada, a jornalista Sandra Passarinho mostra, em seguida, como seria a confluência dos astros no dia do eclipse – não de acordo com a astronomia, claro, mas segundo a astrologia.

Apresentada como notícia, e visando um público de inteligência bastante diminuta, aquela peça de propaganda serviu para avalizar desígnios de uma corporatocracia que compra notícia como quem compra espaço publicitário. Daqui a alguns anos, vídeos tão estapafúrdios como aquele serão tratados com o escárnio que merecem, e com um atraso igualmente irreversível. Nesse dia, vamos todos rir e chorar das peças comerciais travestidas de jornalismo que defendiam vacina que não imuniza; imunidade natural como teoria da conspiração;[17] mortes de jovens e crianças por AVC[18] e infarto como advindas do calor, do frio,[19] do suco em pó, do sexo,[20] do chá emagrecedor,[21] do sal escondido sorrateiramente em remédios comuns.[22]

A verdade, contudo, já começou a vir à tona até entre os mais mentirosos. Uma reportagem da *Folha de S.Paulo* mostra que houve um aumento significativo nos casos de infarto entre mulheres jovens.[23] O aumento foi de 22% entre mulheres de 20 a 29 anos. Em 2019, foram 131 mulheres naquela faixa etária mortas por infarto. Em 2020, primeiro ano da pandemia, foram 132 mortes – uma a mais que o ano anterior. Mas em 2021, o primeiro ano com a "vacina" da covid, o número subiu para 161. Em outras faixas etárias, o aumento também foi notado. Ainda segundo a *Folha*, "entre mulheres de trinta e 39 anos, a alta foi de 27% em relação a 2020 (638 contra 494); entre quarenta e 49 anos, o salto foi de 25,3% (2.050 mortes contra 1.636 em 2020). Em 2019, foram 1.543 óbitos".

---

17 https://twitter.com/schmittpaula/status/1499109367291035651

18 https://twitter.com/LeichsenringC/status/1499139995222917120

19 https://gauchazh.clicrbs.com.br/saude/noticia/2021/11/nao-ha-relacao-entre-casos-de-mal-subito-em-atletas-e-%20vacinas-contra-covid-ckwb1qa9p0086016fvgimmo9n.html

20 https://oglobo.globo.com/saude/ciencia/por-que-sexo-pode-causar-morte-subita-em-homens-mulheres-jovens-%2025376105/

21 https://www.metropoles.com/saude/cha-emagrecedor-pode-ser-causa-da-morte-de-%20paulinha-abelha-entenda

22 https://www.businessinsider.es/riesgo-corazon-pueden-conllevar-medicamentos-comunes-1017637

23 https://www1.folha.uol.com.br/equilibrioesaude/2022/02/crescem-as-mortes-por-infarto-em-mulheres-jovens-%20durante-a-pandemia.shtml?utm_source=twitter&utm_medium=social&utm_campaign=twfolha

O que aconteceu de diferente em 2021 para explicar esse crescimento repentino? Segundo a reportagem, assinada por Claudia Collucci ("mestre em História da Ciência pela PUC-SP e pós-graduada em Gestão de Saúde pela FGV. Escreve sobre saúde".), "A explicação seria o aumento de hábitos não saudáveis, como sedentarismo, excesso de peso, tabagismo e estresse – que pioraram durante a pandemia de covid-19." Sim, é isto mesmo que vocês leram: o aumento repentino das mortes, verificado de um ano para o outro, teria sido resultado de causas cumulativas, aquelas que só se revelam depois de muitos anos. Agora adivinha qual a palavra que não aparece uma única vez no texto. Acertou quem disse "vacina."

A vacina passou por vários estágios durante a pandemia. Ela começou como "a vacina salva", "previne o contágio", "não previne o contágio, mas evita casos graves", "não evita casos graves, mas evita a morte", e hoje ela não faz nem isso. Não confie em mim – verifique você mesmo os números de mortes em países durante o primeiro ano da pandemia – sem a vacina – e no segundo ano da pandemia – com a vacina. Veja o Our World In Data,[24] o site com a compilação dos números mais oficiais ao redor do mundo. O Github também fornece os dados brutos de tudo que é apresentado no Our World In Data, abertos para quem quiser verificar. O Zero Bias, no Brasil, do doutor em informática Lorenzo Ridolfi, fez um trabalho excepcional ao tabular esses dados e incluir números oficias do Ministério da Saúde.[25] Lembre-se de comparar os dados entre os países mais vacinados e os menos vacinados, e veja a mágica da imunidade natural acontecendo.

O exemplo que abre este artigo ilustra como a mentira tem data para acabar, ou para ser substituída por outra mentira. O que Bonner quis dizer quando explicou que Khomeini tinha sido "confundido" com o anticristo, mas que Saddam Hussein agora "parece se encaixar melhor", foi apenas a atualização da narrativa que vem há décadas sendo imposta de cima para baixo. Bonner estava comunicando aos seus seguidores – as pessoas abaixo dele na pirâmide do Consenso Inc. – sobre as recentes mudanças no script: sim, Khomeini teve sua utilidade como anticristo, mas agora Saddam é o inimigo-*du-jour*, promovido ao cargo

---

24 https://ourworldindata.org/coronavirus

25 https://zerobias.info/

máximo de demônio depois de anos trabalhando como agente da CIA e carniceiro de aluguel do governo norte-americano.

Eu falo um pouco dessa pirâmide do consenso no artigo "O Controle da maioria, a censura e o script obrigatório", e de como as mentiras são empurradas de cima para baixo de maneiras diferentes, com diferentes tipos de incentivo e punições. Uma dessas punições é a censura, que é aplicada não de acordo com a ideologia, mas de acordo com o roteiro. O matemático Eric Weinstein[26] descreveu muito bem esse critério – que certamente não é novo, mas assim parece porque agora estamos vendo o método ser aplicado a céu aberto, descaradamente, como foi com as vacinas e sua eficiência de Schroedinger: "O conceito de esquerda x direita está ultrapassado, ainda que a gente continue usando esses termos. A divisão que importa entre os intelectuais e comentaristas de hoje é outra: aqueles que seguem o roteiro e os que saem dele. Se você seguir o script, você estará sempre certo, ainda que esteja errado. Se você fugir do script, você jamais vai acertar, ainda que esteja certo."

Existe uma outra maneira de garantir que o mundo inteiro, ou grande parte dele, pense errado da mesma maneira sem que seja preciso premiar quem o faz ou punir quem se recusa a fazê-lo. Essa maneira é a mais simples que existe: basta ser um ser humano "normal". Quem estuda psicologia sabe que o ser humano médio é, acima de tudo, medíocre. E o experimento de Solomon Asch mostrou essa verdade da forma mais literal possível: pessoas confrontadas com outras pessoas que pensam de um jeito errado vão optar por ignorar o que seus próprios olhos vêem para concordar com a maioria.[27] Foi mais ou menos assim, ou também por causa disso, que o Holocausto foi possível – porque seres humanos optaram por renunciar à sua consciência e terceirizar suas decisões morais. Termino o texto recomendando o artigo que eu queria ter escrito, de Filipe Rafaeli, e que vale mais do que quase tudo que foi dito durante a pandemia: "O dia que eu entendi o 'bom alemão'".[28]

---

26 https://twitter.com/EricRWeinstein/status/1326980403391938560

27 https://www.poder360.com.br/opiniao/a-unanimidade-burra-e-o-controle-%20inteligente-escreve-paula-schmitt/

28 https://filiperafaeli.substack.com/p/o-dia-que-eu-entendi-o-bom-alemao?utm_source=url&amp%3Bs=r&s=r

A EDIÇÃO DA REALIDADE E O PASSADO QUE NÃO FOI

Para pessoas mal-informadas, os grandes eventos da história são uma cronologia do acaso, uma sequência de acontecimentos orgânicos, autênticos e autônomos, que nascem de forma natural e espontânea como capim nas fissuras do asfalto. Já para as pessoas mais bem informadas, esse capim dificilmente surge sem ter sido plantado.

Em 2004, um artigo publicado pelo *New York Times*[29] causou estrondo em Washington porque deixou escapar o que raramente é confessado. O artigo cita um assessor de alto escalão do governo de George W. Bush que muitos, como eu, acreditam ser o então todo-poderoso manipulador sênior Karl Rove (em inglês, manipulação é profissão, e quem a exerce é conhecido pelo charmoso título de *spin doctor*, ou doutor da propaganda). Eu traduzo aqui o diálogo que chocou o autor do artigo, Ron Suskind:

> O assessor disse que caras como eu estavam "no que nós chamamos de comunidade baseada na realidade", que ele definiu como pessoas que "acreditam que as soluções surgem do estudo criterioso da realidade discernível". Eu balancei a cabeça e murmurei algo sobre princípios iluministas e empirismo. Ele me cortou. "Não é mais assim que o mundo funciona. Nós somos um império agora, e, quando nós agimos, nós criamos a nossa própria realidade. E enquanto você estuda essa realidade – criteriosamente, como é o caso – nós vamos agir novamente, criando outras novas realidades."

O jornalista e escritor austríaco Karl Kraus falou algo parecido no século anterior para explicar "como o mundo é governado e como as guerras começam: Diplomatas contam mentiras a jornalistas, e depois eles [próprios]

29 https://www.nytimes.com/2004/10/17/magazine/faith-certainty-and-the-presidency-of-george-w-bush.html

acreditam no que leem". Existem incontáveis exemplos de manipulação e mentiras que foram largamente apagados da história ou da memória. E a imprensa comercial sempre foi crucial nesse processo, propagando versões oficiais para dar a elas a veracidade que a realidade não lhes confere. Há vários livros que mostram como versões oficiais diferem do que acontece por trás das cortinas, mas quatro deles eu considero essenciais:

- **Blackwater**, do jornalista Jeremy Scahill, sobre a mercenarização da guerra do Iraque, da sua reconstrução, e como a imprensa engoliu mentiras desmentidas logo depois;
- **All the Shah's Men**, do jornalista Stephen Kinzer,[30] sobre a participação da CIA e do serviço de inteligência britânico na política iraniana e na queda de Mohammad Mosaddegh, e como esses dois governos compraram a voz de vários jornalistas, que passaram a ser pagos para mentir;
- **The First Casualty** (A primeira vítima), a obra-prima do jornalista e pesquisador Phillip Knightly,[31] cujo título faz referência a uma frase atribuída ao poeta e dramaturgo grego Ésquilo (ou ao senador norte-americano Hiram W. Johnson): em uma guerra, a primeira vítima é a verdade;
- **House of Bush, House of Saud**, do jornalista Craig Unger, através do qual ficamos sabendo de verdades raramente abordadas pela imprensa, como o fato de que "durante toda a era Reagan-Bush, os EUA publicamente denunciaram o uso que o Iraque fazia de armas químicas, enquanto secretamente apoiavam Saddam [Hussein]. Em 1984, o Centro de Controle de Doenças [o CDC, órgão que vem ganhando o desprezo de muito cientista sério por 'mudar de ciência' várias vezes durante a pandemia[32]] começou a fornecer ao Iraque de Saddam Hussein material biológico – incluindo vírus, retrovírus, bactérias, fungos e até tecido infectado com a peste bubônica. Entre o material enviado estavam vários tipos de vírus do Nilo Ocidental e pele de camundongo contaminada com a praga". Esse vírus era praticamente desconhecido no Brasil, mas segundo artigo do *G1*, ele foi

30 https://www.amazon.com.br/All-Shahs-Men-American-Middle/dp/047018549X

31 https://www.amazon.com/First-Casualty-Correspondent-Myth-Maker-Crimea/dp/080186951X

32 https://www.poder360.com.br/opiniao/alerta-a-populacao/

detectado pela primeira vez em 2021, em Minas Gerais, e confirmado no Piauí e em São Paulo a partir de amostras positivas "coletadas de cavalos que adoeceram entre 2018 e 2020".[33]

Se houve manipulação no passado, não há razão para duvidar que ela esteja acontecendo no presente. De fato, estamos sendo privados da verdade em tempo real, e alguns jornais omitem notícias espalhadas pelas redes sociais de forma despudorada. Em fevereiro de 2022, o professor de biologia Brett Weinstein, autor de um livro que entrou para a lista dos mais vendidos do *New York Times*, postou um tweet[34] criticando o jornal por não publicar notícias sobre um dos casos que mais mobilizaram Twitter e Facebook: o comboio de caminhoneiros no Canadá que protestaram contra a obrigatoriedade do passaporte da vacina – aquele documento que não garante a imunidade, mas dá ao portador permissão oficial para contaminar outras pessoas.[35] Já fazia cinco dias que tinha começado o "comboio da liberdade", mas foi apenas depois de poucas horas do tweet de Brett que o *New York Times* publicou um artigo sobre o assunto. "Fascinante", disse o professor. "Agora o *New York Times* tem um artigo sobre o Comboio da Liberdade, mas eles não parecem querer que as pessoas o leiam. Procurem no site e vejam o que eu quero dizer."[36]

Eu sei o que Brett Weinstein quis dizer, porque notei algo igualmente intrigante no Brasil. Em dezembro de 2021, o jornal *O Globo* publicou um artigo que me fez olhar duas vezes pra eu ter certeza de que não estava enxergando coisas: "Deixar crianças longe da escola foi um crime".[37] Achei que eu tinha lido o título errado, porque eu podia jurar que *O Globo* passou a pandemia dizendo o oposto, apoiando clara e incessantemente o fechamento das escolas. Fiquei ainda mais chocada quando vi que aquele não era meramente um artigo, mas um editorial, ou seja, a opinião oficial do jornal. Achei aquilo ainda mais estranho, porque eu podia jurar que tinha visto

---

33 https://g1.globo.com/mg/minas-gerais/noticia/2021/05/05/virus-do-nilo-ocidental-e-detectado-pela-1a-vez-em-minas.ghtml

34 https://twitter.com/BretWeinstein/status/1487177051622674432

35 https://www.poder360.com.br/opiniao/a-luz-do-sol-e-a-gema-de-ovo/

36 https://twitter.com/BretWeinstein/status/1487203009771696128

37 https://blogs.oglobo.globo.com/opiniao/post/deixar-criancas-longe-da-escola-foi-um-crime.html

um artigo anterior do *Globo* criticando Bolsonaro pelo posicionamento que agora o *Globo* alegava apoiar. Fiz então uma busca nos dois sites, do *Globo* e do *Valor*, com uma senha que me dá acesso a todo o conteúdo de ambos os veículos. Mas o artigo em questão jamais apareceu.[38] Outros artigos do mesmo autor estavam lá, mas aquele nunca foi apresentado no resultado das buscas. Eu só sei que ele existe porque tive a sensatez de desconfiar, e através do site de buscas duckduckgo.com, eu encontrei o dito-cujo, publicado em maio de 2020: "Contrariando recomendações da OMS, Bolsonaro volta a defender reabertura de escolas".[39]

No livro de George Orwell *1984*, o governo da distopia totalitária Oceania adulterava registros do passado para fazer o presente parecer melhor. Assim, por exemplo, quando o governo diminuía a quantidade de comida permitida à população – como acontecia na Cuba de Fidel Castro –, os jornais alteravam suas edições antigas para fingir que a quantidade de comida permitida tinha aumentado, e não diminuído. Uma frase do livro sintetiza com perfeição o poder dessa manobra, e por que eu recomendo a todos que não percam a oportunidade de salvar tudo que vocês encontrarem de notícia relevante nesta pandemia: "Quem controla o passado controla o futuro. Quem controla o presente controla o passado".

A VERDADE, O TEMPO E A DEGLUTIÇÃO DE SAPOS

Um dia, em visita ao Brasil para a obtenção de um visto de viagem, e hospedada em Copacabana na casa de um amigo, saí para fazer a coisa mais importante e urgente: ir comer um prato de feijão com arroz no primeiro pé-sujo que eu encontrasse. Ao chegar ao boteco, e enquanto eu escolhia uma mesa, um homem de pé me cumprimentou. Primeiro, achei que ele fosse alguém que me conhecesse da televisão, algo tão raro que eu já estava me preparando para pedir autógrafo e provar aos meus pais que alguém tinha me reconhecido.

38 https://twitter.com/schmittpaula/status/1489006560013656075

39 https://oglobo.globo.com/politica/contrariando-recomendacoes-da-oms-bolsonaro-volta-defender-reabertura-de-escolas-24376739

Daí olhei melhor e identifiquei aquele rosto como alguém registrado na minha memória recente. Perguntei em árabe se ele era árabe. Ele respondeu "não," em árabe também. Tentei de novo, me corrigindo, perguntando se ele era libanês, porque tem libanês que não concorda em ser classificado como árabe, mas sim como fenício. Ele respondeu novamente que não era. Cansada do jogo de adivinhar, fiz uma cara igual à do homem do meme do "chorrindo" e fui me sentar. Depois que eu já estava sentada tomando uma cerveja, o homem vem até mim e, com o que parecia ser uma certa altivez, ele se apresenta: "*Io sono Cesare Battisti*".

Na hora entendi por que achei que já o conhecia. Eu tinha feito reportagem sobre o Battisti, em Roma, para a *Radio France Internationale,* que incluía uma breve entrevista com o ex-juiz da Operação Mãos Limpas Antonio Di Pietro. "Consegui trabalho por tua causa", eu falei, e o convidei pra sentar à minha mesa. Na verdade, eu falei "*Ho gagnato soldi con la tua storia*", que era o meu jeito de admitir que o jornalismo é largamente isto: a tragédia de uns é o ganha-pão de outros. Admiti também outra coisa: "Antes de tu sentar e se arrepender, melhor te informar que eu acredito que tu és culpado. Falei na minha reportagem que tu foi a razão da única unanimidade que eu presenciei no Parlamento italiano".

Conto isso para dizer que essa história me fez engolir sapo duas vezes. Três, pra ser mais exata. A primeira foi quando reportei com bastante convicção, e sem muito contraponto, que Cesare Battisti era culpado. A segundo foi quando eu conheci Cesare, li suas memórias, ouvi seu juramento de que nunca tinha pegado em arma, e acabei acreditando piamente que ele era inocente. Fiquei imaginando o que deve ser carregar uma culpa que não é sua. Imaginei a solidão de alguém acusado de algo tão vil como o assassinato de quem nunca fez mal a ninguém. Chorei de pena dele. Convidei Cesare para ir ao show da Sandra de Sá, e só disse aos meus amigos quem era o meu convidado quando já estávamos no táxi.

Uma das coisas que me fizeram acreditar na sua inocência foram os autos do processo (do primeiro processo contra Cesare, se não me engano). Naquelas páginas, eu fiquei sabendo algo que me chocou – Cesare não tinha sido preso inicialmente por homicídio. Essa acusação só veio depois, quando ele já estava foragido. Foi um ex-comparsa de Cesare que o delatou depois de ser preso, e essa delação me parecia suspeita porque não só beneficiaria quem a usasse como moeda de troca, mas também poderia servir para transferir a outra pessoa uma culpa que era, de fato, de quem fazia a delação.

Cesare me colocou em contato com um professor de uma conhecida universidade brasileira, que o defendia. Esse professor tinha um material extenso em defesa de Cesare, e trocamos vários e-mails sobre o assunto. Cheguei a convidar a ele e sua mulher para irem me visitar na praia. Faço questão de ser amiga de pessoas abnegadas que tiram tempo do seu dia para defender quem consideram injustiçados.

Eu estava tão convicta da inocência de Cesare que publiquei uma sequência de mensagens no Twitter contando a genealogia da minha sentença. Para mim, uma coisa ainda mais intolerável que perfume forte é a injustiça, e assim que Battisti foi preso, considerei uma obrigação revelar meu posicionamento, ainda que repulsivo para muitas pessoas. É daí que vem o terceiro sapo, porque depois de ser preso, e da minha sequência de mensagens defendendo sua inocência, Cesare confessou os homicídios.

Se eu já estava sendo xingada, depois da confissão, virei o boneco do Judas, a Geni da música do Chico Buarque, Paula, a *piñata* humana. Mas me recusei a apagar os tweets. Porém, uma coisa eu tinha que fazer: ir atrás do professor que o defendia com tanta firmeza. Eu queria saber como ele se sentia depois da confissão de Cesare. Queria saber se ele se arrependia da sua credulidade, e se estava se sentindo um pouco como eu: traída, idiota, enganada.

Acho que vou ter que incluir um quarto sapo nesse meu bufê prolongado, porque é agora que a maior decepção acontece. O professor, que eu considerava um humanista, respondeu que não se sentiu enganado porque nunca nem pensou em fazer a pergunta sobre a culpa ou inocência de Cesare. Algumas das suas explicações estão nas imagens abaixo. Como diz a minha mãe, tudo é aprendizado.

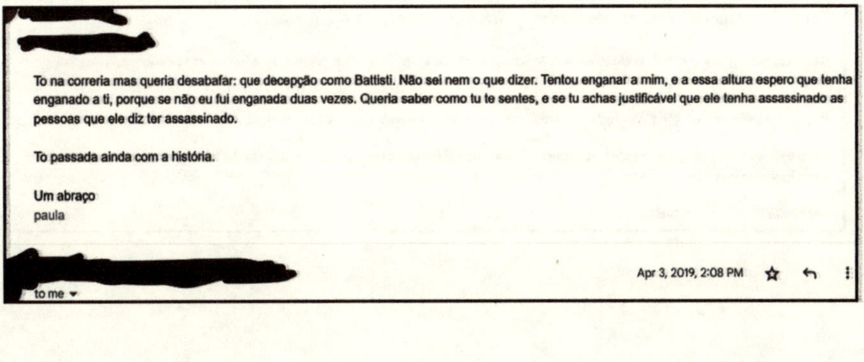
[redacted]

To na correria mas queria desabafar: que decepção como Battisti. Não sei nem o que dizer. Tentou enganar a mim, e a essa altura espero que tenha enganado a ti, porque se não eu fui enganada duas vezes. Queria saber como tu te sentes, e se tu achas justificável que ele tenha assassinado as pessoas que ele diz ter assassinado.

To passada ainda com a história.

Um abraço
paula

[redacted] Apr 3, 2019, 2:08 PM
to me

Vou ler e respondendo entre as linhas pra facilitar. Obrigada por escrever.

On Wed, Apr 3, 2019 at 2:08 PM [redacted] wrote:

> **Olá, Paula**
>
> **A gente se conhece pouco, porque o e-mail não substitui bem o conhecimento pessoal, mas sempre tive simpatia e admiração por você. Então, é com certa dor que vou dizer:**
>
> ***Para enganhar a alguém precisa-se que esse alguém (o enganado) tenha recebido uma resposta falsa.***
>
> **As pessoas que se sentem enganadas por Cesare foram as que queriam saber se ele era inocente, e ele dizia "sou inocente".**

Não entendo como alguém pode não querer saber da inocência ou não de alguém acusado de matar pessoas inocentes. Pra mim é fator CRUCIAL.
Se isso é irrelevante pra ti, estou espantada. Como humanista que achei que foste, me causa muita estranheza.

> **Mas, eu nunca perguntei isso.**

Ele disse pra mim que nunca tinha pego numa arma.

Se isso é irrelevante pra ti, estou espantada. Como humanista que achei que foste, me causa muita estranheza.

> **Mas, eu nunca perguntei isso.**

Ele disse pra mim que nunca tinha pego numa arma.

> **Ele era uma pessoa perseguida 30 anos depois de ter deixado a vida política, e quando se dedicava a atitudes plenamente pacíficas. Quando eu li seu processo (em julho de 2008, nove meses antes de conhecê-lo pessoalmente na prisão) pensei, em seguida: "Isto não é justiça: é vendetta". E aí comecei a defendê-lo.**

Vendetta? Estás chamando punição por assassinato uma "vendetta"? Isso chama NA LEI DOS HOMENS E NO ESTADO DE DIREITO punição por crimes cometidos[redacted]To ficando chocada com o que estou lendo. Sempre achei que tu consideravas o Battisti inocente. To vendo agora que, segundo tuas próprias palavras, a inocência dele (ou culpa) era irrelevante.

> **Nunca, jamais lhe perguntei pelos fatos aqueles, e também não entrei em conversas próximas a esse tema. Falamos de cinema, de literatura francesa, hispânica e italiana.**

---

crimes cometidos[redacted]To ficando chocada com o que estou lendo. Sempre achei que tu consideravas o Battisti inocente. To vendo agora que, segundo tuas próprias palavras, a inocência dele (ou culpa) era irrelevante.

> **Nunca, jamais lhe perguntei pelos fatos aqueles, e também não entrei em conversas próximas a esse tema. Falamos de cinema, de literatura francesa, hispânica e italiana.**

Desculpa, me recuso a continuar lendo este email. To em outro nível de evolução pra ficar "encantada" com assassino e saber qual seu filme favorito.

Prefiro não continuar lendo[redacted]e continuar acreditando que és um humanista que acredita que matar pessoas inocentes é errado.

Um grande abraço pra ti. To sem cabeça pra enfrentar isso agora. Acho que o mundo tá merda demais pra eu ter que ver gente bem intencionada defendendo assassino de trabalhador.

Felicidades pra ti e pra tua família

AGRADECIMENTOS

Meu primeiro agradecimento vai para minha família, que me ajudou a ficar ereta com a proteção do seu amor e coragem. Em tempos normais, nenhuma coragem seria necessária para fazer jornalismo em região sem guerra. Eu sei porque cobri duas delas, e ainda assim nunca sofri ameaças tão tangíveis.

A jornada em busca da verdade tem destino imprevisível, mas seus empecilhos são conhecidos há milênios. O andarilho livre e sem antolhos anda em caminho sem trilha, mas sabe que será invariavelmente recebido a pedradas pelos vassalos da certeza. Esses vigilantes da ortodoxia renunciaram às faculdades mentais até na consciência, o último refúgio da liberdade. Mas é exatamente em tempos de escuridão intelectual e escravidão moral que esses inúteis são imbuídos de utilidade. Do alto de sua baixa casta, eles se tornam ratos-de-chácara que se creem leões, e recalibram seu desvalor perseguindo os valiosos que desobedecem a ordens, escondem judeus no porão, questionam a Ciência™, atrevem-se a ter ideias. Meu maior agradecimento, portanto, é endereçado à Redação do jornal digital *Poder360*, onde os artigos deste livro foram originalmente publicados, e ao seu fundador Fernando Rodrigues. O *Poder360* se recusou à unanimidade, algo obsceno em qualquer sociedade com um jornalismo saudável, e aceitou em suas colunas teorias que suas próprias reportagens refutavam. No consenso artificial e anticientífico que assolou a inteligência, a verdade, a democracia e o pensamento livre a partir de 2020, o *Poder360* teve uma coragem moral impensável em jornais do cartel de imprensa – que se sentiram seguros em errar de forma tão atroz porque todos estavam errando em conjunto, de mãos dadas.

O *Poder360* tem a característica que considero a mais preciosa num veículo de informação, e que está se tornando cada vez mais rara: eles fazem um jornalismo de ideologia indefinível. É impossível prever a partir do *lead* se uma reportagem do *Poder360* vai ajudar ou prejudicar um político, porque o jornalismo feito por eles só conhece o veredito depois das investigações. Eu sou uma de vários colunistas que provavelmente jamais se sentariam à mesma mesa, tamanha nossas desavenças. Mas o *Poder360* conseguiu transformar essas diferenças em um fórum livre, soberano, onde as ideias mais díspares têm o mesmo direito de defesa, e onde argumentos ruins são combatidos com a arma mais nobre, iluminada e eficiente: o debate livre e destemido.

Tenho várias outras pessoas a agradecer, mas em nossos tempos de trevas, eu os agradeço melhor mantendo seus nomes em sigilo. Agradeço também, e talvez de forma mais profunda, a meus leitores por me dar o maior presente que um pensador espera da sua missão: a consideração das suas ideias e o contraponto honesto. A verdade para mim é como água de riacho, purificada depois de passar por muitas pedras, terra, sujeira, e ser depurada pelos pontos e contrapontos de mentes com diferentes predileções e vícios. Obrigada por me ajudarem a pensar e alargar meus horizontes. Nenhum homem é uma ilha, apesar de eu achar que queria morar em uma. Obrigada por não me deixarem naufragar.

Para finalizar, agradeço aos que discordam de mim, e ainda assim têm a grandeza de entender que minha liberdade de falar – e até de errar – deveria ser sagrada. A todos aqueles que me enviam emojis de coração, orações, desejos de benção celestial: saibam que vocês são a evidência mais tangível que eu, agnóstica convicta, consigo ter da existência de algo divino, que suplanta tempo, espaço, matéria, e é tão inefável, indefinível e irrefutável como aquela única coisa ainda não destruída pela luz fria da ciência: o amor.

Gratidão eterna.

LEIA TAMBÉM

SIMONE GUIDA
A DURA VIDA
DOS
DITADORES
FATOS, CRIMES E SEGREDOS SOBRE OS TIRANOS MAIS PERVERSOS DA HISTÓRIA
AVIS RARA

HELEN PLUCKROSE E JAMES LINDSAY
AUTORES DO BEST-SELLER TEORIAS CÍNICAS
CAPITALISMO GERA DESIGUALDADE
(IN)JUSTIÇA SOCIAL
Desmontando mentiras e teorias absurdas sobre raça, gênero e identidade – e os males autoritários do politicamente correto.
ADAPTADO POR REBECCA CHRISTIANSEN
AVIS RARA

JUSTIN TOSI & BRANDON WARMKE
VIRTUOSISMO MORAL
GRANDSTANDING
AS IDEIAS POR TRÁS
DOS CANCELAMENTOS,
BOICOTES E DIFAMAÇÕES
NAS REDES SOCIAIS.
AVIS RARA

"Como uma luta estudantil revelou uma ameaça global!"
DEMOCRACIA
A LIBERDADE DE EXPRESSÃO EM RISCO
AMEAÇADA
E POR QUE PRECISAMOS AGIR, AGORA.
JOSHUA
WONG
Colaboração de Jason Y. Ng
FARO EDITORIAL

A PSICOLOGIA
da
ESTUPIDEZ
NÃO EXISTE UM MUNDO SEM IDIOTAS
E LIDAR COM ELES É UM DESAFIO
JEAN-FRANÇOIS MARMION
Com a colaboração de: Daniel Kahneman, Edgar Morin, Antonio Damasio, Dan Ariely e muitos outros
AVIS RARA

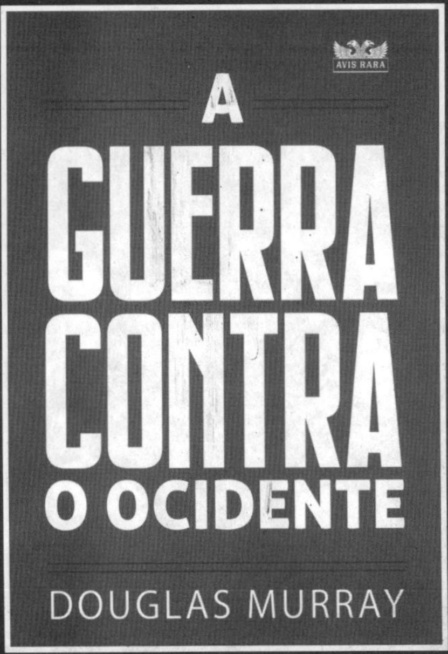
AVIS RARA
A
GUERRA
CONTRA
O OCIDENTE
DOUGLAS MURRAY

HELEN PLUCKROSE E JAMES LINDSAY
TEORIAS
CÍNICAS
CRÍTICAS
COMO A ACADEMIA E O ATIVISMO TORNAM RAÇA, GÊNERO E IDENTIDADE O CENTRO DE TUDO – E POR QUE ISSO PREJUDICA TODOS
AVIS RARA

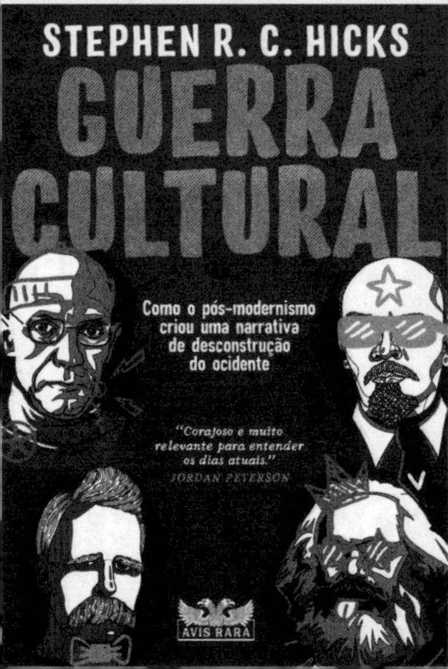
STEPHEN R. C. HICKS
GUERRA CULTURAL
Como o pós-modernismo criou uma narrativa de desconstrução do ocidente
"Corajoso e muito relevante para entender os dias atuais."
JORDAN PETERSON
AVIS RARA

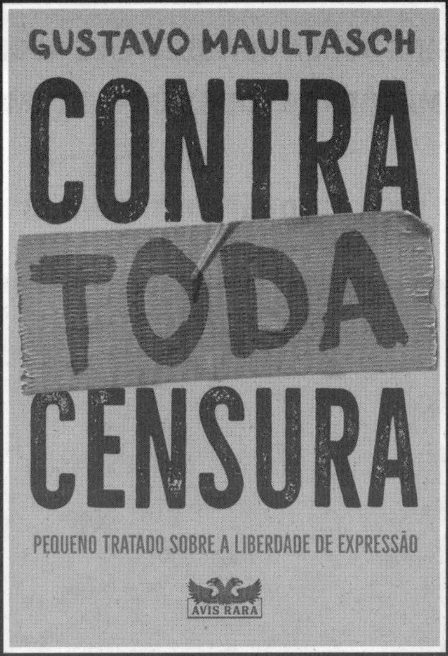
GUSTAVO MAULTASCH
CONTRA
TODA
CENSURA
PEQUENO TRATADO SOBRE A LIBERDADE DE EXPRESSÃO
AVIS RARA

CURZIO MALAPARTE
LIVRO QUE PROVOCOU LÊNIN, MUSSOLINI, HITLER, TRÓTSKI...
TÉCNICAS DE
GOLPES
DE
ESTADO
UTILIZADAS POR:
FASCISTAS
COMUNISTAS
NAZISTAS
AVIS RARA

CAMPANHA

FiqueSabendo

Há um grande número de pessoas vivendo com HIV e hepatites virais que não se trata. Gratuito e sigiloso, fazer o teste de HIV e hepatite é mais rápido do que ler um livro.

FAÇA O TESTE. NÃO FIQUE NA DÚVIDA!

AVIS RARA

ESTA OBRA FOI IMPRESSA
EM SETEMBRO DE 2023